Hellmut Kruse

Wagen und Winnen

Ein hanseatisches Kaufmannsleben
im 20. Jahrhundert

Die Hanse

Bibliografische Information Der Deutschen Bibliothek

Die Deutsche Bibliothek verzeichnet diese Publikation
in der Deutschen Nationalbibliografie; detaillierte bibliografische Daten
sind im Internet über http://dnb.ddb.de abrufbar.

Umschlaggestaltung: Bayerl & Ost, Frankfurt am Main
Herstellung: Das Herstellungsbüro, Hamburg
Druck und Bindung: Clausen & Bosse, Leck
Printed in Germany

ISBN 3-434-52618-8

Informationen zu unserem Verlagsprogramm finden
Sie im Internet unter www.die-hanse.de

Inhalt

Vorwort

Große Städte üben eine starke Anziehungskraft aus. Sie sind ein Schmelztiegel für die unterschiedlichsten zugewanderten Talente. Dabei entwickelt sich jeweils eine andersartige Identität. Kein typischer Berliner legt einen besonderen Wert darauf, schon dort geboren zu sein. Er liebt an seiner Stadt den Glanz, der nach 1871 auf die Hauptstadt des 2. Kaiserreiches fiel, und den bewiesenen Freiheitswillen ihrer Bürger zur erfolgreichen Überwindung der russischen Blockade im Jahr der Luftbrücke 1948. In diesem Sinne konnte auch John F. Kennedy als Präsident der Vereinigten Staaten von Amerika bei seinem Besuch 1961 sagen: »Ich bin ein Berliner«, ohne dass irgendjemand diese Aussage als irreal empfunden hätte.

Ganz anders verhält es sich bei der zweitgrößten deutschen Stadt, bei Hamburg. Auch hier gab es eine ständige Zuwanderung. Mit dem Prototyp ihrer Bewohner verbindet sich dennoch seit den Tagen der Hanse die Vorstellung eines auf die Pflege weltweiter Verbindungen ausgerichteten Kaufmanns, der immer dort zu Hause war. Durch die politischen Umwälzungen des 20. Jahrhunderts ist der Einfluss der den früheren Stadtstaat bestimmenden Familien zwar entschieden zurückgegangen. Eine weltoffene Eigenart hat Hamburg trotzdem bei allen Veränderungen durch die Weimarer Republik und die Zeit des Nationalsozialismus bewahrt. Sie unterscheidet sich von der Mentalität in den anderen deutschen Städten und erst recht in den ländlichen Gebieten. Als Ausdruck der Unabhängigkeit von dänischer oder preußischer Oberhoheit führt Hamburg seit 1819 die offizielle Bezeichnung »Freie und Hansestadt«.

Bei aller Liebe zu dieser Stadt und ihren Bewohnern wird kein amerikanischer Präsident auf den Gedanken kommen, anlässlich eines Besuches auszurufen: »Ich bin ein Hamburger.« Da andererseits schon meine Eltern und Großeltern sämtlich in dieser Stadt zwischen Alster und Elbe geboren wurden und in ihr tätig waren, ist mein Leben in besonderer Weise hier verankert. Was ich als Hamburger Kaufmann erlebt habe, zeichnet daher auch ein Bild des politischen und wirtschaftlichen Geschehens in dieser Stadt im 20. Jahrhundert.

Meine Familie

Mein Großvater Heinrich Kruse lebte im Herzen der Neustadt am Schaarsteinweg 23 unterhalb der St.-Michaelis-Kirche, dem Wahrzeichen Hamburgs. Er betrieb dort eine Branntwein-Destillation mit eigener Gaststätte. Als der ganze Stadtteil jedoch am Anfang des 20. Jahrhunderts saniert werden sollte, nahm er das Angebot des Senats an, sein Gewerbe einzustellen und sein Grundstück an die Stadt zu verkaufen. Er zog an den Graumannsweg auf der Uhlenhorster Seite der Alster und legte sein Geld in Mietshäusern im Karolinenviertel an. Das erwies sich als eine ungewöhnlich wertbeständige Kapitalanlage. Sie bringt einem Teil seiner Nachkommen noch nach zwei verlorenen Kriegen sichere Erträge.

Seine lebenskluge Frau, Maria Kruse, geb. Witt, kam aus einer Lehrerfamilie. Sie erzog ihre drei Söhne zu selbständigen Persönlichkeiten, die alle leitende Stellungen in der Wirtschaft erreichten. Die einzige Tochter heiratete einen der beiden Besitzer von Krögers Buchdruckerei und Zeitungsverlag in Hamburg-Blankenese. Zum Hausstand meiner Großmutter gehörte auch Ella, eine wahre »Perle«, die schon als junges Mädchen in die Familie gekommen war und bis in ihr hohes Alter einfach dazugehörte. Noch heute sind die Kringel nach Ellas Rezept ein fester Bestandteil der jährlichen Weihnachtsbäckerei in unserer Familie.

Ich habe meinen Großvater nicht mehr kennen gelernt. Er starb 1916 im Ersten Weltkrieg, 10 Jahre vor meiner Geburt. Er war nach allem, was ich von ihm gehört habe, ein grundgütiger Mann, der es nicht zuließ, dass in seiner Gegenwart unfreundlich über andere gesprochen wurde. An meine Großmutter Kruse denke ich jedoch häufig, wenn ich von meinem Büro im 19. Stock eines der Mundsburg-Hochhäuser auf den Neubau am Mundsburger Damm 63 hinunterblicke. Dort besuchten wir sie als Kinder regelmäßig bis zu ihrer Ausbombung 1943. Besonders die ersten Weihnachtstage am 25. Dezember sind in meiner Erinnerung, wenn die ganze väterliche Familie bei ihr zusammenkam.

Mein Vater, Hans E. B. Kruse, wurde 1891 als Jüngster geboren und in der St.-Michaelis-Kirche getauft und konfirmiert. Er verließ die Oberrealschule vor dem Holstentor 1907 mit der mittleren Reife, wie es damals für angehende Kaufleute üblich war. Er bestand seine Außenhandelslehre bei der Firma Wiechers & Helm, die damals alle gangbaren Artikel nach Britisch-Indien und Liberia exportierte. Von seiner anschließenden Militärzeit in Ehrenbreitstein bei Koblenz verschickte er Postkarten, die ihn im Kreis der anderen Einjährigen mit der handschriftlichen Aussage zeigten: »Was hatten wir für eine schöne Jugend«. Mit dieser Begeisterung nahm er 1913 das Angebot seiner Lehrfirma an, zu ihrer Niederlassung nach Karatschi auszureisen, um den Verkauf vor Ort voranzubringen. Schon die Seereise durch den Suezkanal und das Rote Meer war ein Erlebnis. Nach ersten Erfolgen brach jedoch der Erste Weltkrieg aus.

Mein Vater wurde sogleich von den Engländern interniert und verbrachte die nächsten 5 Jahre in einem Barackenlager bei Ahmadnagar östlich von Bombay hinter Stacheldraht. Er wurde dort schnell einer der gewählten Sprecher der Zivilinternierten gegenüber der englischen Kommandantur. Innerhalb des Camps entwickelte sich bald ein normales Leben – natürlich nur ohne Frauen. Da auch verschiedene Wissenschaftler zu den Internierten gehörten, organisierten diese bald einen vielseitigen Vorlesungsbetrieb. Mein Vater bezeichnete diese Zeit rückblickend als seine Studienjahre. An Flucht dachte keiner. Im Zweiten Weltkrieg, in dem alle Deutschen aus Südasien wieder in Indien interniert wurden, war das anders.

Der langjährige Finanzvorstand der BASF, Rolf Magener, hat seine erfolgreiche Flucht mit dem Hamburger Kaufmann Heins von Have aus dem Lager in Dehra Dun am Fuße des höchsten Gebirges der Welt ganz im Norden Indiens bis nach Tokio in dem spannenden Buch »Die Chance war null« beschrieben. Beide habe ich gut gekannt und ihre Bravourleistung bewundert.

Eine ähnliche Ausbildung wie mein Vater durchlief auch sein Adoptivbruder Wilhelm. Er bekam die Möglichkeit, nach Brasilien zu gehen, um dort Erfahrungen im Außenhandel zu sammeln. Aber nach der Kriegserklärung vom August 1914 setzte er im Geist der Zeit alles daran, aus diesem neutralen Land in die Heimat zurückzukehren, um an den Feldzügen teilzunehmen. Es gelang ihm, von einem Blockadebrecher mitgenommen zu werden. Schon 1915 ist er vor Arras in Frankreich gefallen. Mein Vater hatte das bessere Los gezogen. Nach seiner Rückkehr aus der Gefangenschaft wurde er 1923 Teilhaber und 1926 Alleininhaber von Wiechers & Helm. In seiner stets einsatzbereiten, ausgleichenden und dabei souverän über den Dingen stehenden Art blieb er mein großes Vorbild weit über seinen Tod hinaus.

Mein Urgroßvater mütterlicherseits, Adolph Schramm, gehörte einer alten Hamburger Familie an. 1805 geboren, begleitete er schon mit 22 Jahren den Verhandlungsführer des Hamburger Senats, Syndikus Dr. Karl Sieveking, auf seiner stürmischen Seereise nach Brasilien zum Abschluss des ersten Staatsvertrages zwischen der Stadt Hamburg und dem unter Dom Pedro I. gegründeten Kaiserreich Brasilien. Die Einzelheiten dieser abenteuerlichen Mission sind anschaulich geschildert von dem Historiker Percy Ernst Schramm in seinem Buch »Neun Generationen. Schicksale einer Hamburger Bürgerfamilie«.

Adolph Schramm erkannte bei dieser amtlichen Mission die Chancen für einen unternehmerischen Kaufmann im 19. Jahrhundert in Südamerika. Er fuhr daher gleich 1828 auf eigene Rechnung wieder nach Brasilien. Dort angekommen, gründete er seine Firma in der gleichnamigen Hauptstadt des Bundesstaates Pernambuco, dem heutigen Recife. Er errichtete weiter südlich in Maroim Zuckerrohrplantagen und kehrte erst 1848 dauerhaft in seine Vaterstadt zurück. In diesen 21 Jahren überquerte er zehnmal den Atlantik, was damals 1½ Jahre auf See bedeutete. Darüber hinaus reiste er durch Spanien und die Länder des östlichen Mittelmeers, teilweise im Auftrag des Hamburger Senats.

In den fünfziger Jahren des 19. Jahrhunderts ließ er sich ein elegantes Stadthaus an der Ecke Holzdamm / An der Alster gegenüber vom Hotel Atlantic bauen, in dem er das repräsentative Obergeschoss im Stil der Alhambra Granadas ausstattete. Er galt als »ewiger« Junggeselle, aber mit 56 Jahren entschloss er sich doch noch, in den Ehestand zu treten. Seine Auserwählte war die 30 Jahre jüngere Spanierin Emilia Scholtz, die er auf seinen Reisen durch ihr Land kennen gelernt hatte. Für sie kam nur eine katholische Hochzeit in Frage. Er wollte als Protestant aber, dass wenigstens seine Söhne evangelisch und nur die Töchter römisch-katholisch erzogen würden. Zu diesen Bedingungen fanden sie nur in England einen Priester, der bereit war, sie zu trauen. So musste die Eheschließung 1861 in London stattfinden.

Der Vater von Emilia Scholtz war einer der aus Deutschland eingewanderten Brüder, denen die noch heute in Malaga bekannte Weinhandelsfirma Scholtz Hermanos gehörte. Ihr älterer Bruder Heinrich, der den adligen Namen der Familie von Scholtz und Hermensdorff führte, war der Urgroßvater des durch seine vielseitigen Aktivitäten bekannten Prinzen Alfonso zu Hohenlohe-Langenberg. In seinen Erinnerungen »Unglaublich, aber wahr« schildert er, wie dieser Urgroßvater im fernen Deutschland in ein Duell verwickelt wurde, das er zwar überlebte, aber dann doch fluchtartig zu Pferde durch halb Europa nach Malaga zurückritt, um in die väterliche Weinhandlung einzutreten.

Meine Urgroßmutter Emilia Scholtz selbst war mit 18 Jahren schon einmal in Hamburg verheiratet gewesen – mit Henri de Chapeaurouge, der jedoch an ihrem einjährigen Hochzeitstag nur 10 Tage nach der Geburt ihrer Tochter mit einem einachsigen Pferdewagen, einem so genannten Dogcart, tödlich verunglückte. Als 19-jährige Witwe löste sie ihren Hamburger Haushalt auf und kehrte zu ihrer Familie nach Malaga zurück. Adolph Schramm, der zu dieser Zeit gerade sein neues Haus am Holzdamm einrichtete, kaufte auf einer Auktion die Möbel ihres Schlafzimmers, ohne zu ahnen, dass er wenige Jahre später die Vorbesitzerin dieses Mobiliars in das Bett, das ihr schon einmal gehört hatte, zurückführen würde.

Natürlich war ihr neues nach südspanischen Vorbildern eingerichtetes Stadthaus ganz nach ihrem Geschmack. Außerdem ließ Adolph Schramm für sie beide eines der ersten Sommerhäuser von Hamburger Bürgern in Reinbek an der Bille neben dem heutigen Rowohlt Verlag errichten. In schneller Folge bekam das Ehepaar von 1862 bis 1868 vier Kinder und sieben Jahre später noch eine jüngste Tochter, bei deren Geburt der Vater bereits über 70 Jahre alt war. Von der nächsten Generation hatte allerdings nur meine Großmutter, die mittlere Tochter Clemencia, eine dafür umso größere Nachkommenschaft. Als sie 1968 kurz vor ihrem 100. Geburtstag starb, trauerten über 100 direkte Nachkommen um sie.

Ohne seinerseits zum römischen Glauben überzutreten, gehörte Adolph Schramm auf Wunsch seiner spanischen Frau zu den großen Förderern der katholischen Einrichtungen Hamburgs wie der St.-Marien-Kirche, der heutigen Domkirche des 1995 errichteten Erzbistums. Er gründete das Krankenhaus in Reinbek, das zu seinen Ehren nach einem Heiligen seines Namens St.-Adolf-Stift heißt. In seinem Testament setzte er eine Summe für die Errichtung eines eigenen, inzwischen vielfach erweiterten Friedhofs in Reinbek aus. Seine Frau verwirklichte dieses Vermächtnis, indem sie eine Parzelle mit einer kleinen Kapelle für ihre Familie reservierte. Erst 1994 fiel uns auf, dass dieses Grundstück noch auf den Namen unserer 1908 verstorbenen Urgroßmutter eingetragen war. Bei ihrer inzwischen weit verzweigten Nachkommenschaft bedurfte es eines Aufgebotsverfahrens, um über eine GmbH sicherzustellen, dass dieser Teil des Friedhofs unbefristet als Familiengrabstätte im Grundbuch steht. Mein Vetter Paul Joachim Tiefenbacher hat sich mit der Restaurierung der Kapelle große Verdienste erworben.

Meine Großmutter Clemencia Schramm lernte als junges Mädchen auf einem Wohltätigkeitsbasar ihrer Kirchengemeinde Max Tiefenbacher, einen 35-Jährigen, gleichfalls katholischen Vater von zwei Kindern, kennen und wurde von ihm in der Folge nachdrücklich umworben. Schließlich willigte sie ein, ihn an ihrem 18. Geburtstag zu heiraten. Er hatte seine erste Frau durch eine unerkannte Krankheit früh verloren. Meine Großmutter wurde die erste Hamburgerin, die ab 1888 auch im Winter in Reinbek wohnte. Mein Großvater hatte die Möglichkeit, dort ein stattliches Grundstück von etwa 70 000 Quadratmeter an der östlichen Seite der Waldstraße von seinem Schwager Rudolph Petersen zu übernehmen. Nach dem frühen Tod der älteren Schwester seiner Frau wollte dieser nicht mehr allein in dem großen Anwesen wohnen. Er hatte das Grundstück von einem Bauern für 1 Mark pro Quadratmeter erworben. Als ich 1950 einem Nachfahren dieses Bauern mein erstes Grundstück in der Reinbeker Buchtallee für 5 Mark pro Quadratmeter abkaufte, meinte er, ich müsse eigentlich einen viel höheren

Preis zahlen, da meine Vorfahren den Tiefenbacher-Besitz in der Waldstraße vor 65 Jahren viel zu billig gekauft hätten. Heute liegt der Preis für Grundstücke in dieser Lage bei 200 Euro pro Quadratmeter. Die inflationäre Entwicklung hat sich also in der zweiten Hälfte des 20. Jahrhunderts noch beschleunigt.

Mein Großvater Max Tiefenbacher entstammte einer österreichischen Familie. Er war jedoch schon in Hamburg geboren und Außenhandelskaufmann geworden. Auch er ging in jungen Jahren nach Übersee, und zwar nach China. Er wurde Teilhaber der Firma Wm. Meyerink & Co., die ihren Hauptsitz in Shanghai hatte und vor dem Ersten Weltkrieg die Vertretung der Farbenfabriken Bayer besaß. Sein ältester Sohn Hans Tiefenbacher führte die Firma in Shanghai bis zu seinem Tod 1946 kurz vor der Ausweisung aller Deutschen aus China, die erst Monate nach dem Ende des Zweiten Weltkriegs erfolgte. Die Firma Wm. Meyerink & Co. in Hamburg wurde amtlich 1951 von Wiechers & Helm übernommen. Hans Tiefenbachers Frau Therese war eine Schwester von Paul Wirtz, dem Partner von Rudolf Brinckmann bei der Umbenennung der M. M. Warburg Bank in Brinckmann, Wirtz & Co. Er war zudem Präses der Handelskammer Hamburg in der schwierigen Zeit 1945/1946. Ihre Schwester Martha Wirtz war die Frau von Wilhelm Cuno, dem Nachfolger Albert Ballins an der Spitze der Hapag, Reichskanzler im Krisenjahr 1923 mit der französischen Besetzung des Rheinlandes und erster Präsident des Hamburger Übersee-Clubs 1922 sowie des ersten deutschen Rotary Clubs in Hamburg 1927. Ihr ältester Sohn Hans Tiefenbacher in meiner Generation hatte schon in den zwanziger

Jahren bei Wiechers & Helm gelernt. 1947 kehrte er dorthin zurück und übernahm von 1968 bis 1982 die Geschäftsführung der Firma, als ich im Vorstand der Beiersdorf AG war.

Meine Großmutter Clemencia Tiefenbacher war als Kind besonders zart gewesen. Sie hatte nie Schwimmen gelernt oder einen Sport betrieben. Aber sie regierte ihre Familie wie eine Königin und wurde von ihren Kindern auch so genannt. Sie hatte für ihr großes Haus eine Mamsell für die Küche, die im Keller war, und mit Liesbeth eine persönliche Hilfe, wie meine andere Großmutter ihre Ella. Zu ihrem Haushalt gehörte auch die Gärtnerin Fräulein Heidenreich, unter deren Regie sich zwei Treibhäuser, Erdbeer- und Spargelbeete sowie viele Obstbäume befanden. Sie wurde unterstützt von zwei Gärtnern, von denen Martin mit gelb-schwarz gestreifter Weste auch bei festlichen Anlässen servierte, wie am 24. Dezember, wenn die ganze Familie bei meiner Großmutter zusammenkam. Sie hatte immer einen kleinen Korb mit zahllosen Schlüsseln bei sich, die ihre dienstbaren Geister jeweils abholen und zurückbringen mussten, wenn sie etwas aus einem der vielen Schränke benötigten.

So residierte sie 80 Jahre bis zu ihrem Tod im Haus Wald-Eck in Reinbek, das sie nur für kurze Reisen verließ. Sie bekam neun eigene Kinder, fünf Töchter und vier Söhne, von denen einer im Ersten Weltkrieg in Frankreich fiel. Max Tiefenbacher, der älteste ihrer Söhne, war ein erfolgreicher Rechtsanwalt. Er machte mich mit dem dichterischen Werk Wolf von Kalckreuths bekannt, über den ich meine literaturwissenschaftliche Dissertation schrieb. Josef Tiefenbacher wurde Versicherungskaufmann. Er vertiefte sich in die religiösen Vorstellungen Meister Eckeharts, Buddhas sowie

Laotses und fasste seine Erkenntnisse in dem Buch »Was glauben wir wirklich« zusammen. Mein Verständnis für andere Glaubensrichtungen wurde von ihm geweckt. Mein Patenonkel Paul Tiefenbacher gründete im eigenen Namen eine der maßgeblichen Hamburger Importfirmen für Kautschuk und andere Naturprodukte. Im Krieg verhalf er mir als Major am Hamburger Generalkommando zu einer Ausbildung als Funker, die mir beim späteren Einsatz bei der Infanterie sehr nützlich war.

Die ersten beiden Töchter traten unmittelbar nach ihrer Schulzeit in den Orden des Sacré Cœur der Schwestern vom Heiligen Herzen Jesu ein. Auch eine vorherige Schiffsreise nach Ägypten, um die Vielgestaltigkeit der Welt kennen zu lernen, konnte sie von ihrem Entschluss nicht abbringen. Die älteste, Mutter Maria Tiefenbacher, gründete mehrere Schulen in Deutschland und in Schweden. Sie war eine starke Persönlichkeit und wurde Generaloberin ihres Ordens für Deutschland. Sie starb 1987 wie ihre Mutter im 100. Lebensjahr. Ihre Schwester Clemencia war ihr schon 1922 mit 33 Jahren vorausgegangen. In den wirtschaftlich schwierigen Jahren nach dem Ersten Weltkrieg erlag sie im Kloster den Folgen von Unterernähung.

Die dritte Tochter, Emilia, heiratete 1913 einen in Deutschland im Kautschukhandel tätigen Engländer, Arthur Dodd. Bei Kriegsausbruch im Jahr darauf wurde er hier in einem Lager in Ruhleben für die ganze Dauer des Krieges interniert, wie mein Vater von den Engländern in Indien. In den zwanziger Jahren war er in London Partner der Firma, die über die größten Vorräte von Rohgummi verfügte, als der aufblasbare Reifen erfunden wurde und das Auto sich schnell als individuelles Beförderungsmittel durchsetzte. Die sich daraus ergebende Wertsteigerung machte es für ihn und seine Mitgesellschafter attraktiv, ihre Anteile an der Firma zu verkaufen. Das ermöglichte ihm seitdem ein Leben in finanzieller Unabhängigkeit. Ich gehörte zu den Neffen, die er nach 1945 für ein Semester zum Studium an einer Schweizer Universität einlud. Diese Großzügigkeit bot mir in der schwierigen Zeit vor der Währungsreform von 1948 die einzigartige Chance, zu einem schnellen Studienabschluss zu kommen.

Das letzte der neun Kinder war die fünf Jahre jüngere Schwester meiner Mutter, Elisabeth. Sie heiratete, früher als meine Mutter, den Südamerika-Kaufmann Heinz Justus, der mit meinem Vater im Vorstand des Vereins Hamburger Exporteure tätig war. Mit ihrem ältesten Sohn, dem späteren Monsignore Heinz Joachim Justus, wie ich Jahrgang 1926, gründete ich schon 1937 die allerdings nicht eingetragene Firma Justus & Kruse, unter der wir Muster der väterlichen Handelshäuser im Familienkreis verkauften und die ersten Bilanzen erstellten. »Früh übt sich, was ein Meister werden will«, sagt Wilhelm Tell bei Friedrich Schiller.

Meine Mutter Alice Tiefenbacher, die Zweitjüngste, war eine lebenskluge und in vielerlei Hinsicht ungewöhnliche Frau. An ein Studium oder eine berufsbezogene Ausbildung, die heute für junge Mädchen nach ihrem Schulabschluss selbstverständlich ist, war zu ihrer Zeit nicht zu denken. Andererseits wollte sie nicht schon mit 20 Jahren eine Familie gründen wie ihre Schwägerinnen und ihre jüngste Schwester. So besuchte sie aus eigener Initiative im Sinne Helene Langes eine Soziale Frauenschule und erweiterte ihr

Wissen in Literatur-, Kunst- und Religionsgeschichte durch eine vielseitige Lektüre. Das versetzte sie in die Lage, über sie interessierende Themen Vorträge zu halten und Artikel zu schreiben. Mehr als 40 Jahre kam ein fester Kreis mit ihr befreundeter »Literaturdamen« in den Wintermonaten wöchentlich bei ihr zusammen, um ihren Ausführungen über Themen wie »Frauen, die ihre Zeit gestalteten«, »Wegbereiter des Nationalsozialismus« oder »Dichter, die an die Einheit Europas glaubten« zuzuhören. Auch als verheiratete Frau schrieb sie mit sicherem Geschmack und klarem Urteil Theaterkritiken und Buchbesprechungen für verschiedene Zeitungen. Meine literarischen und zeitgeschichtlichen Interessen verdanke ich zweifellos den vielseitigen Anregungen und umfangreichen Kenntnissen meiner Mutter auf diesem Gebiet.

Kindheit und Jugend

Gute Freunde meiner Mutter waren besorgt, sie könnte – inzwischen schon 25 Jahre alt – zu intellektuell werden. Daher nahmen sie sie an einem der ersten Abende des April 1925 mit ins Trocadero. Das war damals die pompöseste Bar in Hamburg an den Großen Bleichen. Und dort geschah es wie im Märchen. Sie lernte meinen Vater, einen Junggesellen von 33 Jahren, kennen und wusste sofort, dass er der Richtige für sie war. Ihm ging es nicht anders. Nach sieben Tagen waren sie verlobt, und sechs Wochen später, am 26. Mai, fand die Hochzeit statt.

Als mein Vater anlässlich seines nächsten Besuches bei der Deutschen Bank dem für seine Firma zuständigen Vorstandsmitglied die gute Nachricht mitteilte, lautete die erstaunte Frage: »War es denn so schnell nötig?« Aber der damit verbundene Gedanke war unzutreffend. Als erstes Kind erschien ich erst fast genau zwölf Monate später, am 19. Mai 1926. Der Grund für die kurzfristige Hochzeit war der Terminplan meines Großvaters Tiefenbacher, der im Juni 1925 zu seiner jährlichen Kur nach Bad Gastein wollte, und daran war nicht zu rütteln.

Geboren wurde ich in der ersten Wohnung meiner Eltern

auf der Uhlenhorster Seite der Alster in der Hagenau 45. Doch schon 1 ½ Jahre später zog die junge Familie nach Harvestehude in ein repräsentatives Stadthaus in der Abteistraße 13. Hier erblickten meine beiden Schwestern Margot 1928 und Ursula 1935 das Licht der Welt. Wir wohnten dort bis zu den schweren Luftangriffen im Sommer 1943.

Die 4-jährige Vorschule besuchte ich nicht bei Bertram, der bekanntesten derartigen Einrichtung in diesem Stadtteil, sondern in der kleinen Privatschule von Fräulein Cläre Lehmann in der Heilwigstraße 46 an der Ecke zur Maria-Louisen-Straße. Ihr Haus war für uns noch günstiger gelegen, und sie benötigte mit ihren Lehrkräften nur zwei Stunden täglich, von 9 bis 11 oder 11 bis 13 Uhr, um ihren ABC-Schützen Lesen, Schreiben und Rechnen beizubringen. Das dauerte bei Bertram viel länger.

Die äußeren Bedingungen waren nicht ideal in der gleichzeitig als Wohngebäude genutzten Villa. Der Turnunterricht erfolgte bei gutem Wetter in dem kleinen Garten hinter dem Haus zur Alster, bei schlechter Witterung in der großen Kellerküche vor einem altertümlichen Herd. Trotzdem behalte ich diese ersten Schuljahre in bester Erinnerung, da dieser private Rahmen uns Erstklässler behutsam an den Ernst des Lebens heranführte und wir mehr Freizeit zum Spielen und Sport hatten als die Gleichaltrigen bei Bertram am Harvestehuder Weg.

Mit mir schaffte 1936 auch Donat de Chapeaurouge den Übergang auf die Gelehrtenschule des Johanneums ohne Probleme. Er wurde beim ersten dortigen Zeugnis sogar gleich Primus, während ich auf Platz 8 landete. Dieses Ergebnis war ein beachtlicher Erfolg für die Schule von Fräulein Lehmann, die als Jüdin zunehmend mit Schwierigkeiten seitens der Schulbehörde zu kämpfen hatte, bis sie sich im Krieg mit ihrer Schwester das Leben nahm, kurz bevor sie nach Theresienstadt abtransportiert werden sollte. Dieses anrührende, tragische Schicksal war in meinen Grundschuljahren noch jenseits unserer Vorstellungswelt.

Mein nachhaltigster Eindruck dieser Zeit war die Sommerreise, auf die ich 1934 von den Eltern nach Flims in Graubünden mitgenommen wurde. Wir wohnten dort im eleganten Grandhotel et Surselva. Ich konnte im Caumasee Schwimmen lernen und durfte auch den Flimser Stein besteigen, der den Ort überragte. Für die in der Mehrzahl aus der Schweiz kommenden Kinder wurden am Sonntagnachmittag Spiele von einem Onkel Jonny und Tante Ellen genannten Ehepaar organisiert. Als Wettbewerb sollte jedes Kind ein für seinen Heimatkanton oder sein Land typisches Lied vortragen. Ich war bei der Wahl des Liedes natürlich auf die Unterstützung durch meine Mutter angewiesen. »Deutschland, Deutschland über alles« kam in der Schweiz nicht in Betracht. »Stadt Hamburg an der Elbe Auen« mit dem Refrain »Hammonia, Hammonia, o wie so herrlich stehst du da« hat sich bei allem Stolz der Hamburger auf ihren Stadtstaat als Heimathymne nie durchsetzen können. Sie war 1828 genau zur Halbzeit zwischen dem Ende der französischen Besetzung und dem großen Brand von 1842 verfasst worden. So fiel die Wahl auf die 1923 von Gustav Büchsenschütz verfassten Verse »Märkische Heide, märkisches Land sind des Märkers Freude, sind sein Heimatland«.

Mit diesem Beitrag konnte ich zwar keinen Preis erringen, was sicher auch an meinem mangelhaften Vortrag lag. Ich erwähne diese Episode jedoch, weil sie das Bemühen meiner Mutter veranschaulicht, in uns Kindern entgegen den nationalen Anstrengungen der damaligen Regierung nach 1933 ein Heimatgefühl zu wecken, das weder auf die Stadt Hamburg noch das nahe gelegene »Schleswig-Holstein meerumschlungen« ausgerichtet war, sondern dann schon lieber auf das Kernland von Preußen, die Mark Brandenburg, ohne gleich großdeutsche Ambitionen zu wecken.

Ein Tag in Flims ist besonders in meiner Erinnerung geblieben, der Abend des 2. August 1934, als die Nachricht vom Tod des greisen Reichspräsidenten Paul von Hindenburg und vom Treueeid der Reichswehrführung auf Hitler noch am gleichen Tage durchkam. Wir saßen beim Abendbrot, und ich habe meine Mutter kaum wieder so in Tränen gesehen in düsterer Vorahnung des Weges, den unser Land danach einschlagen sollte.

Die ersten drei Jahre am Johanneum verliefen in unserer Klasse unbeschwert. Ich meine, es gab nur einen jüdischen Mitschüler, der uns verließ, weil er mit seinen Eltern auswanderte. Die Olympiade 1936 in Berlin mit der internationalen Anerkennung ihrer Organisation verlieh der nationalsozialistischen Machtergreifung und dem von ihr herbeigeführten Wirtschaftsaufschwung eine nachträgliche Rechtfertigung und Anerkennung von denen, die nicht direkt von ihrer Willkür betroffen waren.

Das wurde 1939 mit der Kriegserklärung an Polen anders. Die Erinnerung an die Jahre von 1914 bis 1918 war bei den meisten, die diese Zeit mitgemacht hatten, noch zu lebendig. Wir Schüler hatten uns alle im Schulhof aufzustellen. Sodann wurde uns mitgeteilt, welche Lehrer eingezogen wurden und an die Front mussten. Zu ihnen gehörte auch unser beliebter erster Klassenlehrer Kurt Klein. Auch nach seiner späteren Entlassung vom Militär kehrte er nicht ans Johanneum zurück. Es begann die jahrelange Verdunkelung aller Häuser, damit nachts kein Lichtschein nach draußen die Stadt aus der Luft erkennen ließ. Bald fingen die nächtlichen Fliegeralarme mit gelegentlichen Bombenabwürfen an. Zwei Stabbrandbomben fielen auch auf unser Haus, wurden jedoch von meinem Vater mit Sand erstickt, bevor sich das Feuer ausbreiten konnte.

1937 trat ich wie die meisten meiner Klassenkameraden in das Deutsche Jungvolk ein, die Vorstufe der Hitlerjugend für die 10–14-Jährigen. Dort übten wir uns in erster Linie in Leichtathletik. Die politischen Schulungen ließen bei mir schnell den Wunsch aufkommen, nicht in die normale Hitlerjugend übernommen zu werden. Das gelang mir 1940, als ich zur Reiter-HJ wechseln konnte, einem kleinen Freundeskreis mit Jürgen Ponto, dem später tragisch umgekommenen Chef der Dresdner Bank, und Walther Schmitz. Wir brauchten die Uniform nur zum reizvollen Reiten anzuziehen und wurden ideologisch nicht behelligt. Als im Verlauf des Krieges für uns keine Pferde mehr zur Verfügung standen, musste die Gruppe sich auflösen. Dafür fand ich die Schauspiel-HJ meines Freundes Wolfgang Haller, der ein begabter Komödiant und Rezitator war und dessen Fähigkeiten ich nach dem Krieg noch wiederholt bewundern konnte. Sinnigerweise probten wir vorzugsweise Schillers »Räuber«. Zu einer Aufführung ist es allerdings nicht mehr gekommen. Aber wir hatten Spaß und brauchten uns auch dort nicht indoktrinieren zu lassen.

Die Begeisterung für das Theater veranlasste einige von uns, 1943 am Staatlichen Schauspielhaus in einer Aufführung von Schillers »Braut von Messina« als Mitglieder des Chores mitzuwirken, der die Handlung wie in den altgriechischen Tragödien kommentiert. Da wir fast die ganze Zeit der Aufführung auf der Bühne standen, lernten wir den Text des Dramas weitgehend auswendig. Als besonders passend für unsere Zukunft sollten sich die Verse unseres Chores erweisen:

Nicht an die Güter hänge dein Herz,
die das Leben vergänglich zieren!
Wer besitzt, der lerne verlieren,
wer im Glück ist, der lerne den Schmerz.
Das Leben ist der Güter höchstes nicht,
der Übel größtes aber ist die Schuld.

Obgleich meine Schwester Margot und ich katholisch getauft waren, gingen wir nicht – wie es allgemein üblich ist – im zarten Alter von 8 bis 9 Jahren zur ersten Kommunion. Das lag daran, dass unsere Mutter Probleme damit hatte, einige Dogmen der Kirche »fest für wahr« zu halten, wie es zu ihrer Zeit gefordert war. Sie wollte uns daher die Möglichkeit geben, im Religionsunterricht der Schule die Glaubenswelt unserer mehrheitlich protestantischen Umwelt in Norddeutschland kennen zu lernen, während sie uns den katholischen Katechismus parallel dazu erläuterte. Nach dieser Vorbereitung sollten wir uns mit 14 Jahren selbst entscheiden zwischen dem römischen Glauben mit seinen damals stärkeren Verpflichtungen zum sonntäglichen Besuch der Messe und zur regelmäßigen Teilnahme an den Sakramenten oder dem Protestantismus mit seinem größeren individuellen Spielraum der eigenen Glaubensvorstellungen.

Diese Wahl fiel uns am Anfang des Zweiten Weltkriegs leicht durch den einsetzenden Kampf des Nationalsozialismus gegen das Christentum in jeder Form. Denn in dieser Situation zeigte sich die katholische Kirche besser gerüstet als die weitgehend gleichgeschaltete lutherische. Besonders die Predigten des Bischofs von Münster und späteren Kardinals Clemens August Graf von Galen gegen die einsetzende Euthanasie geistig zurückgebliebener Menschen beeindruckten uns. Dass wir zu einer Minderheit gehörten, gab unserem Entschluss sogar etwas Elitäres.

Er verschaffte mir darüber hinaus zehn Jahre später Pluspunkte, als ich meine Frau kennen lernte. Sie war seitens ihrer beiden Eltern in der katholischen Kirche beheimatet. Daher hatte diese Frage des Bekenntnisses für sie eine große Bedeutung. Bei auftretenden Zweifeln an Teilen der kirchlichen Lehre half mir später die Erkenntnis, dass sich gewisse Fragen der verstandesmäßigen Erfassung entziehen und es daher klüger ist, den Sprung in den Glauben zu wagen. Die philosophische Begründung dieser Einstellung wird schon dem frühen Kirchenlehrer Tertullian zugeschrieben: »Credo quia absurdum«. Ich glaube, weil es nicht zu erfassen ist. Ähnlich pragmatisch beendete mein Vater einmal eine theologische Diskussion in unserer Familie mit dem Satz: »Das bekennt man, auch wenn man es nicht versteht.«

Den nachhaltigsten Eindruck von unseren Lehrern am Johanneum hinterließ bei mir Carl Bertheau, der uns die alten Sprachen beibrachte. Als kein Religionsunterricht mehr erteilt werden durfte, übersetzten wir mit ihm außerhalb der Schule in einer freiwilligen Arbeitsgemeinschaft morgens vor dem Unterricht das Neue Testament aus dem Griechischen und besprachen den Inhalt. Im Februar 1943 wurde unsere Klasse zur so genannten Heimatflak eingezogen, soweit die Älteren des Jahrgangs 1925 nicht bereits zum Reichsarbeitsdienst einberufen waren. Wir kamen zu einer Flak-Batterie in Steilshoop mit vier 8,8-cm-Geschützen. In der benachbarten gleichen Einheit wurde unser Dienst von russischen Kriegsgefangenen vesehen. Nach zwei Monaten Grundausbildung begann vormittags wieder der Unterricht. Das galt jedoch nicht für mich, da ich für ein Jahr vom Militärdienst zurückgestellt wurde, nachdem ich am Ende einer Geländeübung vor unserem Batteriechef, Leutnant Hermann Ehlers, dem späteren Bundestagspräsidenten und ersten Stellvertreter von Adenauer im Parteivorsitz der CDU, wegen Überanstrengung zusammengebrochen war. Das gab mir die Möglichkeit, verschiedene Vorlesungen an der Philosophischen Fakultät der Universität Hamburg als Gasthörer ohne Abitur zu belegen, die mir später als Studiensemester angerechnet wurden.

Im Januar 1944 war wieder alles anders. Der Einsatz meiner Klasse bei der Heimatflak endete so plötzlich, wie er begonnen hatte. Bis zur Abiturprüfung am 30. März gab es nochmals intensiven Unterricht. Die letzten beiden Schuljahre standen ganz im Zeichen des neuen Direktors des Johanneums, Erwin Zindler. Er war ein überzeugter Nationalsozialist gewesen, hatte aber als Major in Russland sein Damaskus erfahren. Wir erlebten ihn jedenfalls als einen begeisternden Vermittler der großen Werke deutscher Kunst und Literatur. Er war auch Autor hintergründiger Fabeln. Nach dem Krieg holte ihn seine Vergangenheit ein. Er wurde vom ersten Schulsenator nach 1945, den er seinerzeit entlassen hatte, aus dem Schuldienst entfernt und musste in den folgenden schlechten Jahren im Hafen Säcke schleppen. Für die politische Verstrickung idealistischer Pädagogen in dieser Zeit war Erwin Zindler ein eindrucksvolles Beispiel.

Zwar bringt es meist höhere Sympathiewerte, wenn man von sich sagen kann, kein guter Schüler gewesen zu sein. Aber bei mir war das nicht der Fall. In meinem Abiturzeugnis stand jedenfalls: »Von Anbeginn seiner Schulzeit an war Kruse ein ausgezeichneter Schüler. Seine Haltung und Führung waren schlechthin vorbildlich.« Ohne damit zu rechnen, erhielt ich bei der Abiturientenentlassung die zweite der beiden Prämien der Schule für Weiterstudierende. Der materielle Wert dieser Auszeichnung in Höhe von 140 Reichsmark war gering gegenüber dem ideellen Wert. Zur Belohnung schenkten mir meine Eltern eine Rundreise von Heidelberg, Straßburg und Freiburg über den Bodensee nach Innsbruck, Salzburg und Würzburg. Das war ein großes Erlebnis, ähnlich wie in den letzten Ferien vorher eine Reise nach Potsdam, solange es unzerstört war. Zu Ostern 1943 war ich eine Woche mit meiner Mutter in der Goethe-Stadt Weimar, die ihr besonders am Herzen lag. So konnte ich noch bedeutende und zu dieser Zeit erreichbare Reiseziele kennen lernen, bevor ich im Juni 1944 richtig zur Wehrmacht eingezogen wurde.

Als Soldat und in Gefangenschaft

Meine Militärzeit begann mit der Ausbildung zum Funker in der Stamm-Kompanie der Nachrichten-Ersatz-Abteilung 20 in der Graf-Goltz-Kaserne in Hamburg-Rahlstedt. Einer meiner Ausbildungsleiter war Hans Otto Stammann, der später meine Cousine Mutzi Tiefenbacher heiratete. Wie es seine Aufgabe war, scheuchte er uns Rekruten ganz schön durch das Gelände. – »Hinlegen!« – »Sprung auf, marsch, marsch!« Bereits nach drei Wochen kam der schicksalsschwere 20. Juli 1944. Alle Truppenteile hatten am frühen Nachmittag einsatzbereit anzutreten. Eine lange Zeit standen wir auf dem Kasernenhof, voller Spannung, was geschehen würde. Offensichtlich hatte die Aktion »Walküre« auch die in Hamburg stationierten Teile des Ersatzheeres erreicht. Die Offiziere schienen unschlüssig, welchen Befehlen zu folgen war. Nach etwa zwei Stunden konnten wir in unsere Unterkunft zurückkehren. Am Abend erfuhren wir dann von dem missglückten Attentat in der Wolfsschanze.

Für mich war die deutsche Niederlage nach dem Fall von Stalingrad absehbar, auch wenn viele es damals nicht wahrhaben wollten. Hätte Hitler die Explosion im Führerbunker nicht überlebt, wäre der Eid der Generalität auf ihn hinfällig geworden. Mit Sicherheit wären unendliche Opfer an Menschen, der Verlust von Land im Osten und die sinnlose Zerstörung von Städten wie Dresden und Würzburg vermieden worden. Natürlich ist schwer einzuschätzen, welchen Verlauf die deutsche Nachkriegsgeschichte nach einer früheren Kapitulation ohne Hitler genommen hätte. Meine Bewunderung für die Männer des 20. Juli war jedenfalls schon damals groß, insbesondere als ich wenige Tage später erfuhr, dass Adam von Trott zu Solz, der Mann meiner Cousine Clarita Tiefenbacher, zum engsten Kreis der Beteiligten gehörte.

So nahm das Schicksal seinen Lauf. Im Herbst 1944 wurden viele bis dahin freigestellte Künstler der Hamburger Theater eingezogen. Einige kamen auch zum Rundfunk nach Rahlstedt wie der Dirigent Wilhelm Brückner-Rüggeberg, mit dem mich auch nach dem Krieg eine herzliche Freundschaft verband, wie der Tenor Helmut Melchert, den ich beim gemeinsamen Reinigen des Treppenhauses trösten musste, auch für ihn würden wieder bessere Zeiten kommen, und wie der Schauspieler Eduard Gerdts, den ich in der Gefangenschaft wieder traf. Abends konnte ich von Rahlstedt aus noch einige Male mit dem Fahrrad über die Dörfer nach Reinbek fahren, wo wir nach den Luftangriffen auf Hamburg im Juli 1943 bei meiner Großmutter Tiefenbacher eine Bleibe gefunden hatten.

Zum Jahresende wurden alle jüngeren Abiturienten als Reserveoffiziersbewerber zur Infanterie versetzt, weil deren Verluste weit höher waren als die der Nachrichteneinheiten. Ich kam in die Graf-Waldersee-Kaserne nach Lübeck. Neben der Ausbildung im Gelände wurde uns zur Stärkung unserer Kampfmoral zu nächtlicher Stunde der Film »Kolberg« von Veit Harlan vorgeführt. Außerdem mussten wir als abschreckendes Beispiel der Erschießung eines jungen Fahnenflüchtigen zusehen.

Dann ging alles sehr schnell. Nach einem letzten Abend zu Haus, zu dessen Abschluss wir den langsamen 3. Satz von Brahms' 2. Klavierkonzert mit dem ungewöhnlichen Cellosolo hörten, kam bald die Nachricht, dass wir am Abend des 24. März ausrückten. Mit Schwierigkeiten ereichten meine Eltern von Reinbek aus das Kasernentor in Lübeck, um anzusehen, wie wir feldmarschmäßig zum Bahnhof abzogen. Es war für sie ein wenig siegessicherer Anblick. Wir wussten nicht, wohin die Reise ging. Vor Bremen kam der Zug zum Stehen. In dieser Nacht wurden die großen Weserbrücken von britischen Bombern zerstört. Jeder mit Waffen, Gepäck und 15 Kilo Munition beladen, marschierten wir am folgenden Palmsonntag 30 Kilometer durch Bremen nach Delmenhorst. Bei warmer Temperatur löste sich die Formation bald auf, da viele erschöpft zurückblieben. Daher wurden die weiteren 90 Kilometer bis zur Ems bei Leer anschließend in drei Nachtmärschen zurückgelegt, um bei der Bevölkerung nicht wieder einen schlechten Eindruck zu machen.

Dort angekommen, rechneten wir mit unserem Einsatz an der vor uns liegenden Westfront. Es kam aber anders. Nach drei Tagen des Abwartens hieß es, Vorrang habe jetzt die Verteidigung von Berlin. Dort waren wir einer Offiziersnachwuchsdivision mit dem Erinnerungen weckenden Namen »Scharnhorst« zugeteilt, die im Raum Dessau aufgestellt werden sollte. Bei jetzt strömendem Regen begannen wieder die Märsche, dazwischen auch kurze Bahntransporte. Nach vier Tagen erreichten wir unser Ziel. In Rosslau, nördlich von Dessau, wurden wir vollkommen neu aufgestellt. An drei Seiten eines großen Vierecks angetreten, erklärte uns ein Major der Waffen-SS, er sei jetzt unser Kommandeur. Dessau müsse bis zur letzten Patrone verteidigt werden. Wer sich dem Feind ergebe, werde sofort erschossen. Das hörte sich bei der völligen Aussichtslosigkeit der Lage natürlich nicht so gut an. Andererseits war jedem von uns klar, dass Millionen älterer Soldaten in den letzten Jahren viel Schlimmeres in Russland und an anderen Fronten durchmachen mussten, als jetzt von uns gefordert war.

Ich hatte insofern Glück, als ich aufgrund meiner Ausbildung als Funker zur Nachrichtenstaffel des Bataillons eingeteilt wurde. Dort traf ich meinen Freund Gerhard Möllenberg wieder, neben dem ich jahrelang auf der gleichen Schulbank im Johanneum gesessen hatte. Wir waren vier Mann und hatten nur ein Funkgerät, das abwechselnd einer tragen musste, während ein anderer es bediente. Diese Ausrüstung entsprach dem Stand des ganzen Bataillons. Für eine Einheit von 25 Mann gab es nur noch acht Gewehre und einige Panzerfäuste.

So bezogen wir in der Nacht zum 14. April 1945 Stellungen rund um Dessau, als amerikanische Panzerspitzen bis auf wenige Kilometer an die Stadt herangekommen waren. Unser spezieller Auftrag war, die Autobahn im Süden nach Bitterfeld zu sperren. Unter starkem Beschuss von Jagdfliegern war aber wenig auszurichten. Noch am ersten Kampftag zogen wir uns daher bis zu den ersten Häusern am südlichen Stadtrand zurück. Die Amerikaner folgten aber zu unserer Überraschung nicht. Vermutlich sollten die

Russen nach der Vereinbarung von Jalta erst weiter vorrücken. Dafür zielten bei Dunkelwerden deutsche Zivilisten auf uns, die nicht wollten, dass ihre Stadt noch verteidigt wurde. Die Stadt der Junkers-Flugzeugwerke war erst am 7. März 1945 erheblich zerbombt worden. Wer konnte es der Bevölkerung verdenken, dass sie keine weitere sinnlose Zerstörung wollte? Aber zu unserem Vergnügen waren wir schließlich auch nicht da.

Die ersten Verluste in unmittelbarer Nähe traten am nächsten Tag ein. Beim ersten Erkundungseinsatz wurde unser Gerät nach wenigen Funksprüchen von den überlegen ausgerüsteten Amerikanern geortet, beschossen und getroffen. Einer von uns Funkern war sofort tot, Möllenberg verwundet, unser einziges Gerät zerstört. Mein Schulfreund war noch im Lazarett in Dessau, als die von den Amerikanern besetzte Stadt den Russen übergeben wurde. Später wurde er Schauspieler und starb viel zu früh. Auf dem Programmzettel der Premiere von Wolfgang Borcherts »Draußen vor der Tür« in den Hamburger Kammerspielen ist sein Name jedoch aufgeführt und in die Zeitdokumente im »Haus der Geschichte« in Bonn aufgenommen.

Die nächsten acht Tage und Nächte wurde unsere auf die Hälfte zusammengeschmolzene Gruppe für die Verlegung von Leitungen für Fernsprechverbindungen eingesetzt, zur einzig noch verbliebenen Nachrichtenverbindung zu unserem Stab. Dabei war Dessau inzwischen eingeschlossen. Ein Rückzug in Richtung Berlin war nicht mehr möglich. Ausgerechnet am 20. April, Hitlers letztem Geburtstag, konnte ich mit meinem Kameraden vor starkem Gewehrfeuer im Keller eines Hauses Schutz finden, das im Laufe des

Tages von amerikanischen Panzerbesatzungen eingenommen wurde. Die Hausbewohner waren auch in den Keller geflüchtet. Um 18 Uhr trat plötzlich eine fast unheimliche Ruhe ein. Daraufhin wagte eine Frau, nach oben zu gehen, um wenig später erschrocken zurückzukehren. In ihrer Küche waren Amis dabei, sich Spiegeleier zu braten. Bald ertönte Tanzmusik von der Straße. Für unsere Gegner hatte der Feierabend begonnen. Das Kriegführen wurde am nächsten Tag fortgesetzt. Wir zwei Soldaten dachten erleichtert, für uns sei der Kriegseinsatz nun wohl vorbei.

Diese Überlegung war jedoch verfehlt. Ein anderer Hausbewohner hatte auf der Gartenseite eine SS-Streife herbeigerufen, die uns auf der Stelle wegen Fahnenflucht erschießen wollte. Mit Mühe überzeugten wir sie von unserer Absicht, bei Dunkelheit zu unserem Stab zurückzukehren. Jetzt liefen wir, so schnell wir konnten, auch bei Helligkeit ins zerstörte Zentrum der Stadt, wo wir tatsächlich unsere Einheit fanden. Unser zum Äußersten entschlossener Bataillonskommandeur war bei den Straßenkämpfen gefallen.

Am folgenden Tag endete die Verteidigung Dessaus. Auf den Hauptstraßen fuhren die amerikanischen Panzer vor, ihre Maschinengewehre knatterten an allen Straßenecken. Ohne Führung konnte man nur irgendwo in Deckung gehen. Nachmittags hörte das Schießen auf. Kräftige amerikanische Soldaten stürmten in den Keller, in dem ich mich mit zahlreichen anderen Verteidigern aufhielt. Sie nahmen uns gefangen. Als Erstes wurden uns die Armbanduhr, aber auch Mantel, Decken, Zeltplane, die nötigsten Gebrauchsgegenstände wie Löffel, Messer, Kamm und Seife weggenommen. Notizbuch, Fotos und meine Gedichtsammlung flogen in den Straßengraben. Sogar das Neue Testament konnte ich wegen einer Landkarte von Palästina am Ende nicht behalten.

Stattdessen bekam ich erst an diesem Abend den vollen Eindruck von der ungeheuren Materialüberlegenheit der Amerikaner. Unser Bataillon hatte keinen Lastwagen, geschweige denn ein Panzerfahrzeug gehabt. Von den sechs Pferden der bespannten Fuhrwerke mussten zwei erschossen werden. Jetzt sah ich Panzer an Panzer, Auto gefolgt von einem neuen Auto, alle ausgestattet mit Funkgeräten. Aus den Fahrzeugen wurde die herrlichste Verpflegung geholt: Eier, Butter, Schinken, Brot in Hülle und Fülle. So mochte das Kriegführen noch Spaß bringen. Wir wurden für die erste Nacht in eines der umliegenden Dörfer gebracht. Bei leichtem Regen war nur Platz zum Stehen. Am anschließenden Sonntag erfolgte unser Weitertransport in ein größeres Sammellager in Helfta südlich von Eisleben, der Lutherstadt. Vor einer hohen Steinhalde standen und lagen schon etwa 10 000 Menschen auf einem Lehmacker hinter Stacheldraht.

Da die Bewachung noch unzureichend war, erhielten je fünf Mann in den ersten beiden Tagen zusammen ein amerikanisches Proviantpaket, das weit mehr und besser war als das, was wir seit Wochen zu essen bekommen hatten. Daher dachte keiner an eine zu diesem Zeitpunkt leicht möglich gewesene Flucht. Nach diesen zwei Tagen wurde alles anders. Ein doppelter Stacheldrahtverhau war um das gleichzeitig vergrößerte Lager errichtet, das täglich mehr gefangen genommene deutsche Soldaten aufzunehmen hatte. Die Verpflegung wurde schlagartig auf eine Schwarzblechdose Schmalz oder Fleisch in Gelee aus deutschen Beständen umgestellt. Brot, Kartoffeln oder etwas Warmes gab es gar nicht. Das ließ die Kräfte schnell schwinden und daran denken, einen Fluchtversuch zu wagen. Von einer Ecke des Lagers ließ sich in 300 Meter Entfernung eine Straße vor einem Waldstück beobachten, auf der zwei amerikanische Wachsoldaten auf und ab patrouillierten. Wenn sie am fernsten Punkt waren, schien es möglich, an ihnen vorbeizukommen.

Am vierten Abend regnete es stärker. Die Gelegenheit schien mir günstig. Mit drei anderen, die den gleichen Gedanken hatten, sprach ich ab, dass wir uns auf halbem Weg auf den Boden werfen wollten, bis die Wache wieder vorbeigegangen war. Gegen 2 Uhr in der Nacht gelang es, ungesehen unter dem Stacheldraht durchzukriechen und auch die Hälfte des Weges zurückzulegen. Aber dann waren noch andere gefolgt, die zu unvorsichtig weiterliefen, bis einer der Posten aufmerksam wurde und anfing zu schießen. Darauf machten die Gesichteten kehrt und rannten zurück. Das wirkte auch auf uns ansteckend, so dass wir in Panik das Gleiche taten. Zwei Verwundete blieben als warnendes Beispiel bis zum nächsten Abend unversorgt außerhalb des Lagers liegen. Für alle Lagerinsassen gab es am nächsten Tag keine Verpflegung. Außerdem wurden Scheinwerfer aufgestellt, die es unmöglich machten, sich bei Dunkelheit ungesehen dem Stacheldrahtzaun zu nähern. Von mehreren Wachtürmen donnerten regelmäßig Maschinengewehrsalven zur Einschüchterung über uns hinweg. Eine weitere Möglichkeit zur Flucht aus dem Lager bestand folglich nicht.

Die Zahl der Gefangenen war mittlerweile auf über 50 000 gestiegen. Zu meiner Überraschung und Freude traf ich meine Freunde vom Thalia-Theater aus der Ausbildung in Rahlstedt wieder, Eduard Gerdts und Reinhold Nietschmann, den Schwiegersohn des Intendanten Ernst Leudesdorf. Wir belegten gemeinsam vier Quadratmeter des feuchten Lehmbodens und nahmen als Vierten noch Erwin Bülow, einen Schauspieler aus Flensburg, in unsere Gemeinschaft auf. Wir hatten auf diese Weise zwei Mäntel und einen zerschnittenen Schlafsack, den wir bei Regen und nachts als Decke über uns breiteten. Täglich war es nötig, sich zwei bis drei Stunden anzustellen, bis man Erfolg hatte, um von einem der Wasserwagen etwas von dem kostbaren Nass zu ergattern, das meist schmutzig geworden war. Leider war jedes Gefühl für Disziplin und Achtung vor den Offizieren verloren gegangen, wenn diese sich um eine geordnete Verteilung des Wassers bemühten.

Schmale Gräben ersetzten die nicht vorhandenen sanitären Anlagen. Als Folge war es kein Wunder, dass wir bald mit Läusen nähere Bekanntschaft machen mussten und sich schnell Krankheiten verbreiteten. Bei der genannten Verpflegung war es vor allem die Ruhr. Von uns vieren war das Befinden von Eduard Gerdts nach zwölf Tagen bereits so schlecht, dass wir etwas unternehmen mussten. Für den nächsten Tag war ein Transport von Schwerkranken in ein anderes Lager angekündigt. Wir waren uns einig, dass es schlimmer nicht werden könnte. Also wollten wir alle vier versuchen, als Begleitung unseres Freundes von hier weg zu kommen. Da nur er vom zuständigen Arzt namentlich erfasst wurde, war es nicht einfach, die Nacht über bei ihm und den anderen für den Transport Eingeteilten zu bleiben. Aber mit Geschick und Glück gelang es uns am 4. Mai, dem 13. Tag der Gefangenschaft, auf die letzten freien Plätze des Lastwagens zu klettern, der den Abschluss der Kolonne bilden sollte.

Als der Konvoi sich in schneller Fahrt in Bewegung setzte, dachte ich zunächst: Nur weg von hier. Aber als das Tempo bei einer längeren Steigung plötzlich langsam wurde, war mir schnell klar: Es ist eine Fügung des Himmels, ganz hinten auf dem letzten Wagen zu stehen. Wenn sich eine solche Chance wiederholt, muss der Absprung gewagt werden. Ich sprach Erwin Bülow an, der gleich bereit war mitzumachen. Die beiden anderen waren zu elend. In ihrer Verfassung konnten sie uns nur warnen, etwas zu riskieren. Zunächst ging es aber in rasender Geschwindigkeit nach Süden, wie der Stand der Sonne erkennen ließ.

Erst kurz vor Naumburg bei Freyburg an der Unstrut fuhren wir nochmals einen steilen Berg hinauf. Das Tempo wurde geringer. Da tauchte ein Jeep hinter uns auf, der zum Glück schneller war und uns kurz vor dem höchsten Punkt der Straße überholte. So war die Gelegenheit da. Mit dem Gedanken »Jetzt oder nie« ließen Bülow und ich uns über die hintere Klappe des Lasters herunterfallen. Vom Straßengraben aus sahen wir das Fahrzeug über die Kuppe verschwinden. Wir hasteten schnell von der Fahrbahn weg in den nächsten schützenden Wald. Dort wurde uns zwar mit unserem leeren Magen zunächst ganz schwarz vor den Augen, aber die Freiheit war errungen, und der Weg nach Hause konnte beginnen.

Auf der Flucht

Als oberstes Gebot galt für uns, vorsichtig vorzugehen, um nicht schnell wieder aufgegriffen zu werden wie einer meiner Kameraden aus Dessau, der im Lager in elegantem Zivil auftauchte. Er hatte bei der Einnahme der Stadt von einer Soldatenfrau einen Anzug und ein Fahrrad bekommen, das sie ihm in der Hoffnung gab, ihr Mann würde in gleicher Lage ein ähnliches Glück haben. So ausgestattet, war er ohne große Bedenken losgeradelt, aber schnell in unserem Lager gelandet. Daher wollten wir jede befahrbare Straße nach Möglichkeit meiden und lieber Fußwege oder Waldschneisen benutzen, auch wenn wir so langsamer vorankämen.

Mit Glück fanden wir nach zweistündiger Wanderung ein abgelegenes Haus, in dem wir etwas Kaffee und Brot bekamen. Vor allem konnten wir dort eine Landkarte einsehen, um zu wissen, wo wir genau waren und welchen Weg wir am besten einschlagen sollten. Unser erstes Ziel war nach diesem Studium Querfurt. Um schnell Boden zu gewinnen, machten wir uns nach dieser Stärkung auf unseren Weg, nicht nur solange es hell blieb, sondern auch den größten Teil der Nacht immer entlang der unbefahrenen Eisenbahntrasse nach Norden. Gegen 4 Uhr waren wir allerdings von dem leichten Regen, der sich seit zwölf Stunden auch auf uns herniederließ, so durchgeweicht, dass wir nicht mehr weiterkonnten. Unter einer einsamen Mühle halb im Freien fanden wir etwas Schutz.

Dieser erste Tag war schon ereignisreich gewesen. Den Nachstellungen eines Fremdarbeiters konnten wir nur mit Mühe entgehen. Einen ehemaligen Flugplatz mussten wir in 50 Meter Entfernung von einem Posten überqueren, eine andere Möglichkeit war uns nicht gegeben. Als wir danach einen kleinen Wald erreichten und uns für wenige Augenblicke sicher wähnten, tauchte unverhofft eine neue Streife vor uns auf. Durch dichtes Gestrüpp konnten wir noch weglaufen, aber in diesen sich noch oft wiederholenden Augenblicken schien es unmöglich, bis nach Hamburg durchzukommen. Jetzt unter der Mühle waren aber die ersten 30 Kilometer geschafft. War es auch nass und hart, man konnte wenigstens liegen und kurz entspannen. Weil an Schlaf nicht zu denken war, zogen wir um 6 Uhr wieder los, zumal es uns bei der Mühle nicht ganz geheuer war, ob nicht doch noch ein Besitzer auftauchte.

Auch später blieb es so, dass wir uns eigentlich nur im freien Gelände sicher fühlen konnten. Andererseits mussten wir wenigstens am Abend ein bewohntes Gebäude ansteuern, um etwas zu essen und einen Platz zum Schlafen zu bekommen. Auch nachts zu gehen, hatten wir wegen fehlender Orientierung schnell aufgegeben. Bei einer Ziegelei vor Querfurt kamen wir an einer größeren Gruppe ausländischer Arbeiter noch heil vorbei, doch wurde immer deutlicher, dass diese die größte Gefahr für uns bedeuteten und unbedingt zu meiden waren. Meistens mit Waffen ausgerüstet, fielen sie alle Wanderer an, die nach ehemaligen Soldaten aussahen, plünderten sie aus und versuchten, sie in die Hände der Amerikaner zu bringen.

Kurz hinter Querfurt hatten wir sehr viel Glück. In einem kleinen einsam gelegenen Haus bekamen wir etwas zivile Kleidung. Eine zerschlissene weiße Malerhose und eine geflickte braune Jacke wurden für mich aus der Lumpenkiste vom Boden hervorgeholt. In meiner Situation waren sie eine ideale Gabe, um aus der Uniform herauszukommen. Außerdem bestand die Gelegenheit zu einer kleinen Wäsche, endlich zum Rasieren, und es gab das erste warme Essen seit Wochen: Bratkartoffeln mit Ei. Nach einem kurzen Schlaf waren wir wie neugeboren und konnten zum Sonnabendnachmittag frisch gestärkt wieder aufbrechen.

Bis zum Abend kamen wir noch fast an Sangerhausen heran. Dem Gewehrfeuer amerikanischer Posten nach Eintritt der Sperrstunde konnten wir glücklich entrinnen und wieder Unterkunft in einer einzeln stehenden Mühle finden, die bewohnt war. Den verregneten Vormittag des 6. Mai verbrachten wir mit Radflicken und konnten das uns angebotene Mittagessen geradezu als verdient ansehen. Gegen Abend gelang es, die für den zivilen Verkehr gesperrte Hauptnachschubstraße Sangerhausen – Eisleben zu überschreiten. Wir übernachteten, rührend versorgt, zwischen Sangerhausen und Wippra. Es war hier besonders beeindruckend, mit welcher Fürsorge die selbst Evakuierten uns pflegten, während sie nur unter unvorstellbar beengten Verhältnissen und primitiven Bedingungen untergekommen waren. Sie warteten eben alle auf ihre Heimkehrer.

Das Vorwärtskommen im dicht besetzten Harz war in den nächsten Tagen sehr erschwert durch die Hügelketten, die zur Umgehung der Durchgangsstraßen und Orte überquert werden mussten. So kamen wir Montag, den 7. Mai nur kurz über Wippra hinaus, am folgenden Tag bis Gernrode. Ohne Kompass und Uhr hatten wir uns in der Zeit und Richtung geirrt. So standen wir plötzlich zwei Stunden nach der Sperrstunde vor einem Panzer am Ortseingang dieses Tagesziels. Ein Zurück gab es nicht. Wir mussten durch die Stadt, wobei wir unsere Ausrichtung nach Norden immer wieder am Sternbild des Großen Wagens überprüften. Als wir nur wenige Meter hinter dem Rücken amerikanischer Posten vorbeischlichen, fing auch noch ein Hund an zu bellen. Es war eine der aufregendsten Situationen auf der ganzen Flucht. Den Rest der Nacht verbrachten wir in einem Schrebergartenhaus, durchwateten morgens die Bode und gelangten bis kurz vor Halberstadt. Einige der von uns bei Dunkelwerden Angesprochenen hatten verständlicherweise Angst, flüchtige Soldaten ohne Papiere für eine Nacht zu verstecken. Die große Mehrzahl war jedoch von einer Hilfsbereitschaft, wie sie sich nur in Zeiten wirklicher Not zeigt.

Am Donnerstag ging es in die Nähe von Oschersleben. In die Wohnung eines Kommunisten geraten, der als unerbittlicher Klassenkämpfer alles auf das Radikalste verurteilte, zogen wir es vor, noch vor Mitternacht weiterzufliehen. Denn wir waren von Ausländern gesehen worden, die gegen uns nichts Gutes im Schilde zu führen schienen. Nur über den hinteren Zaun des Gartens konnten wir noch fort. Es wollte das Pech, dass sich mein Wegbegleiter beim Absprung den

Fuß stark verstauchte. Wegen seiner zu großen Schmerzen beim Gehen mussten wir für den Rest der Nacht im Moorgelände liegen bleiben. Auch am Freitag konnten wir kaum Schöningen erreichen. Dort machten wir zwei Tage Rast, was auch mir sehr gut tat. Eigentlich schlief ich nur und war so am Montag, den 14. Mai wieder ganz fit. Mit geringen Irrwegen kamen wir meistenteils durch Waldgelände bis in die Nähe von Königslutter östlich von Braunschweig.

Schwierig war es am nächsten Tag, über die viel befahrene West-Ost-Autobahn vom Ruhrgebiet nach Berlin hinwegzukommen. Von einer Anhöhe beobachteten wir die nicht abreißenden Wagenkolonnen in beiden Richtungen. In unserer Landarbeiterverkleidung, jeder mit einer Hacke, die wir hatten mitgehen lassen, machten wir uns auf dem Acker zu schaffen, der bis an die Autobahn heranreichte. Schließlich ergab sich eine Möglichkeit, über die beiden Fahrbahnen zu laufen und die vermeintliche Tätigkeit auf der nördlichen Seite fortzusetzen. Zum Glück war dort gleich ein Waldstück. Denn tatsächlich hielt ein Geländefahrzeug an und machte Anstalten, uns zu folgen. Aber zu unserem Glück kamen wir schnell aus seinem Blickfeld.

Der Mittellandkanal, das zweite große Hindernis dieses Tages, war leichter zu überwinden, als wir befürchteten. Die Schleuse von Sülfeld bei Fallersleben war unzerstört und unbesetzt. So machte es keine Schwierigkeiten, ganz normal hinüberzuspazieren. Nachdem auch das geschafft war, wollte Erwin Bülow wegen seines Fußes langsamer weitergehen, während ich hoffte, bis Pfingsten das heimatliche Ziel zu erreichen. So trennten wir uns am Mittwoch, den 16. Mai. Nach einem strapaziösen Marsch durch den teils brennenden, teils qualmenden Knesebeker Forst kam ich aufgrund schlechter Orientierungsmöglichkeit nach zwei Stunden wieder an meinem Ausgangspunkt an. Erst im zweiten Anlauf konnte ich diesen Ort schließlich hinter mir lassen. Zerstörte deutsche Bombenlager waren zu überqueren und zahlreiche amerikanische Posten zu umgehen. In einem Marsch von fast 50 Kilometer erreichte ich Donnerstag die Gegend von Uelzen und damit die englische Besatzungszone.

Auf ein Mittagessen hatten wir fast immer verzichtet, aber nun gab es von morgens 7 bis abends 8 Uhr keine Pause von mehr als einer halben Stunde. Bei sehr heißer Sonne gelangte ich Freitag bis dicht an Lüneburg heran, immer noch ohne eine befahrbare Straße benutzt zu haben, durch Moor und Wald, über Acker und Weide. An meinem Geburtstag, dem 19. Mai, war mittags um 2 Uhr die Elbe bei Drage erreicht, Neuengamme zu sehen, das Ziel nur noch wenige Kilometer entfernt. Aber eine Möglichkeit, den Fluss zu überqueren, bestand an dieser Stelle nicht. Die Strömung war zu stark. Nachmittags gegen 5 Uhr entschloss ich mich, mein Glück weiter im Westen zu suchen. Das bedeutete zunächst, nach Winsen zurückzugehen, um die Luhe zu überschreiten und von dort über Hoopte noch 10 Kilometer auf dem Deich bis nach Over zurückzulegen.

In Winsen half es nichts: Ich musste durch die kleine Stadt. Aber es war Sonnabend vor Pfingsten. An der Brücke über die Luhe spielte Musik. Die anwesenden Soldaten waren mehr mit jungen Mädchen beschäftigt als damit, auf einen wenig festlich gekleideten jungen Mann zu achten. So ging alles gut, bis mich ganz kurz vor dem Tagesziel eine englische Streife auf dem Fahrrad anhielt und nach meinen Papieren fragte. Auf dem schmalen Deich war kein Entkommen. Leicht gestresst von der Tagesanstrengung, erzählte ich etwas von Fremdarbeitern, die mich ausgeraubt hätten. Der Posten wird es kaum geglaubt haben. Aber es war schon spätabends vor dem Feiertag, und er wollte mit seinem Rad noch weiter. So ließ er mich laufen, und ich konnte ganz schnell den Sammelpunkt in der mir genannten Scheune erreichen. Die dort mit mir wartenden etwa 60 Personen, darunter Frauen und Kinder, wurden in der Nacht nicht enttäuscht. Gegen 1 Uhr begann im Scheinwerferlicht der Besatzungsmacht ein kleiner Bootsverkehr über die Elbe von Nord nach Süd und umgekehrt. Auf diese Weise konnte ich für Gotteslohn das andere Ufer erreichen.

Die Stunden bis zum Sonnenaufgang vergingen in einem Strohhaufen nahe am Ufer sehr schnell, und dann war nur noch ein kleiner Weg über Reitbrook nach Bergedorf zurückzulegen. Auf diesen letzten wenigen Kilometern durfte einfach nichts mehr schief gehen. Das Wissen, dass jeder Schritt in nördlicher Richtung einen Meter näher an zu Hause bedeutete, hatte immer weitergeholfen, wenn es durch Fuß- und Beinkrämpfe, Hunger und Überanstrengung nicht mehr gehen wollte. Jetzt aber nahte das Ziel, und alle Mühe war vergessen. Bei meinem Französischlehrer in Bergedorf erfuhr ich, dass ich mir um meine Familie keine Sorgen zu machen brauchte. Mein Vater war gerade von der britischen Militärregierung in Hamburg zum ersten Senator für Handel, Schifffahrt und Gewerbe nach dem Krieg ernannt worden. Um ganz sicherzugehen, begleitete mich mein Lehrer vorbei an einem englischen Gefangenenlager auf dem normalen Weg über den Bahnhof Reinbek die Waldstraße hinauf.

Die Freude meiner Familie war groß. Es war für uns alle ein Wunder, die Jahre des Krieges unbeschadet an Leib und Seele überstanden zu haben. Die Dankbarkeit dafür ist mir als positive Grundeinstellung durch mein ganzes späteres Leben erhalten geblieben. Die daraus erwachsende Verpflichtung zu sinnreicher Tätigkeit wurde mir noch klarer, als ich erfuhr, dass der Transport, von dem ich abgesprungen war, wie das ganze Gefangenenlager bei Eisleben für mehr als ein Jahr Arbeitseinsatz an Frankreich überstellt wurde. Durch das Wagnis meiner Flucht hatte ich bereits viel gewonnen.

Studium der Literatur und Philosophie

Der Krieg war vorbei. Ich gehörte zu denen, die ihn überlebt hatten und gleich in Freiheit waren. Der mir durch meinen Vater vorgezeichnete Beruf des Außenhandelskaufmanns schien zunächst fragwürdig. Das Exportgeschäft von Wiechers & Helm war mit dem Ausbruch des Krieges 1939 zum Erliegen gekommen und durch einen Inlandsgroßhandel vorzugsweise in Textilien ersetzt. Eine attraktive Perspektive ließ sich auf diesem Gebiet nicht erkennen. Andererseits fand ich, dass nach den furchtbaren Zerstörungen durch den Krieg vorrangig die Werke der Literatur neu gedruckt und herausgegeben werden müssten, die sich als für die Zukunft wichtig erwiesen hatten. Aus dieser Überlegung heraus wollte ich Verleger werden. Tatsächlich waren Bücher in den nächsten drei Jahren bis zur Währungsreform das Einzige, was sich gut verkaufen ließ neben dem, was man zum Überleben brauchte.

Für den Beruf des Verlegers schien ein abgeschlossenes geisteswissenschaftliches Studium, das ich bereits begonnen hatte, die beste Voraussetzung. Nach den zwei Semestern, in denen ich im Krieg Vorlesungen der Professoren Flitner, Petsch und Großmann zu Fragen der deutschen Literatur und über Themen der Romanistik gehört hatte, musste ich aufgrund meines Alters im Herbst 1945 zunächst an einem Vorsemester in der Oberschule für Jungen in St. Georg teilnehmen, zu dessen Abschluss der Rektor der Universität erneut die Hochschulreife bestätigte.

Da ich durch diesen Schulbetrieb nicht ausgelastet war, absolvierte ich im ersten Halbjahr 1946 daneben einen englischen Dolmetscherlehrgang an der Hamburger Fremdsprachenschule in der Gustav-Freytag-Straße. Nach dessen Abschluss wurde mir angeboten, als Lehrer an dieser Schule zu bleiben, was ich für einige Monate auch tat. So kam ich zu meinem ersten selbst verdienten Geld. Noch heute treffe ich Freunde, die damals meine Schüler waren.

Vorrang hatte dabei stets die Wiederaufnahme des Studiums, sobald eine Zulassung zu bekommen war und parteipolitisch nicht belastete Professoren im Amt waren. Mit meinem Freund Roland Philippi unternahm ich eine Reise in andere Universitätsstädte wie Göttingen, Frankfurt, Heidelberg, Tübingen und München, um die Lage vor Ort zu sondieren. Aber es erwies sich auch wohnungsmäßig als zu schwierig, unter den bestehenden Nachkriegsverhältnissen den Ort zu wechseln. So ließ ich mich im Sommerhalbjahr 1946 wieder an der Universität Hamburg immatrikulieren. Ich wählte Themen der Philosophie, Geschichte und Kunstgeschichte sowie der deutschen, englischen und französischen Literatur bei den Professoren Ralfs, Aubin und Schöne sowie Pretzel, Wolff und Petriconi. Ich beteiligte mich auch an den Anfängen der Studentenvertretung. So gehörte ich zu den Hamburger Delegierten des ersten Studententages nach dem Krieg in Marburg im Sommer 1946, über den DIE ZEIT einen von mir verfassten Bericht veröffentlichte.

Als eine meiner Mitstudentinnen eine Freundin in Murnau in Bayern besuchen wollte, beschloss ich, sie zu begleiten, um meinerseits die unzerstört gebliebene berühmte Wieskirche kennen zu lernen. Zu spät erfuhr ich, dass man dafür einen Passierschein in die amerikanische Besatzungszone benötigte. Als ein hilfsbereiter Prokurist von Wiechers & Helm von meinem Problem hörte, besorgte er mir über eine Bekannte bei einer englischen Dienststelle ein Schreiben, nach dem ich im Auftrag dieses »Civil Document Team« in die amerikanische Zone reiste. Bei der Einreise ging alles gut. Aber bei der Rückkehr von der Wieskirche schlenderte ich am Bahnhof von Murnau in Erwartung des D-Zugs nach München in der Sonne. Das fiel einem US-Posten vor der örtlichen Kommandantur im Bahnhofshotel auf. Er fragte nach meinen Papieren und wusste mit dem von mir gezeigten Schreiben nichts anzufangen. So führte er mich zu seinem Vorgesetzten, der mich zunächst zu einem üppigen Mittagessen einlud.

Als die Zeit auf 3 Uhr zuging und ich mich verabschieden wollte, merkte ich, was die Stunde geschlagen hatte. Vor dem Hotel standen drei offene Jeeps. Einer fuhr vorweg, einer mit mir in der Mitte und einer mit in Stellung gebrachtem Maschinengewehr hinterher. So ging es in zügigem Tempo durch die schöne Bergwelt nach Garmisch. Im dortigen Rathaus von Partenkirchen wurde ich von einem Intelligence Officer vernommen, und zwar nach zwei Richtungen. Einerseits wollte er wissen, ob ich nicht ein untergetauchter SS-Mann sei, auch wenn keine Blutgruppe in meinen Oberarm tätowiert war. Außerdem kam er immer wieder darauf zurück, welchen Auftrag ich für die genannte englische Dienststelle auszuführen hätte. Zur ersten Frage hatte ich meinen Entlassungsschein aus dem Heer, den ich mir im Januar 1946 von einer anderen britischen Besatzungseinheit beschafft hatte, natürlich nicht bei mir. Zur zweiten Frage wusste ich beim besten Willen keine plausible Antwort. So wurden alle meine Papiere in einer Schreibtischschublade versenkt und ich in das Gefängnis im Keller gebracht.

Es war ein großer Raum mit etwa 20 Eisenbetten an den Längswänden und einem großen Tisch mit zwei Bänken in der Mitte. Diese größere Zelle war mit etwa zehn sehr unterschiedlichen Personen belegt. Ein Mann kam gleich auf mich zu und zeigte auf zwei andere, die einen Mord begangen hatten. Vor denen müsse ich mich in Acht nehmen. Er sei schon drei Wochen hier und verlange immer wieder einen Anwalt, ohne auch nur einmal vernommen worden zu sein. Ein älterer Herr hatte sich unerlaubt politisch betätigt und einen langen Brief an den US-Präsidenten Truman aufgesetzt, den ich ihm doch bitte ins Englische übersetzen möge. Ich dachte mir: Das kann ja heiter werden, und blickte sehnsüchtig durch die schmalen Fenster unter der Decke, durch die man die Beine der sich frei bewegenden Passanten sehen konnte.

Aber auch hier hatte ich Glück. Bereits am nächsten Nachmittag wurde ich meinem Officer wieder vorgeführt. Nach den wildesten Drohungen, was mir alles Furchtbares geschehen würde, wenn ich nicht die volle Wahrheit sagte, gab er schließlich auf und ließ mich das Gebäude verlassen, in dem ich kostenlos übernachtet hatte. Das wechselseitige

Misstrauen der Besatzungsmächte war damals offensichtlich auch zwischen den Westmächten groß. Ich habe mich seitdem befleißigt, meine vielen späteren Reisen nur mit den richtigen Papieren anzutreten.

In dieser unruhigen Zeit der geringen Perspektiven suchte jeder nach einer Orientierung. Als ich durch einen älteren Mitstudenten von einem erfahrenen Astrologen hörte, suchte ich ihn in einem Hinterhaus in St. Pauli auf. Ich gab ihm ohne Namensnennung die genauen Geburtszeiten und -orte von acht Vettern und Freunden, natürlich auch von mir. Nach einer Woche erhielt ich für jeden eine zweiseitige Charakteristik. Als ich diese den Benannten vorlas, sagte einer meist schnell: Das kann nur der sein, was tatsächlich zutraf. Selbst wenn eine Aussage nicht zu stimmen schien, fand der Betroffene selbst die Feststellung richtig. Nur im Fall eines meiner Vettern wollte nichts passen. So blieb es zunächst offen, ob auf die Astrologie Verlass war. Erst später erfuhr ich, dass der richtige Geburtstag von Hans Tiefenbacher, um den es sich handelte, tatsächlich zwei oder drei Tage früher war. Sein Vater konnte 1912 in Shanghai das Datum verschieben, damit er am gleichen Tag wie seine Mutter Geburtstag hatte. Ein Test mit dem richtigen Datum ließ sich jedoch nicht nachholen, weil ich den Verfasser der anderen Berichte nicht wieder ausfindig machen konnte. Das Haus, in dem ich ihn gesprochen hatte, war abgerissen.

Auch mein Onkel Walter Kruse kannte sich in der Astrologie aus. Da die letzte Nachricht von seinem vermissten Sohn von Ende Februar 1945 datierte, erstellte er dessen Horoskop für jeden Tag von da an bis zur Kapitulation am 8. Mai dieses Jahres. Dabei fand er nur an drei Tagen eine ungünstige Konstellation. Tatsächlich war dieser Vetter von mir an einem dieser Tage gefallen. Aufgrund dieser Beispiele bin ich von einem Einfluss der Gestirne auf unser Leben überzeugt. Er trifft natürlich auf die Freiheit unseres Geistes und die Stärke unseres Willens, von denen der Verlauf unseres Lebens gleichfalls abhängt. Außerdem fragt sich, ob wir die Bedeutung der Stellung der Gestirne jeweils richtig deuten können. Daher habe ich mich mit der Astrologie nicht weiter befasst. So faszinierend wie dieses weite Gebiet bleibt, mag sich das noch eines Tages ändern.

Anfang 1947 erfuhr ich von der Absicht meines Onkels Arthur Dodd, mich für das Sommersemester dieses Jahres an die Schweizer Universität Fribourg einzuladen. Diese Perspektive war unter den damaligen Verhältnissen in Deutschland geradezu sensationell. Neben den drei deutschsprachigen Universitäten in Basel, Bern und Zürich sowie den drei französischsprachigen in Genf, Lausanne und Neuchâtel – sämtlich in betont reformierten Kantonen – war die Universität Fribourg auf der Sprachgrenze eine Gründung der katholischen Kantone. Sie stand unter der Leitung des Dominikanerordens.

An meinem 21. Geburtstag, dem 19. Mai 1947, traf ich dort ein. Voll Eifer belegte ich gleich 16 Vorlesungen und Seminare mit 28 Wochenstunden in allen Fachrichtungen, die ich schon in Hamburg gewählt hatte, allein je sechs Stunden in Kunstgeschichte und französischer Literatur. Ich erkannte jedoch bald, dass die Möglichkeiten, zu einem schnellen Abschluss zu kommen, für mich in der Schweiz wesentlich günstiger waren als in Deutschland. Gleichzeitig wurde mir klar, dass das Feld der Kunstgeschichte mit Architektur,

Plastik und Malerei aller Jahrhunderte und Länder oder sogar Regionen wie in Italien nicht in kurzer Zeit zu bewältigen war. Anders als in Deutschland wurde die französische Literatur von einem Franzosen, die englische von einem Engländer jeweils in der Landessprache gelesen. Das legte mir nahe, neben der deutschen Literatur als Hauptfach in der Schweiz lieber die englische als Nebenfach zu wählen und die Kunstgeschichte ganz fallen zu lassen. Dafür bot sich als dritten Fach in Fribourg die Philosophie an. Sie war wiederum anders als in Hamburg auf vier Lehrstühle verteilt: antike, mittelalterliche, neuzeitliche und zeitgenössische.

Besonders das letztgenannte Gebiet war durch den polnischen Dominikanerpater Joseph Bocheński eindrucksvoll vertreten. Er verstand es, die Philosophie als eine gewaltige geschichtliche Macht darzustellen. Wer wissen wolle, wohin der Weg geht, tue gut daran, nicht den Politikern, wohl aber den Philosophen Beachtung zu schenken. Was sie heute verkünden, wird der Glaube von morgen sein. Dabei sei selten ein so heftiger Kampf zwischen gegnerischen Weltbildern im Gange gewesen wie in der jüngsten Gegenwart, bestimmt durch die Vorstellungen von Henri Bergson, Max Scheler, Martin Heidegger, Karl Jaspers, Alfred North Whitehead und Nicolai Hartmann. Sie stellten jeweils das Leben, die Existenz oder das Sein in den Mittelpunkt ihres Weltbildes. Am bekanntesten wurde Bocheński durch seine Kritik des dialektischen Materialismus. Er ist erst 1995 im hohen Alter von 92 Jahren gestorben.

Entscheidend war jetzt als Nächstes die Finanzierung eines weiteren Semesters in Fribourg und die Annahme eines Themas für meine Dissertation. Da irgendwelche Zahlungen aus Deutschland vor der Währungsreform von 1948 nicht möglich waren, traf es sich günstig, dass mein Vater noch ein Guthaben von Wiechers & Helm über 962 Schweizer Franken bei einer Stickerei in Kirchberg im Kanton St. Gallen aus einer Vorkriegsreklamation ausfindig machen konnte. Die Firma bestätigte den Sachverhalt und war bereit, mir den Betrag zur Verfügung zu stellen. Damit war die finanzielle Frage bei sparsamster Haushaltsführung gesichert. Was die Doktorarbeit betrifft, erklärte sich Professor Ernst Alker – ein aus Wien emigrierter Germanist – bereit, das von mir vorgeschlagene dichterische Werk des frühvollendeten Grafen Wolf von Kalckreuth als Thema anzunehmen. So konnte ich im Oktober 1947 beruhigt in die Semesterferien sowie zur Materialsammlung für meine Promotion nach Deutschland fahren.

Im November stürzte ich mich in ein noch intensiveres Studienprogramm von 34 Wochenstunden bei acht Professoren. Dazu gehörten weiter französische Übungen, da die Vorlesungen von Professor Bocheński in dieser Sprache erfolgten, die auch für die mündliche Prüfung bei ihm vorgesehen war. Die meisten Schweizer Studenten verbrachten ihre Abende in Zusammenkünften verschiedener akademischer Verbindungen. Daran konnte ich aus Zeit- und Kostengründen nicht teilnehmen. In meiner Freizeit konzentrierte ich mich lieber auf wenige persönliche Freundschaften. Die meisten der damals 25 Kantone der Schweiz konnte ich während meines Studiums kennen lernen, teilweise im Rahmen kunstgeschichtlicher Exkursionen. Etwas mühsam war für mich ein Seminar über »Tristan und Isolde« bei einem mittelhochdeutschen Sprachwissenschaftler. Er war jedoch der Korreferent zur Beurteilung meiner Dissertation, an dessen Fachgebiet ich mich auch interessiert zeigen musste.

Zu Weihnachten 1947 war ich von meinem englischen Onkel nach St. Moritz eingeladen und stand zum ersten Mal auf Skiern. Im Vergleich zum Leben in Deutschland in diesen Jahren war das einfach märchenhaft. Am Ende des Semesters Anfang März 1948 konnte ich klären, dass ich mit meinem Hamburger Studienbeginn die Mindestzahl von acht Semestern im Sommer erreichte. So war es möglich, bei angenommener Dissertation zum Jahresende mein Studium abzuschließen. Es blieb die Finanzierung des dritten Semesters. Als einträglichster Verdienst in den Frühjahrsferien bot sich eine Lohnarbeit beim Ausbau des Flughafens Kloten bei Zürich an, für die ich mir schon geeignete Kleidung beschafft hatte. Da kam ich auf die gute Idee, noch einmal Herrn Paul May aufzusuchen, der mein großer Wohltäter wurde. Er hatte als Deutscher nach Fribourg geheiratet und war Verwaltungsrat der Schokoladenfabrik de Villars. Er hatte mich zusammen mit den anderen deutschen Studenten, die nach dem Krieg als Erste in seine Stadt kamen, zu sich eingeladen, um uns kennen zu lernen. Als ich ihm jetzt meine Pläne schilderte, hielt er meinen Arbeitseinsatz für einen nicht sinnvollen Zeitverlust. Stattdessen bot er großzügig an, mir die Kosten für das letzte Semester vorzustrecken. Aus dieser Hilfe entwickelte sich eine Freundschaft, die von meiner bleibenden Dankbarkeit bestimmt war.

Ich konnte mich jetzt ganz auf meine Dissertation konzentrieren. Der Reiz des Themas bestand darin, dass der älteste Sohn des Malers Leopold von Kalckreuth als Lyriker ganz unbekannt geblieben war. Dabei waren seine Gedichte im namhaften Insel Verlag erschienen wie die Werke Rainer Maria Rilkes, der ein längeres »Requiem für Wolf Graf von Kalckreuth« geschrieben hatte. Darin wurde er dem 1887 geborenen, also zwölf Jahre jüngeren Dichter allerdings kaum gerecht. Vielmehr nahm er dessen Schicksal zum Anlass, sich mit seinem im Alter von 19 Jahren gewählten Freitod auseinander zu setzen. Der Schlussvers dieses Nachrufs lautet:

Wer spricht von Siegen? Überstehn ist alles.

Das Besondere der lyrischen Dichtung Kalckreuths liegt in der Tiefe seiner Empfindung in Verbindung mit der Vollkommenheit seiner Sprachbeherrschung. Verschiedene Gedichtformen mit bestimmter Versfolge, die in den romanischen Sprachen seit Jahrhunderten gepflegt wurden, hat er im Deutschen mit einer Selbstverständlichkeit verwandt, die Staunen erregend ist. Goethe hatte noch gedichtet:

So möcht' ich selbst in künstlichen Sonetten,
Das Beste, was Gefühl mir gäbe, reimen;
Nur weiß ich hier mich nicht bequem zu betten;
Und müsste nun doch auch mitunter leimen.

Jetzt flossen aus Kalckreuths Feder mit einer Meisterschaft Verse wie die folgenden, bei denen sich auf zwei Vierzeiler mit nur zwei variierten Reimen zwei Dreizeiler aufbauen, von denen der Schlussvers einen krönenden Abschluss des ganzen Gedichts bildet:

In späten Jahren angenahter Reife
Will einst ich schmale, lichte Reime bauen –
Voll Süßigkeit und zärtlichem Vertrauen,
Wann ich dich recht erfühle und begreife.

Dass dich ein letztes Dämmerleuchten streife
Aus meines Himmels müdem Abendgrauen,
Will ich dein dunkles Haar umgeben schauen
Von roten Blüten und metallnem Reife.

Die Sterne sind ins tiefe Blau getreten,
Die sich im blassen Äther flimmernd drehten,
Und ruhn wie Silberstaub aus fernstem Raum.

Bald liegt der Nachen in dem stummen Hafen –
Ach unsres Daseins Preis ist Schlafen, Schlafen!
Und unsres Fühlens Tiefe ist der Traum!

Dieses ist nur eines von über 30 schwermütigen, aber formvollendeten Sonetten. Es gelang dem jungen Autor, die wesentlichen Gedichte von Paul Verlaine und das Hauptwerk von Charles Baudelaire ins Deutsche zu übertragen. Für die gesamten »Fleurs du Mal« benötigte er im Sommer 1906 nur acht Wochen. Im Vergleich mit den Übersetzungen zahlreicher anderer Autoren wie des Dichters Stefan George, des Politikers Carlo Schmid, des Schauspielers Albrecht Schoenhals und des Literaturwissenschaftlers Paul Wiegler zeigt sich das Können Kalckreuths in seiner wortgetreuen Beherrschung des Versmaßes und seiner gleichzeitig natürlich wirkenden Sprache. Ich gebe nur ein Beispiel:

Charles Baudelaire
Invitation au Voyage

Mon enfant, ma sœur,
Songe à la douceur
D'aller là-bas vivre ensemble!
Aimer à loisir,
Aimer et mourir
Au pays qui te ressemble!
Les soleils mouillés
De ces ciels brouillés
Pour mon esprit ont les charmes
Si mystérieux
De tes traîtres yeux
Brillant à travers leurs larmes.

Là, tout n'est qu'ordre et beauté
Luxe, calme et volupté.

Wolf von Kalckreuth
Verlangen in die Ferne

Kind und Schwester mein,
Könnten dort wir sein,
Wo das Leben süß und reich ist!
Nichts als Liebe sehn,
Lieben und Vergehn
Im Lande, das dir gleich ist!

Trüber Sonnen Licht,
Das durch Schleier bricht,
Gleicht meinem zärtlichen Sehnen,
Wenn wunderbar
Dein Augenpaar
Verräterisch leuchtet durch Tränen.

Dort schaust nur Lust und Schönheit du,
Anmut, Pracht und tiefe Ruh.

STEFAN GEORGE
Einladung zur Reise

Meine schwester mein kind!
Denk dir wie lind
Wär es dorthin zu entweichen!
Liebend nur sehn,
Liebend vergehn
In ländern die dir gleichen!
Der sonnen feucht
Verhülltes geleucht
Die mir so rätselhaft scheinen
Wie selber du bist
Wie dein auge voll list
Das glitzert mitten im weinen.

Dort wo alles friedlich lacht –
Lust und heiterkeit und pracht.

Carlo Schmid

Einladung zur Reise

O Schwester, o Kind,
Bedenk, wie es lind
Wär, dorthin zusammen zu gehen –
Zu der Liebe Gebot,
Zu Liebe und Tod
In Länder, die ähnlich dir sehen!
Feuchte Sonne hält
Am nassen Gezelt
Den Geist in Geheimnis gefangen,
Wie in Banden mich schlug
Deiner Augen Trug,
Die beim Weinen noch blinken und prangen.

Dort wird nur Ordnung im Verein
Mit Schönheit, Frieden, Wonne sein.

Albrecht Schoenhals

Einladung zur Reise

Kind du, Schwester du,
Hör dem Wunschtraum zu:
Dort, vereint, wo unser Reich ist,
Liebend sich verstehn,
Lieben und vergehn
In dem Land, das dir so gleich ist!

Dieser Sonne feucht
Dunstiges Geleucht
Schenkt mir den so rätselvollen
Reiz, den mir dein Blick
Trügend strahlt zurück,
Wenn ihn Tränen schleiern wollen.

Schönheit nur und Maß ist dort,
Stille, Glanz und Liebeshort.

PAUL WIEGLER
Einladung zur Fahrt

Sei, mein Kind, bereit
Ferner Seligkeit,
Lass mit Heimatruf sie werben!
Alle tiefste Lust
Wird dir dort bewusst,
Bis den Liebestod wir sterben!
Wie die Sonne glimmt,
Die im Nebel schwimmt,
Mit erstarrten Lichtesbächen,
Funkelt wunderbar
Deiner Augen Paar,
Dem die Tränen weh entbrechen.

Dort ist alles still verklärt,
Schönheitstraum, der ewig währt …

Es bot sich an, die Übertragung Kalckreuths an die erste Stelle zu setzen. Nur er verstand es, schon mit der ersten Strophe den Eindruck eines bezaubernden Gedichts zu erwecken. Ich hatte die Möglichkeit, noch die jüngeren Geschwister des Frühvollendeten kennen zu lernen und mit den Personen in Verbindung zu treten, die ihm besonders nahe standen, wie die Adressatin seiner Liebesgedichte. Sie konnten mir Einblick geben in das Spannungsfeld zwischen dem, was von ihm verlangt wurde, und dem, was er leisten konnte. Seine von dem Gedanken an den Tod beherrschte Einstellung zum Leben rückt ihn in eine Reihe mit Heinrich von Kleist, Novalis, Hölderlin und Georg Trakl. Am meisten fasziniert war Kalckreuth von Baudelaire. Doch während dessen »Spleen« etwas Künstliches hatte, machte sein Bewunderer mit dessen literarischer Vorlage Ernst. Als er sich erschoss, lag das Schlussgedicht der »Blumen des Bösen« an den Tod aufgeschlagen neben ihm:

Tod! Greiser Kapitän! Lass uns die Anker lichten!
Dies Land hier ödet uns. O Tod, wohlan aufs Meer!
Wenn See und Himmel auch in Schwärze sich verdichten,
In unsren Herzen strahlt es licht, du weißt wie sehr!

Lass zu erneuter Kraft dein tödlich Gift uns trinken!
Wir wollen – so sehr brennt dies Feuer unseren Geist –
Tief in die Nacht, ob Hölle oder Himmel, sinken,
Zum unbekannten Grund, dass Neues sich erweist!

Der im Französischen gebräuchliche Alexandriner mit seinen sechs Hebungen ist bei uns nicht üblich. Doch zeigen die Verse Kalckreuths, wie ergreifend sie auch im Deutschen wirken können. Diesen außergewöhnlichen Dichter erstmals in der Literaturgeschichte darzustellen war folglich eine anspruchsvolle Aufgabe, zumal das Gesamtwerk nur drei schmale Bände umfasste. Im Zuge meiner Bemühungen, diese Gedichte und Übertragungen bekannt zu machen, gelang es mir 1962, eine Neuauflage im Verlag Lambert Schneider in Heidelberg herauszugeben.

Die mir 1948 zur Verfügung stehende Zeit war natürlich knapp. Daher besuchte ich im letzten Semester nur noch die Vorlesungen und Seminare der drei Professoren, bei denen ich die mündliche Prüfung zu bestehen hatte. Das war neben dem Doktorvater Ernst Alker der Anglist James Smith, ein Junggeselle, der sich auch für die deutsche Dichtung sehr interessierte. So konnte ich auf sonntäglichen Spaziergängen sicherstellen, dass er einen richtigen Eindruck von meinen literarischen Interessen bekam. Die meiste Zeit widmete ich jedoch der zeitgenössischen Philosophie, zumal die Beschäftigung mit den Ideen des Existenzialismus kurz nach dem Krieg ganz im Geist der Zeit lag. Während meines Studiums sollte gerade die deutsche Fassung von Bocheńskis in französischer Sprache ausgearbeitetem Buch »Europäische Philosophie der Gegenwart« erscheinen, das weite Verbreitung gefunden hat. Der Autor war jedoch mit der Übersetzung nicht zufrieden. Das gab mir die Möglichkeit, einzelne Abschnitte für ihn zu überarbeiten. Dadurch ergab sich auch auf diesem komplexen Gebiet der zeitgenössischen Philosophie eine praktische Zusammenarbeit, die mich der Prüfung mit etwas mehr Zuversicht entgegensehen ließ, als durch meine Kenntnisse gerechtfertigt war. Alles in allem gab es in den nächsten Wochen und Monaten keinen Mangel an sich anzueignendem Wissen auf verschiedenen Gebieten und in unterschiedlichen Sprachen.

Am Ende meinte ich für die mündliche Prüfung, die am 22. November 1948 stattfand, so gut wie nur irgend möglich vorbereitet zu sein. Natürlich war es dann in allen drei Fächern so, dass keines der von mir angegebenen Themen angesprochen wurde, auf die ich mich konzentriert hatte. Da kam es schon darauf an, auf alles einzugehen und möglichst elegant auf vertrautere Themen überzuleiten. Dass das mündliche Examen noch mit »magna cum laude« endete, war mehr, als ich erwarten konnte. Vielleicht lag es auch daran, dass meine Dissertation mit »summa cum laude« bewertet war und die beiden Noten nicht zu weit auseinander liegen sollten. Jedenfalls hatte ich allen Anlass, Fribourg glücklich und zufrieden zu verlassen, als ich zu Weihnachten 1948 nach Hause zurückkehrte.

Doch Außenhandelskaufmann

Bei meiner Rückkehr aus der Schweiz stellte ich fest, dass sich in Deutschland nach der Währungsreform vom Juni 1948 alles verändert hatte. Es bestand eine allgemeine Aufbruchstimmung, die zum Wirtschaftswunder der fünfziger Jahre führen sollte. Auch bei Wiechers & Helm hatte das Exportgeschäft wieder eingesetzt. Daher meinte mein Vater, es sei so viel zu tun, ich käme am besten gleich zwischen Weihnachten und Neujahr in die Firma. Der Traum vom literarischen Beruf des Verlegers war damit ausgeträumt. Nach wenigen Tagen des Abschiednehmens von bisherigen Vorstellungen begann am 2. Januar 1949 mein zukünftiges Leben als Außenhandelskaufmann.

Die Firma Wiechers & Helm wurde 1892 gegründet. Einer der beiden Namensgeber war Paul Helm, ein älterer Bruder von Karl O. Helm, dessen 1900 begonnene Firma durch Hermann Schnabel als Helm AG nach 1950 zu großer Bedeutung im weltweiten Chemiehandel entwickelt wurde. Henry Wiechers war in erster Linie der Kapitalgeber des Unternehmens. Er blieb Partner bis zu seinem Tod 1925. Paul Helm starb bereits 1908. An seine Stelle trat Alfred Kaiser als die eigentliche Bezugsperson für meinen Vater, als er nach Karatschi ausreiste. Die dortige Tochtergesellschaft hieß Wiechers, Kaiser & Levy Ltd. Der dritte Partner Max Levy hatte bis 1939 eine große Bedeutung für das Geschäft. Da alle Aufträge auf dem Postweg oder telegrafisch abgeschlossen wurden, stellte er den einzigen persönlichen Kontakt zu den zahlreichen Vertretern und Direktkunden in ganz Indien her.

Daher erhielt ich nach ihm meinen zweiten Namen Max noch vor den Vornamen meiner Patenonkel Paul Tiefenbacher und Walter Kruse. Ich ergänzte jedoch meinen Rufnamen nie um Initialen wie mein Vater, der sich stets Hans E. B. nannte. Die von meinen Eltern gewählte Schreibweise von Hellmut schien mir individuell genug. Max Levy lernte ich als Kind kennen, als er anlässlich eines Besuches in Hamburg bei uns zu Hause wohnte. Er blieb unverheiratet und zog im Krieg nach England. Dort starb er, bevor ich die Verbindung zu ihm wieder aufnehmen konnte.

Ohne vorherige kaufmännische Lehre gab es am Anfang natürlich eine Menge für mich zu erfahren, um die Geschäftsabläufe richtig zu verstehen. Ich lernte mit den damals üblichen Rechenmaschinen mit Handkurbel umzugehen und Telegramme mit den gängigen Codes von Acme und Bentley zu ver- und entschlüsseln. Mit jeweils fünf Buchstaben konnte man ganze Sätze mitteilen und so erhebliche Kosten sparen. Die ersten größeren Abschlüsse in Europa kamen im Zuge eines Wiederaufbauprogramms unter so genannten JEIA (Joint Export Import Agency)-Kontrakten zustande. Daneben lag es nahe, das erfolgreiche Vorkriegsgeschäft mit Indien möglichst wieder in Gang zu bringen. Das konnte jedoch nicht mehr in allen gängigen Artikeln geschehen.

Vielmehr musste eine gewisse Spezialisierung erfolgen. Dafür boten sich in erster Linie die Textilien an. Insgesamt hatte die Firma damals 25 Mitarbeiter.

Das Büro war im Klöpperhaus, dem heutigen Kaufhof, in der Mönckebergstraße nahe dem Hauptbahnhof. Um das vielseitige Gebiet der Anzug- und Hemdenstoffe, Samte und Plüsche, bunt gewebt, gefärbt oder bedruckt, gründlich kennen zu lernen, besuchte ich zahlreiche Fabriken in Westfalen, im Rheinland und in Süddeutschland. Als Praktikant lernte ich alle Produktionsabteilungen der Tuchfabrik von Plum & Florenz in Mönchengladbach kennen. Möglichst bald wollte ich eine Reise in das inzwischen geteilte Pakistan und Indien unternehmen. Das war damals nicht ohne weiteres möglich. Im November 1950 war es jedoch so weit. Die nötigen Visa waren erteilt. Zwei große Koffer wurden mit Mustern aller Art als »Handwerkszeug« voll gepackt.

Gleichzeitig ging es auch im persönlichen Bereich schnell voran. Seit dem Sommer 1943, als wir zu meiner Großmutter nach Reinbek zogen, hatte ich kein eigenes Zimmer mehr gehabt, sondern nur eine Bettstelle im Badezimmer der fünfköpfigen Familie. Ich wurde daher 1949 zur treibenden Kraft für den Neubau eines Hauses meiner Eltern, in dem jedes der Kinder seine eigenen vier Wände bekam. Zu ihrer silbernen Hochzeit im Mai 1950 war das Gebäude fertig. Ich blieb allerdings nicht lange ein Nutznießer dieses Quantensprungs an Wohnkomfort. Denn im Sommer 1949 lernte ich Clarita von Hobe aus Gelting im äußersten Nordosten Schleswig-Holsteins kennen.

Ein zehntes Kind wie meine Mutter, hatte sie die Landwirtschaft gelernt, soweit das bei Kriegsende möglich war.

In den schwierigen Jahren bis 1948 führte sie mit einer ihrer Schwestern das Gut Düttebüll, auf das sich ihre Mutter zurückgezogen hatte, nachdem ihr Vater 1944 gestorben war und ihr ältester Bruder das Schloss und Gut Gelting übernommen hatte. Als ein anderer Bruder, der zunächst aktiver Offizier gewesen war, nach richtiger Ausbildung bereitstand, ihre Aufgaben zu übernehmen, fand sie schnell eine Tätigkeit in der Öffentlichkeitsarbeit der Phrix AG in Hamburg. Sie wohnte bei Verwandten in Reinbek, denn dort hatten vier ihrer Geschwister Mitglieder der Familien Grauert, von Ondarza und Odefey geheiratet.

Das Leben auf dem Lande und die Welt der adligen Güter, damals noch mit Pferden und Viehzucht, war für mich eine neue Erlebniswelt. Der zu Düttebüll gehörende eigene Ostseestrand übte als späteres Ferienparadies für unsere Kinder eine besondere Anziehungskraft aus. Da ich zu den Begünstigten gehörte, die 1949 gleich einen eigenen Volkswagen hatten – den Führerschein hatte ich schon 1946 gemacht –, kamen Clarita und ich uns bald näher. Wir beschlossen, uns noch vor meiner großen Reise im Stillen zu verloben.

Da 1950 ein Heiliges Jahr der Katholischen Kirche war, schien es uns angemessen, diesen Schritt im Petersdom in Rom zu vollziehen. Um dies diskret zu ermöglichen, organisierte ich über Thomas Cook eine »Gesellschaftsreise«, die nur aus uns beiden bestand. Da es private Flug- oder Busreisen noch nicht gab, führte sie uns mit der Eisenbahn in elf Tagen auch nach Mailand, Florenz und Venedig. Dieser erste Besuch in Rom unter dem Pontifikat des ebenso aristokratisch wie prunkhaft auftretenden Pius XII. war ein starker Eindruck, der immer wieder zu weiteren Besuchen in der »Ewigen Stadt« anregte. Darauf werde ich noch zurückkommen.

Meine sechs Wochen nach der Rückkehr aus Italien beginnende Asien-Reise sollte auch dazu dienen, dass Clarita und ich getrennt voneinander die Richtigkeit unserer Verlobung bestätigt finden sollten. Der Abschied fiel uns nicht leicht. Zunächst ging es für mich nach Karatschi. Der Flug mit einer Superconstellation der SAS dauerte 18 Stunden mit Zwischenlandungen in Rom und Lydda, dem Flughafen des neuen Staates Israel. Der Name des Beach Luxury Hotels in Karatschi klang anspruchsvoll. In Wirklichkeit musste ich mein Zimmer mit einem laut schnarchenden Inder teilen. Das Flüchtlingselend in dem erst drei Jahre vorher gegründeten Pakistan war unbeschreiblich. Die Einwohnerzahl von Karatschi hatte sich verdreifacht.

Um Land und Leute kennen zu lernen, beteiligte ich mich gleich am ersten Wochenende an einem Familienausflug eines unserer Vertreter nach Hyderabad zur Besichtigung einer Fabrik, in der Baumwolle aus den Fruchtkapseln der Pflanzen gewonnen wurde. Die nächtliche Eisenbahnfahrt dauerte acht Stunden in Waggons, die durch eine umlaufende Bank nur notdürftig für den Personentransport hergerichtet waren. Da ständig irgendwelche Süßigkeiten angeboten wurden, war an Schlaf nicht zu denken. Die Fabrik war interessant, aber die Mahlzeiten beschwerlich und unbekömmlich. Auf dem Boden sitzend, aßen die Männer ohne Bestecke mit den Fingern von einem großen Tablett Reis und Gewürze zu großen Stücken Fleisch, das an offenem Feuer außen geschwärzt, aber innen roh geblieben war. Die Frauen beobachteten währenddessen um uns herumstehend, wie ich damit fertig wurde. Auf dem Rückweg sprang auf einer Brücke auch noch ein Wagen aus den Schienen. So war ich froh, wieder zu meinem Inder ins Hotel zurückzukehren. Für die nächsten Tage war an eine weitere Nahrungsaufnahme nicht zu denken.

Geschäftlich stürzten sich die Kunden förmlich auf meine Muster. Sie benötigten jedoch jeweils Einfuhrlizenzen, die nur begrenzt erhältlich waren. Als Beispiel konnten Ahmed Brothers 3000 bestickte Wollschals importieren. Das war schon vor dem Krieg ein beliebter, etwa 2,40 x 1,20 Meter großer Artikel für die kühlen Abende im Norden des Landes. Der leichte Wollstoff wurde in Helmbrechts in Bayern gewebt und anschließend in mühsamem Veredelungsverkehr im sowjetisch besetzten Sachsen farbig mit Blumenmustern bestickt. Der Preis war 60 Schilling pro Stück. Zuerst bot der Kunde 50 Schilling. Nach dreifachem Telegrammwechsel mit Hamburg und schwierigen Verhandlungen von dort mit unseren Fabrikanten, teilweise über die Zonengrenze hinweg, einigten wir uns schließlich auf 57 Schilling und 6 Pence. Als der Vertrag am Abend unterschrieben war, gestand Mr. Ahmed, diese lang entbehrten Schals zu 200 Schilling weiterverkaufen zu können. Diese Erfahrung wurde für mich zu einem Schlüsselerlebnis für die Händlermentalität der asiatischen Kundschaft.

Die nächste Station war Bombay. Dort bekam ich ein Zimmer im traditionsreichen Taj Mahal Hotel direkt am Hafen. Es ließ sich erahnen, wie reizvoll früher die Ankunft in Indien gewesen sein muss. Jetzt waren auch hier die Auswirkungen der Teilung des früheren Britisch-Indien zu spüren. Ich hatte eine Liste mit mehr als 100 Namen von Firmen, mit denen wir vor dem Krieg in verschiedenen Produktgruppen zusammengearbeitet hatten. Das waren Vertreter und Direktkunden, Hindus, Parsees und auch noch Mohammedaner, die nicht vertrieben waren. Ich hatte mir vorgenommen, jeden an der mir vorliegenden Adresse aufzusuchen, um mir ein Bild von seinen Geschäftsmöglichkeiten nach so langer Zeit zu machen. Das war aber leichter gedacht als getan. Viele Straßen hatten keine Hausnummern. In den großen Märkten herrschte ein heilloses Durcheinander. Die Entfernungen waren groß, Taxis außerhalb des Hotels schwer zu bekommen.

Als sich herumsprach, dass ich im Taj Mahal wohnte, setzte eine kleine Belagerung ein. Viele Kunden wollten meine Muster als Erste sehen. Oft hatte ich schon morgens eine Partei oben in meinem Zimmer, zwei andere warteten unten in der Halle. Abends kam ich meist spät ins Hotel zurück. Dann musste ich noch das Wichtigste telegrafieren, Muster sowie Preislisten wieder in Ordnung bringen, den Tagesbericht auf meiner kleinen Tippa-Schreibmaschine festhalten und natürlich Clarita ein ausführliches Lebenszeichen schicken. In guter Erinnerung habe ich die Einladung eines wohlhabenden Parsee in ein Restaurant oberhalb der weitläufigen Bombay-Bucht, mit den legendären fünf Türmen des Schweigens im Hintergrund, dem Bestattungsort dieser auf Zarathustra zurückgehenden Religion. In der kühleren Abendluft war das eine märchenhafte Stimmung.

Auf drei Wochen in Bombay folgten fünf Tage in Delhi. Der Flug dorthin mit einer zweimotorigen DC 3 war sehr schaukelig. Die von der Air India angebotenen Tüten konnten meinen Bedarf kaum decken. Ich wohnte im Maidens

Hotel in Old Delhi mit seinem berühmten Fort aus roten Quadersteinen und verschiedenen Moscheen aus der Zeit als Zentrum des Mogulreiches. Dort hatten auch die von mir gesuchten Kunden ihren Sitz. Natürlich kam ich auch nach New Delhi, um mir Einreisevisa für Burma, Thailand und Singapore zu beschaffen. Diese Länder wollte ich zusätzlich besuchen, weil sich schon in Bombay zeigte, dass unsere Aussichten in Indien begrenzt blieben, wegen des völligen Fehlens von Einfuhrlizenzen für Textilien jeglicher Art.

In den nächsten zwei Wochen in Kalkutta bestätigte sich dieser Eindruck. Ich zeigte dem Manager der Chartered Bank meine Liste von 60 Textilkunden, von denen er etwa 55 weiter als erstklassig bezeichnete. Aber keiner konnte auch nur 1 Yard importieren. Es war ein Jammer. Es blieb uns in Indien nur das mühsame und hart umkämpfte Gebiet von Eisenwaren, Werkzeugen und Haushaltsartikeln, bei denen nur in Sonderfällen eine bevorzugte Stellung zu erreichen war. Der Eindruck von Kalkutta war darüber hinaus deprimierend, ganz anders als Bombay und eher mit Karatschi vergleichbar. Selbst vor meinem Great Eastern Hotel lagen zahlreiche Kühe auf der Straße, denen ich ihre Heiligkeit jedenfalls nicht ansehen konnte. Wohin man sah, war die Armut bedrückend. Nicht ungern begab ich mich daher am Abend des 23. Dezember zum DumDum Airport, um gegen Mitternacht nach Rangun weiterzufliegen.

Dort war mein Vetter Herbert Tiefenbacher für ein paar Monate bei der in Burma einflussreichen Firma Steel Brothers tätig. Die Weihnachtstage wollte ich mit ihm verbringen. Die Nacht zum Heiligen Abend musste ich mir noch am Flughafen von Kalkutta um die Ohren schlagen, da sich meine Maschine bis um 6 Uhr in der Frühe verspätete. Aber gegen Mittag kam ich in Rangun an und fand im Strand Hotel eine sehr gepflegte Bleibe. Eine weihnachtliche Stimmung im heimatlichen Sinne konnte in dem mit Luftballons statt Tannenzweigen geschmückten Hotel natürlich nicht aufkommen. Aber wir sahen »Vom Winde verweht« im Kino und waren zufrieden, zusammen zu sein. Geschäftlich war in Burma nur wenig zu machen wie in Indien. Die politischen Verhältnisse blieben für Jahrzehnte unsicher.

Anders war es in Thailand. Das Königreich stand am Anfang einer erfreulichen Entwicklung. Die Stadt Bangkok mit ihren vielen Kanälen konnte man zur Jahreswende 1950/51 noch das Venedig des Ostens nennen. Die vielen mit Porzellanteilen besetzten Pagoden machten einen Vertrauen erweckenderen Eindruck als die goldglänzende 99 Meter hohe Shwe-Dagon Pagode, die Rangun überragt. Leider fand ich im berühmten Oriental Hotel keinen Platz. Das nächstbeste Hotel, Trocadero, hatte nicht die Eleganz der gleichnamigen Bar, in der meine Eltern sich in Hamburg kennen gelernt hatten. Für meinen Arbeitsbesuch war es jedoch ausreichend.

Meine Aufgabe war jetzt, anders als in Pakistan und Indien, neue Verbindungen anzuknüpfen. Dafür war sehr hilfreich, dass die in Bangkok und Singapore durch eigene Niederlassungen vertretene amerikanische Firma Getz Brothers aus San Francisco Wiechers & Helm als Einkaufshaus für Textilien aus Deutschland benutzen wollte. So hatte ich in beiden Städten ein befreundetes Büro, von dem aus ich arbeiten konnte. Wenn ich das Ergebnis meiner jeweils zwei Wochen in Bangkok und Kalkutta miteinander vergleiche, komme ich auf den sprichwörtlichen Unterschied zwischen Tag und Nacht. Nur dem siamesischen Boxen, bei dem nach einem rituellen Beginn jeder Tiefschlag wie und wohin auch immer erlaubt ist, konnte ich keinen Reiz abgewinnen.

Noch besser wurde es in Singapore. Ich wohnte dort nicht im Raffles, sondern im Sea View Hotel außerhalb der Stadt direkt am offenen Meer, weil der Manager von Getz Brothers mich von dort am einfachsten in die Stadt und zurück mitnehmen konnte. Bei der feuchtheißen Temperatur Singapores war es sehr angenehm, abends am Wasser zu sein und in beschaulicher Ruhe nach Hause zu schreiben. Das allgemeine Kaufinteresse wurde begünstigt durch den Koreakrieg, der seit Juni 1950 mit wechselndem Erfolg tobte und in ganz Ostasien zu Vorratskäufen führte. Konnte ich an einem Tag 50 000 Yards einer Qualität zu 2/6 Schilling buchen, erhielt ich am nächsten ein Gebot für 500 000 Yards zu 2/4. Dabei galt es abzuwägen, welche Differenz die Stellung beider Kunden am Markt rechtfertigte. Zunächst wollte ich auch in Singapore zwei Wochen sein. Aber bei den bestehenden Geschäftsmöglichkeiten blieb ich die doppelte Zeit und verzichtete lieber auf einen Aufenthalt in Madras.

Nur Colombo ließ ich für acht Tage im Reiseplan. Ceylon, das heutige Sri Lanka, war schließlich ein eigenständiger Markt mit gewissen Möglichkeiten, gerade weil die Insel nicht so groß ist wie Indien. Landschaftlich sehr reizvoll war am Wochenende ein Ausflug nach Kandy in das bergige Landesinnere. So bekam ich auch den Tempel mit dem berühmten Buddha-Zahn zu sehen. Auf dem Rückflug machte ich noch einmal Station in Bombay und Karatschi, um die am Anfang der Reise eingeleiteten Geschäfte weiterzuverfolgen.

Es ist nach dem weltweiten Siegeszug der E-Mail und des mobilen Telefons kaum noch vorstellbar, dass meine Verbindung mit zu Hause während der ganzen viermonatigen Reise nur durch Briefe und in dringenden Fällen durch Telegramme bestand. Letztere waren in Pakistan und Indien nur mit langen Wartezeiten an einem Postamt aufzugeben. An Clarita schickte ich 75 randvoll getippte Schreibmaschinenseiten und doppelt so viele an die Firma. Es gab noch kein Diktiergerät und kein Fax. Die Wartezeiten auf Briefe waren entsprechend lang. Aber der Intensität der Verbundenheit tat es keinen Abbruch. Die Freude war entsprechend groß, als ich Anfang März wieder in Hamburg eintraf.

Das Hamburger Abendblatt schrieb am 12. 3. 1951: »Von dem Flüchtlingselend, das in Karatschi herrscht, nachdem bei der Teilung Britisch Indiens wechselseitig Millionen von Hindus und Mohammedaner ausgetrieben wurden, von Bombay, wo man sich im schönsten Hotel nicht satt essen kann, von dem zerstörten Rangun, das noch heute durch die Aufständischen von seinem Hinterland abgeschnitten ist, von Bangkok, wo es noch eine große Zahl von Deutschen gibt, von der Ordnung und dem Reichtum in Singapur und von manchem anderen berichtete höchst anschaulich Dr. H. Kruse, der als jüngstes Mitglied des Ostasiatischen Vereins erst vor wenigen Tagen von einer Reise durch Südasien zurückgekehrt war.« Vor dem Krieg war eine derartige Rede beim traditionellen Liebesmahl üblich. Nach dem Krieg blieb es einmalig, weil sich der Reiseverkehr schnell vervielfachte.

Aufbruch zu neuen Märkten

Aufgrund des Erfolges der Asien-Reise verdoppelte sich unser Umsatz in 1951 gegenüber dem Vorjahr. Zum 1. Juli wurde ich Einzelprokurist der Firma. Im März war ich gerade noch rechtzeitig zurückgekehrt, um den Kaufvertrag für das schon erwähnte Grundstück in der Buchtallee abzuschließen und die Genehmigung für einen steuerbegünstigten Hausbau zu erwirken. Die entsprechenden Pläne erstellte ein bei den Reinbeker Behörden bekannter Architekt nach meinen Vorgaben. Die entscheidende staatliche Förderung bestand darin, dass ich als Angestellter einen wesentlichen Teil der Kosten des Vorhabens als abzugsfähigen Zuschuss erhalten konnte. Der Wiederaufbau Westdeutschlands wurde zeitlich begrenzt in dieser weit reichenden Form gefördert. Die Kaufkraft der neuen deutschen Währung war zu dieser Zeit hoch. Das ausbaufähige Haus mit 80 Quadratmeter Wohnfläche konnte für 65 000 D-Mark oder damals 15 500 US-Dollar erstellt werden. Im November sollte alles fertig sein.

Diese Rahmenbedingungen ermöglichten es, die Hochzeit mit Clarita für den 7. September 1951 kurz nach der Ernte anzusetzen. Sie durfte im Schloss Gelting stattfinden, wie es beim Verzicht der Braut und ihrer Schwestern zugunsten ihres ältesten Bruders vereinbart wurde. Es war ein strahlender Spätsommertag. Meine beiden Schwestern waren die Brautjungfern und meine Freunde Oswald Tiefenbacher und Roland Philippi die Best Men, wie die Engländer sagen. Allen, die dabei waren, blieb dieser Tag als eine Traumhochzeit in bester Erinnerung.

In der Firma begannen bald die Vorbereitungen für meine zweite große Reise Ende 1952. Wieder begann sie in Karatschi. Es folgten die gleichen großen Handelsstädte, die ich schon von meiner ersten Reise kannte. Nur Kalkutta ersetzte ich durch Hongkong. Das war ein richtiger Entschluss. Denn die attraktive Felseninsel vor der chinesischen Küste war der ideale Freihandelsplatz für die umliegenden Länder. Der Koreakrieg endete erst im Juni 1953. Aber schon Ende 1952 setzte eine Kaufzurückhaltung ein, die in starkem Gegensatz zu meinem ersten Besuch stand. Kunden in Singapore, die vor zwei Jahren überlegten, ob sie statt 100 000 gleich 200 000 Yards kaufen sollten, zögerten jetzt, 10 000 Yards zu bestellen, und nahmen lieber nur 5000, um mich nicht ganz zu enttäuschen. Unter diesen Umständen erwies es sich als richtig, dass ich für die zweite Hälfte der Reise den Besuch von neun neuen Märkten im Nahen Osten und Ostafrika eingeplant hatte.

Der erste von ihnen war Bahrain. Der Flugverkehr erfolgte allgemein nur mit Propellermaschinen. Für alle von regelmäßiger Luftkrankheit geplagten Reisenden, zu denen ich gehörte, hatte die Entwicklung der Düsentriebwerke das größte Interesse. Einer der ersten De-Havilland-Comet-Jets der BOAC war gerade abgestürzt. Aber es reizte mich zu sehr, diesen bahnbrechenden Flugzeugtyp kennen zu lernen. Auf der Strecke von Bombay über Karatschi nach Bahrain war dies möglich. Von der inzwischen zur Selbstverständlichkeit gewordenen stabilen Lage dieses Comet in der Luft war ich begeistert.

In Bahrain sicher angekommen, konnte ich 1952 nur in einem großen Raum mit 16 Betten des BOAC Resthouse wohnen. In Kuwait gab es zwar ein so genanntes Modern Hotel. Es verfügte aber nur über einen Brunnen mit fließendem Wasser in der Mitte eines nach oben offenen Innenhofes. Dort mussten sich alle Gäste einfinden, die nicht auf eine morgendliche Körperpflege verzichten wollten. Nach der rasanten Entwicklung dieser Rohöl fördernden Staaten in den letzten 50 Jahren ist es schwer zu vermitteln, welche unterentwickelten Verhältnisse ich dort vorfand. Bagdad war dagegen schon damals eine Großstadt, in der das Sindbad Hotel eine vernünftige Unterkunft bot. Attraktionen, die an 1001 Nacht denken ließen, waren aber auch hier nicht zu erwarten.

In überwältigendem Gegensatz zu allem, was ich westlich von Hongkong gesehen hatte, zeigte sich dann Beirut. Das Hotel St. Georges lag vom Mittelmeer umspült vor der breiten Küstenstraße als ein Inbegriff von gepflegtem Luxus. Bevor es im libanesischen Bürgerkrieg niederbrannte, konnte ich 1969 mit Clarita noch einmal vier traumhafte Tage dort verbringen. Das Casino du Liban an der Küstenstraße nördlich der Stadt stellte alles in den Schatten, was die Revuetheater von Paris auszeichnet. Der libanesische Markt war nur leider zu klein, um uns größere Geschäftsmöglichkeiten zu bieten. Ein echtes Kontrastprogramm bot Aden als nächste Station. In dem einzigen Hotel am Hafen konnte ich nicht unterkommen. Nach kurvenreicher Fahrt in die höher gelegene eigentliche Stadt musste ich im Crescent Hotel mein Zimmer mit zwei italienischen Matrosen teilen. Sie kehrten in der Nacht betrunken und zu Tätlichkeiten aufgelegt zurück. Der Platz lud nicht zu längerem Verweilen ein.

Dagegen war mein erstes Kennenlernen von Afrika in Mombasa schon etwas anderes. Auch diese Hafenstadt verfügte noch nicht über die heutigen Tourismus-Angebote. Aber das damals vorhandene Manor Hotel machte das auf Meereshöhe stets heiße Klima gut erträglich. Natürlich war Nairobi auf einer Hochebene im Inneren Kenias als Handelszentrum wichtiger und mit der Möglichkeit des Besuches verschiedener nahe gelegener Naturschutzparks auch besonders reizvoll. Das Klima musste dort sehr gesund sein, denn unser deutscher Vertreter war schon weit über 80 Jahre alt, aber von morgens bis abends unermüdlich im Einsatz. Das noch heute bestehende New Stanley Hotel erinnerte an die britische Kolonialzeit. Kenia erwies sich für viele Jahre als das stabilste der von mir neu besuchten Absatzgebiete.

Mein Rückflug erfolgte über den Sudan. Im Grand Hotel von Khartum streikte das Personal seit acht Tagen. Wer schon vor mir in meiner Bettwäsche geschlafen hatte, war nicht festzustellen. Die Hotelgäste mussten sich selbst bedienen. Bis heute ist das Land politisch und wirtschaftlich nicht recht vorangekommen. Die letzte Station war Kairo als guter Abschluss der Reise, die mich in 62 Tagen in 17 stark unterschiedliche Städte führte. Vom Hotel Semi-

Hellmut mit seiner Mutter Alice Kruse,
geb. Tiefenbacher, im Jahr seiner Geburt 1926

Das Elternhaus in Hamburg, Abteistraße 13

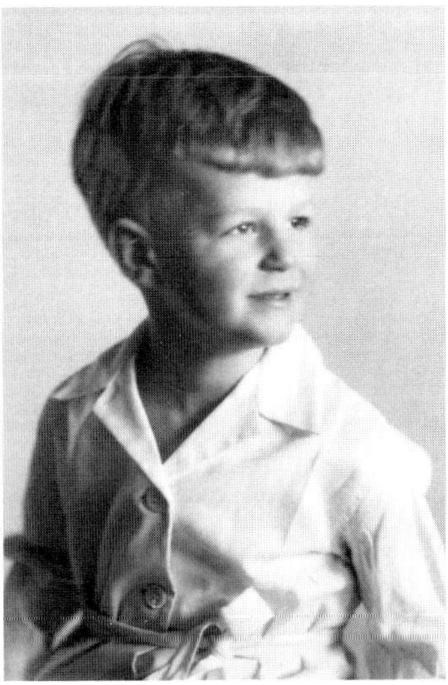

Mit vier Jahren
vor dem Schlafengehen

Mit elf Jahren
schon vor einem Lexikon

Die von Dominikanern geleitete katholische Universität Fribourg in der Schweiz, an der der Autor 1948 über den jungen Dichter Wolf von Kalckreuth promovierte

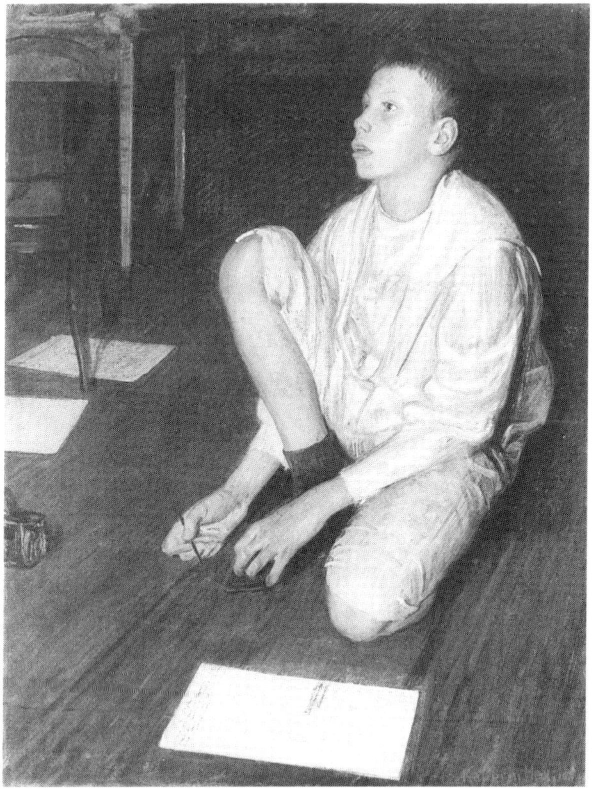

Leopold von Kalckreuths Gemälde seines schon mit 13 Jahren nach seiner poetischen Berufung Ausschau haltenden ältesten Sohnes Wolf

Hellmut und Clarita Kruse, geb. von Hobe, am Tag ihrer Hochzeit im September 1951 auf Schloss Gelting

Schloss Gelting in Angeln im äußersten Nordosten Schleswig-Holsteins

Im fliegenden Einsatz für Wiechers & Helm zwischen Ostasien und Westafrika

Königsblauer Samt zur Krönung von Königin Elisabeth II. gehörte 1953 zu den Verkaufsschlagern der auf den Export von Stoffen spezialisierten Firma

Die Südseite des 1951 gebauten Hauses in Reinbek, Buchtallee 13, fast 40 Jahre der Wohnsitz der eigenen Familie

Der Blick von Norden auf die Einfahrt zum Haus

ramis am träge dahinfließenden Nil aus konnte ich zu Fuß ins Ägyptische Museum kommen. Es musste nur gelingen, die Horden von Bettlern abzuschütteln, die sich an jeden Fremden hängten, der auf die Straße trat. Das für unsere Geschäfte gesuchte »Zweite Bein« neben Ostasien war noch nicht gefunden. Aber ich wusste, es würde in Afrika zu suchen sein.

Das Auf und Ab im Außenhandelsgeschäft wie Ebbe und Flut zeigte sich mir schon in den ersten zehn Jahren meiner Tätigkeit für Wiechers & Helm sehr eindrücklich. Unser durchschnittlicher Jahresumsatz von 8 Millionen D-Mark konnte nur durch jeweils 10 Millionen in 1949 und 1951 sowie 1956 und 1957 zum Ausgleich für nur 4 Millionen in 1950 und 1954 erreicht werden. Die grafische Darstellung dieser Zahlen sieht wie eine Berg- und Talfahrt aus. Dabei waren diese Jahre von einer nie wieder erreichten Stabilität gekennzeichnet. Bei einem Anstieg von 25 auf 40 Angestellte blieben die Kosten pro Mitarbeiter in der ganzen Zeit mit durchschnittlich 7000 Mark Jahresgehalt konstant.

Zum 1. Januar 1954 wurde ich neben meinem Vater persönlich haftender Gesellschafter. Umso mehr musste ich mir Gedanken über die Zukunft machen. Eine produktbezogene Vorrangstellung hatten wir nur auf dem Gebiet der Gewebe aller Art. Unsere traditionellen Märkte in Asien fielen dabei aus wie Indien oder waren im Begriff, eine eigene Textilindustrie aufzubauen wie China und Indonesien. Sie sollten im Laufe der Zeit sogar unsere schärfsten Konkurrenten werden. Die geringste Aussicht auf eine lokale Fertigung bestand im so genannten Schwarzafrika. Da wiederum versprachen die ehemals französischen Gebiete die größte finanzielle Stabilität. Aus dieser Überlegung heraus trat ich Anfang 1958 meine dritte größere Reise in wiederum 17 Städte an, von denen 13 für uns neue Märkte waren.

Das erste Ziel war Dakar, die Hauptstadt des Senegal. Ihr Flughafen war damals ein notwendiger Zwischenstopp für den gesamten Flugverkehr nach Südamerika. Das gab dem Platz eine Schlüsselstellung auch für die Erschließung der frankophonen westafrikanischen Märkte. Die umliegenden Länder wie Mauretanien, Mali und Gambia kauften vorzugsweise über Importeure in Dakar. Es gelang, dort einen versierten Franzosen dafür zu interessieren, unser Vertreter zu werden. Er verfügte über die besten Verbindungen zu den damals maßgeblichen libanesischen Textilimporteuren. Die Zusammenarbeit mit diesen Kunden sollte sich für mehrere Jahrzehnte zum Schwerpunkt unseres Westafrika-Geschäfts entwickeln. Das Leben in Dakar war zu dieser Zeit noch stark französisch geprägt. Das Hotel Croix du Sud und das Restaurant Chez Marie Louise hätten sich auch in Paris befinden können.

Eine Woche verbrachte ich in Accra, der Hauptstadt Ghanas. Hier gewann ich einen älteren Libanesen mit dem lustigen Namen Mr. Salami als unseren Vertreter. Er war gut eingeführt bei den auch mehrheitlich libanesischen Händlern von Tools, Hardware und Sundries. Seine erfolgreiche Arbeit ermöglichte die Einrichtung einer besonderen Abteilung für diesen Markt. Anschließend besuchte ich Lagos und unternahm auch einen Abstecher nach Kano im Norden Nigerias, einer Stadt, umgeben von sandiger Wüste mit trockener Hitze. Aber eine ähnliche Freude wie am Senegal und an Ghana haben wir an Nigeria nicht gehabt.

Um noch andere französischsprachige Länder Westafrikas kennen zu lernen, flog ich auch nach Conakry, Abidjan, Douala und Brazzaville. Von diesen Städten war Conakry in einer besonderen Lage. Unter Sekou Touré hatte das Land sich aus der wirtschaftlichen Bindung an Frankreich gelöst. Das elegante Hotel de France schien in die politisch neue Zeit nicht mehr zu passen. Der Handel mit dem Westen sollte durch Kontakte mit Osteuropa ersetzt werden. Günstiger waren die Rahmenbedingungen in den drei anderen Hauptstädten der Elfenbeinküste, Kameruns und Französisch-Kongos. Ein anhaltender Erfolg in diesen Ländern hing jedoch von dem Vorhandensein erfahrener Vertreter ab.

Von Brazzaville aus konnte ich mit einem Boot über den Kongo-Fluss setzen und war dann schon in Leopoldville, dem heutigen Kinshasa, der Hauptstadt von Zaire. Dieses reiche Land hat seit seiner Unabhängigkeit von Belgien schwere Zeiten durchgemacht. Das gilt besonders für den Osten des Landes, wo ich Usumbura in seiner bezaubernden Lage am Tanganjika-See kennen lernte, das heute die Hauptstadt von Burundi ist. Nach dem furchtbaren Völkermord, der bei den heftigen Kämpfen zwischen Ruanda und Burundi geschah, wird es lange dauern, bis geordnete Handelsbeziehungen wieder möglich sind.

Auf dem Weg nach Nairobi besuchte ich noch Kampala und Daressalam, um einen vollständigeren Eindruck von unseren Möglichkeiten in Ostafrika zu bekommen. Der Mittelpunkt unserer dortigen Aktivitäten blieb jedoch die Hauptstadt Kenias, Nairobi. Von dort gab es einen direkten Flug nach Bombay, wo es gelungen war, ein nennenswertes

Geschäft in glänzenden Acella-Folien für die Herstellung von Plastiktaschen aufzubauen. Bei dem Wettbewerb auch auf diesem Gebiet war es erforderlich, die maßgeblichen Kunden persönlich aufzusuchen.

Die letzte Station meiner Reise war Teheran. Unter dem Schah Mohammed Reza entwickelte sich das Land in starker Anlehnung an die westlichen Lebensformen. Das eröffnete auch uns interessante Geschäftsmöglichkeiten. In 67 Tagen war es mir so möglich, den Kreis unserer Geschäftsverbindungen in Asien zu erweitern und in Westafrika einen neuen Schwerpunkt zu begründen. Durch jährliche Reisen nach Dakar jeweils in Verbindung mit Aufenthalten in Abidjan, Accra, Casablanca oder Monrovia wurde unsere Stellung in den frankophonen Ländern Afrikas gefestigt. Für die nächsten drei Jahrzehnte hielt sich unser Geschäft auf der Basis, die bis 1960 durch meine Reisen gelegt wurde.

Wie die Firma vergrößerte sich auch die Familie. 1954 und 1956 wurden unsere Töchter Irene und Regine beide in unserem Haus in Reinbek in der Buchtallee geboren. Drei Jahre später stimmte kein Arzt mehr zu, auch unseren Sohn Hans-Fabian dort zur Welt kommen zu lassen. So gab dieser sein erstes Lebenszeichen in einem Hamburger Krankenhaus von sich. Von dort wurde er nach fünf Tagen mit seiner Mutter als »arbeitsfähig« entlassen. In diesen Jahren war es noch üblich, nur einmal im Jahr einen zusammenhängenden Urlaub zu machen. Den verbrachten meine Frau und ich mit dem Auto vorzugsweise in Italien: in Fasano am Gardasee, in Alassio an der Italienischen Riviera, in Forte dei Marmi in der Toskana oder in Positano südlich von Neapel.

Die erste Urlaubsflugreise führte uns nach Rhodos. Es war gut, dass wir hinter den starken Mauern des alten Hotels des Roses wohnten. Denn wir erlebten dort ein Erdbeben, das bei leichter gebauten Häusern erheblichen Schaden anrichtete. Ein Höhepunkt dieser Jahre war für uns 1958 ein Besuch der Weltausstellung in Brüssel. Von vielen fernen Ländern, die wir noch nicht kannten, bekamen wir durch eindrucksvoll gestaltete Pavillons einen guten Eindruck. Auf dem Wege dorthin waren wir von der Firma William Prym aus Stolberg als einer der für sie wichtigen Exporteure ihrer Nähnadeln und Druckknöpfe zum Internationalen Reitturnier nach Aachen eingeladen. Bei dieser Gelegenheit konnten wir bei einem der Antiquitätenhändler am Münsterplatz unser erstes wertvolles Kunstwerk erwerben: ein 1,40 Meter hohes geschnitztes Relief mit einer ausdrucksvollen Darstellung der Verkündigung des Engels an Maria. Es dürfte um 1600 entstanden sein und hat jetzt seinen zentralen Platz bei uns auf dem Kamin unseres Wohnzimmers gefunden.

Beiersdorf als berufliche Perspektive

Das Nachkriegsgeschäft von Wiechers & Helm konnte ich so selbständig aufbauen, weil mein Vater neben der Firma verschiedene Aufgaben übernommen hatte, die seine Zeit stark in Anspruch nahmen. Zu diesen Ämtern gehörte auch der Vorsitz im Aufsichtsrat der damaligen P. Beiersdorf & Co. AG, bei der er jeden Donnerstag mit dem Vorstand zusammentraf. Die Gesellschaft trägt den Namen des Apothekers Paul C. Beiersdorf, der nach Anregungen des Dermatologen Paul Gerson Unna Guttaperchamulle als medizinische Pflaster entwickelte. Für diese Guttaplaste erhielt die Firma am 28. März 1882 ihr erstes Patent. Dieses Datum gilt als Gründungstag des Unternehmens, das Paul Beiersdorf 1890 im Alter von 54 Jahren an den 27-jährigen Oscar Troplowitz verkaufte, den Sohn eines schlesischen Maurermeisters, der von seinem Onkel und späteren Schwiegervater Gustav Mankiewicz in Posen zum Apotheker ausgebildet war.

Troplowitz baute das kleine Laboratorium mit handwerklicher Fertigung schrittweise zu einem industriellen Betrieb mit weltweiten Verbindungen aus. Durch ihn kamen Leukoplast als erstes hautverträgliches Pflaster und erfolgreiche

Körperpflegemittel wie Pebeco-Zahnpasta, Labello-Lippenpflegestifte und nach einer Nivea-Seife auch die erste Nivea-Creme auf den Markt. Neben seiner ihn beanspruchenden Firma war Dr. Troplowitz in vielfältiger Weise für das Gemeinwohl in Hamburg tätig. Sechs Jahre gehörte er der Bürgerschaft, dem Parlament der Stadt, an. Als Mitglied der Baudeputation setzte er 1909 die Berufung des späteren Oberbaudirektors Fritz Schumacher zum Leiter des Hochbauwesens durch. Als Mäzen förderte er die Kunsthalle. Mit zahlreichen sozialen Einrichtungen war er seiner Zeit weit voraus. Nur für seine Nachfolge in der Firma hatte er keine ausreichenden Vorkehrungen getroffen. Als der Tod seinem Leben im April 1918 mit 55 Jahren ein frühes Ende setzte, wurde seine Witwe Gertrud Troplowitz zunächst Kommanditistin und ihr jüngerer Bruder Otto Hanns Mankiewicz alleiniger Komplementär.

Ihn hatte Dr. Troplowitz 1906 als Partner aufgenommen. Er war Jurist, als verantwortlicher Unternehmer jedoch überfordert und dazu von schlechter Gesundheit. Er starb im Dezember des gleichen Jahres, 1918. Da er unverheiratet war, fiel sein Anteil zur Hälfte an seine Mutter, die Witwe des Posener Hofapothekers Gustav Mankiewicz, und zu je einem Viertel an Frau Troplowitz und ihre jüngere Schwester Valerie, die mit dem Posener Bankier Leo Alport verheiratet war. Es sollte für die Firma von Bedeutung werden, dass die Posener Verwandten durch den Versailler Friedensvertrag vom 18. Juni 1919 die polnische Staatsangehörigkeit bekommen würden. Unter dem Eindruck des verlorenen Weltkriegs waren sie zunächst damit einverstanden, dass Gertrud Troplowitz Anfang 1919 als Vorerbin die Alleininhaberin der wieder Offenen Handelsgesellschaft P. Beiersdorf & Co. wurde. Die Abwicklung des täglichen Geschäfts übertrug sie sechs gleichberechtigten Prokuristen, die ihr monatlich einen schriftlichen Bericht schickten. In der bewegten Zeit nach dem verlorenen Weltkrieg war das für die zu treffenden Entscheidungen jedoch nicht ausreichend.

Schon zu Lebzeiten von Dr. Troplowitz hatte Max Warburg als langjähriger Berater des Ehepaares den Vorschlag gemacht, die Firma in eine Kapitalgesellschaft umzuwandeln und sein Bankhaus zur Sicherung der Interessen des Unternehmens bei Meinungsverschiedenheiten der Erben mit einem bevorrechtigten Kapital zu beteiligen. Die sich daraus ergebende Einschränkung ihrer Eigentümerrechte fand zunächst keine Gegenliebe der Firmeninhaber. Jetzt auf sich allein gestellt, war Frau Troplowitz bereit, dem Plan näher zu treten. Hilfreich war dabei, dass sie Dr. Carl Melchior kennen lernte, den einzigen nicht zur Familie gehörenden Partner des Bankhauses M. M. Warburg. Mit seiner Fähigkeit, Zusammenhänge schnell zu durchschauen und abgewogen zu beurteilen, erwarb er bald ihr Vertrauen. Im gleichen Jahr 1919 wurde er als einer der sechs Vertreter der Reichsregierung bei den Friedensverhandlungen in Versailles weit über Hamburg hinaus bekannt.

Als vorsichtige Geschäftsfrau stimmte Gertrud Troplowitz der im Februar 1920 erfolgten Gründung einer P. Beiersdorf & Co. GmbH nur unter verschiedenen Bedingungen zu. Neben dem von ihr als Vorerbin des Nachlasses Troplowitz/Mankiewicz für einen Kapitalanteil von 2 000 000 Mark eingebrachten laufenden Geschäft mit den dazugehörigen Warenzeichen blieb sie Eigentümerin des Anlagevermögens, das heißt der Grundstücke und Maschinen, die sie der neuen Gesellschaft für jährlich 100 000 Mark vermietete. Außerdem übernahm sie die entscheidenden Anteile von 200 000 Mark mit 25-fachem Stimmrecht selbst. Mit zunächst eher symbolischen Beträgen von zusammen weiteren 200 000 Mark durften sich M.M. Warburg und die inzwischen sieben Prokuristen beteiligen, von denen vier zusammen mit Frau Troplowitz als Vorsitzende in die Geschäftsführung der GmbH berufen wurden. Gleichzeitig ernannte sie Dr. Melchior zusammen mit ihrem Anwalt und Christoph Behrens, dem seit mehr als zehn Jahren für alle Finanzfragen zuständigen Prokuristen der Firma, zu ihren Testamentsvollstreckern. Ferner legte sie fest, Dr. Melchior solle den Vorsitz des zu bildenden Aufsichtsrates und sein Bankhaus nach ihrem Ableben ihren Anteil mit Mehrstimmrecht zum Nominalwert übernehmen.

Die Zustimmung der polnischen Erben wurde dadurch erwirkt, dass Leo Alport stellvertretender Vorsitzender des Aufsichtsrates werden sollte und zur Stärkung seiner Position auch Fritz Chrambach, der jüngste Halbbruder seines Schwiegervaters Gustav Mankiewicz, mit 70 Jahren einen weiteren Sitz erhielt. Er war Hofjuwelier in Dresden und dort Generalkonsul für die Türkei. Er starb 1928. Als Vertreter von Frau Sophie Pulvermacher, der älteren Schwester von Dr. Troplowitz, vervollständigten 1920 die Ehemänner ihrer beiden Töchter, Dr. Gustav Westberg und Carl Claussen die Anteilseigner im Aufsichtsrat.

Diese Übereinkunft wurde gewissermaßen in letzter Minute erzielt. Denn wieder überstürzten sich die Ereignisse.

Bereits nach wenigen Monaten starb Frau Troplowitz ganz unerwartet am 20. August 1920 mit erst 51 Jahren. Jetzt galt es für die Warburg Bank, schnell zu handeln. Bereits im September übernahm sie die bevorrechtigten Anteile. Sie sicherten Dr. Melchior bis zum Jahr 1933 die Mehrheit der Stimmen der Gesellschafter auch nach verschiedenen Kapitalerhöhungen und der Umwandlung der GmbH in eine Aktiengesellschaft am 1. Juli 1922. Gleich im September 1920 konnte er in seiner starken Stellung auch erreichen, dass das Anlagevermögen im Zuge einer Kapitalerhöhung um 1,1 auf 3,5 Mio. Mark in die GmbH eingebracht wurde, um die Firma vom Nachlass unabhängiger zu machen.

Aber auch Leo Alport blieb nicht untätig. Er war derselbe Jahrgang wie sein Schwager Oscar Troplowitz. Als Senior der Familie Mankiewicz fühlte er sich jetzt berufen, sich des Nachlasses persönlich anzunehmen. Zu diesem Zweck gab er seine Stellung im polnisch gewordenen Posen auf und zog im Dezember 1920 nach Hamburg um. Ehe sich die Kräfteverhältnisse in der Leitung der GmbH gefestigt hatten, versuchte er als stellvertretender Vorsitzender des Aufsichtsrates neben den verbliebenen vier gleichberechtigten Geschäftsführern in der Firma tätig zu werden. Diese Bemühungen erhielten erst eine andere Richtung, als er die Möglichkeit sah, für die polnischen Erben eigene Interessen unabhängig von der Firma zu verfolgen.

Die Führungsrolle in der Geschäftsführung übernahm dagegen Dr. Willy Jacobson. Er war ein aus Stolp in Pommern gebürtiger Pharmazeut und von Dr. Troplowitz 1914 für die Leitung der ersten Auslandsfabrik in Österreich vorgesehen. Bei Kriegsbeginn im August dieses Jahres wurde er jedoch dienstverpflichtet an das Kaiser-Wilhelm-Institut in Berlin und konnte in den nächsten Jahren nur begrenzt für die Firma tätig werden. Er gehörte 1918 zu den Prokuristen, die an Frau Troplowitz berichteten, und wurde 1920 mit Christoph Behrens einer der vier Geschäftsführer der GmbH. Im August 1921 erreichte er bei Dr. Melchior, dass der Aufsichtsrat ihn zum Vorsitzenden der Geschäftsführung bestellte. In dieser Funktion erwies er sich als ungewöhnlich erfolgreicher Unternehmer. In den Jahren von 1922 bis 1932 entwickelte er eine Auslandsorganisation von 13 Tochtergesellschaften in West- und Osteuropa sowie den USA.

Die Größenordnung der P. Beiersdorf & Co. 1920 am Ende der Ära Troplowitz ist gekennzeichnet durch das in die GmbH eingebrachte Kapital von 3,1 Mio. Mark. Der Umsatz betrug nach dem verlorenen Weltkrieg etwa 8 Mio. Mark. Der ausgewiesene Gewinn belief sich auf 830 000 Mark. Die Firma hatte etwa 500 Mitarbeiter. Neben verschiedenen Pflastern war das bei weitem wichtigste Produkt die nach dem Firmennamen benannte Pebeco-Zahnpasta. Sie war nicht nur in Deutschland als erste Zahnpasta führend, sondern seit 1904 auch in den USA unter einem Herstellungs- und Vertriebsvertrag von der New Yorker Firma Lehn & Fink Inc. sehr erfolgreich eingeführt. Das veranlasste den Alien Property Custodian nach dem verlorenen Ersten Weltkrieg am 24. März 1919, nur dieses Warenzeichen Pebeco zu beschlagnahmen. Die Marke Nivea, unter der seit 1914 auch in den USA eine Hautmilch, Creme und Puder verkauft wurden, war für eine gleiche Maßnahme nicht interessant genug. Noch erstaunlicher ist rückblickend, dass die Firma Lehn & Fink Inc. bereit war, für das Warenzeichen Pebeco und einbehaltene Lizenzen am 24. Juni 1920 1,5 Mio. Dollar an den amerikanischen Staat zu zahlen. Diese Summe entsprach zum damaligen Kurs von 4,20 Mark für 1,00 Dollar 6,3 Mio. Mark, also doppelt so viel wie der Betrag, zu dem in Deutschland das ganze Geschäft der Firma von Dr. Troplowitz auf die neue GmbH übertragen wurde.

Bei dieser Größenordnung kann es nicht verwundern und gehört gleichzeitig zu den Seltsamkeiten der europäischen Geschichte des 20. Jahrhunderts, dass Leo Alport als nunmehr polnischer Bürger, der sein Land gerade für immer verlassen hatte, die Ansicht durchsetzen wollte, Pebeco hätte in den USA gar nicht als deutsches Eigentum beschlagnahmt werden dürfen. Daher müsse der erzielte Kaufpreis den polnischen Erben zurückgegeben werden. Denn der in Posen geborene Dr. Hanns Otto Mankiewicz sei bei Kriegsende 1918 als alleiniger persönlich haftender Gesellschafter der Firma Eigentümer des Warenzeichens gewesen und müsse wie seine Erben als polnischer Staatsbürger behandelt werden. Dr. Melchior und Dr. Jacobson sahen die Möglichkeit eines Erfolges dieser Rechtsauffassung und begrüßten die Möglichkeit, Leo Alport als Vertreter dieser Interessenlage aus einer gleichzeitigen Einflussnahme auf die Geschäftsführung der Firma herauszuhalten.

Ein Bruder von Dr. Melchior nahm sich als Rechtsanwalt des Falles an. Über eine New Yorker Kanzlei gewann er John Foster Dulles für diese Sache, den späteren Außenminister der USA mit schon damals guten Verbindungen zu einflussreichen Regierungsstellen. Den persönlichen Kontakt zwischen den beteiligten Anwaltsfirmen hielt Dr. Jacobson durch zahlreiche Schiffsreisen nach New York. Gleichzeitig verhandelte er direkt mit Lehn & Fink über eine wieder gemeinsame Nutzung von Pebeco, zumal es sich bei dem Wort um eine Abkürzung des Firmennamens handele, die nur mit Zustimmung der P. Beiersdorf & Co. verwandt werden dürfe.

Die Angelegenheit zog sich über Jahre hin. Sie war aber am Ende erfolgreich. Der Alien Property Custodian musste die von Lehn & Fink Inc. vereinnahmten 1,5 Mio. Dollar an den Nachlass Troplowitz/Mankiewicz in Raten zurückzahlen. Aufgrund einer von Dr. Jacobson mit den Erben getroffenen Vereinbarung erhielt die Firma Beiersdorf von diesem Betrag 500 000 Dollar zweckgebunden für den Wiederaufbau des Geschäfts in den USA. Da das Warenzeichen Pebeco inzwischen an Wert verloren hatte, wurde die Summe als Werbezuschuss für die Einführung der Nivea Creme eingesetzt. Die Anwaltskosten und amerikanische Steuern auf die anteiligen Lizenzen zehrten ein weiteres Drittel auf. Trotzdem setzte die erstrittene Entschädigung die Erben in die Lage, sich an den Kapitalerhöhungen von Beiersdorf in den zwanziger Jahren zu beteiligen.

Die weitere unternehmerische Leistung von Dr. Jacobson schildert das nächste Kapitel. Sie stellte einen ganz neuen Abschnitt der Unternehmensgeschichte dar. Denn der Umfang des 1920 in die GmbH eingebrachten Geschäfts der Firma von Dr. Troplowitz war als Folge des verlorenen Ersten Weltkriegs begrenzt. Die weitere Entwicklung wurde durch die Zuführung neuen Kapitals seitens der Warburg Bank und anderer Anleger ermöglicht sowie durch ein System der Fremdfinanzierung, das Dr. Jacobson Ende der zwanziger Jahre in Anbetracht der wirtschaftlichen und politischen Entwicklung in Deutschland einsetzte.

Nach der Machtergreifung der Nationalsozialisten im Januar 1933 war schnell klar, dass eine Beherrschung namhafter Gesellschaften durch jüdische Inhaber oder Vorstands- und Aufsichtsratsmitglieder schwer haltbar sein würde. Trotzdem war die Beurteilung der zu erwartenden Entwicklung seitens der Betroffenen unterschiedlich, wie die Partner des Bankhauses Warburg beweisen. Max Warburg hielt den staatlich betriebenen Antisemitismus für eine vorübergehende Erscheinung, von der man sich nicht einschüchtern lassen sollte. Noch im Januar 1938 eröffnete er mit anderen jüdischen Mitbürgern die heutigen Hamburger Kammerspiele nach einem aufwendigen Umbau als jüdisches Gemeinschaftshaus mit einem Theater und einem Vortragsraum, um ein Zeichen zu setzen, dass sie sich nicht einschüchtern ließen. Erst Ende 1938 entschloss sich auch Max Warburg zur Emigration in die USA. Erst 1941 wurde der Name der Bank in Brinckmann, Wirtz & Co. umbenannt.

Dr. Melchior vertrat den entgegengesetzten Standpunkt. Er schätzte Hitlers Rassenwahn richtig ein. Gleich nach der nationalsozialistischen Machtergreifung im Januar 1933 setzte er sich mit Nachdruck dafür ein, jüdischen Mitbürgern die Auswanderung zu ermöglichen. Für sich selbst bereitete er seinen Umzug nach London vor. Er starb jedoch bereits im Dezember dieses Jahres im Alter von 62 Jahren. Seine pessimistische Einschätzung der Lage wurde vom gesamten Vorstand und Aufsichtsrat von Beiersdorf geteilt.

Im ersten Aufwallen der von der Partei geschürten antisemitischen Emotionen versuchte besonders eine Hamburger Konkurrenz sich Vorteile zu verschaffen mit der Parole: »Kauft keine jüdische Nivea Creme – Lovana Creme ist rein deutsch«. Andere Firmen folgten mit ähnlichen Boykottaufrufen. Unter diesem Eindruck schieden Dr. Jacobson und zwei weitere jüdische Vorstandsmitglieder schon im April 1933 aus ihren Ämtern. Dr. Jacobson ging nach Holland und setzte von dort die Steuerung der von ihm aufgebauten Auslandsorganisation fort.

Für die Leitung des in Deutschland verbleibenden Geschäfts fand sich eine glückliche Lösung. Der dem Aufsichtsrat seit 1920 als Vertreter seiner Frau, einer der beiden Nichten von Dr. Troplowitz, angehörende Carl Claussen war als »Arier« nicht belastet, ehemaliger Marineoffizier und nach dem Ersten Weltkrieg Kaufmann geworden. Als Generalimporteur von Firestone-Reifen tätigte er in den zwanziger Jahren gute Geschäfte. Nach der Wirtschaftskrise von 1930 trennte er sich jedoch vom Reifenimport, an dem sich nichts mehr verdienen ließ. So konnte er direkt in den verkleinerten Vorstand der P. Beiersdorf & Co. AG in Hamburg wechseln.

Im Aufsichtsrat musste für die Nachfolge von Dr. Melchior eine Lösung von außen gefunden werden. Max Warburg hatte im Plenum der Handelskammer den Eindruck gewonnen, dass mein Vater Hans E. B. Kruse am besten in der Lage sein würde, Beiersdorf über die kommenden Jahre hinwegzubringen. Auch Dr. Melchior kannte ihn durch ihre Mitgliedschaft im gleichen Rotary Club. Daher bat er ihn auch aus eigener Überzeugung, seine Schlüsselrolle bei

Beiersdorf zu übernehmen. Mein Vater willigte ein, ohne einschätzen zu können, worauf er sich bei der unsicheren Zukunft eines jüdischen Unternehmens in der damaligen Situation einließ.

Im Juni 1933 gaben Dr. Melchior und Leo Alport ihre Stellung als Vorsitzender und stellvertretender Vorsitzender des Aufsichtsrates auf. Gleichzeitig wurde Hans E.B. Kruse neu in das Gremium gewählt, dem ab April 1934 auch Dr. Rudolf Brinckmann als Vertreter von M.M. Warburg und stellvertretender Vorsitzender angehörte. Die von Dr. Melchior vertretenen Aktien mit 25-fachem Stimmrecht wurden gleich im April 1933 durch Tausch gegen eigene Aktien der Firma neutralisiert. Auch wenn das Mehrfachstimmrecht auf diese Weise ruhte, lag die dadurch geschaffene starke Position des Vorsitzenden in Zukunft bei meinem Vater, der keiner Aktionärsgruppe angehörte. Die bevorrechtigten Aktien wurden erst 1966 im Rahmen einer Kapitalerhöhung abgeschafft.

Auf diese Weise erfolgte innerhalb von wenigen Monaten eine »Arisierung« von Beiersdorf, bei der sich an der Eigentümerstruktur grundsätzlich nichts änderte und kein Aktionär materielle Einbußen erleiden musste. Den Angriffen auf die jüdische Firma war trotzdem schnell die Grundlage entzogen. Im Gegensatz zur Aussage über 1932 heißt es im folgenden Geschäftsbericht: »Im Jahre 1933 konnten wir mit gutem Erfolg arbeiten«, und über das Geschäftsjahr 1934 war zu lesen: »Unsere Erwartungen haben sich insofern erfüllt, als eine beachtliche Steigerung des Gesamt-Umsatzes erreicht werden konnte. Wir haben im Berichtsjahr über 100 Neueinstellungen vorgenommen.« So blieb es auch in den nächsten Jahren bis zum Kriegsausbruch 1939. Die geschilderte Kampagne unmittelbar nach der nationalsozialistischen Machtergreifung zeitigte daher für das Geschäft keine negative Auswirkung. Sie sollte nicht überschätzt werden.

Persönlich betroffen waren natürlich die von ihren Ämtern zurückgetretenen Herren, besonders Dr. Jacobson. Er musste zum 1. Juli 1938 auch die Leitung der Auslandsfirmen abgeben, wurde mit 54 Jahren Frühpensionär und war gezwungen, sich nach Los Angeles in die USA zurückzuziehen. Dort lebte er bis 1963. Seine von ihm selbst festgelegte Pension übernahmen die nach dem Krieg zahlungsfähig gebliebenen Auslandsgesellschaften. Von den beiden anderen im April 1933 zurückgetretenen Vorstandsmitgliedern starb der schwer kranke Dr. Hans Gradenwitz schon im Mai des gleichen Jahres. Er hatte schon zu den wichtigsten Mitarbeitern von Dr. Troplowitz gehört. Dr. Eugen Unna, der nur in Anerkennung der Verdienste seines Vaters, Professor Paul Gerson Unna, in die Geschäftsführung aufgenommen worden war, blieb unter Aufrechterhaltung seiner Pensionsansprüche als Chemiker in der Firma tätig und kehrte von 1945 bis 1947 bis zur Vollendung seines 62. Lebensjahres in den Vorstand zurück. Leo Alport verstarb 1935 mit 72 Jahren. Seine Witwe, die Schwester von Frau Troplowitz, emigrierte 1937 nach Oxford in England. In diesem Zusammenhang verkaufte sie ihren Kapitalanteil durch Vermittlung von M.M. Warburg. Der größere Teil dieser Aktien bildete den Kern der Beteiligung der Maizena GmbH an Beiersdorf, die 1939 zum Eintritt von Erwin Dircks in den Aufsichtsrat der Firma führte.

Die Maizena war eine Tochtergesellschaft der US-amerikanischen Corn Products Company CPC. Aufgrund der Devisenbeschränkungen im Dritten Reich konnten von ihr keine Gewinnausschüttungen an die Muttergesellschaft vorgenommen werden. Diese Gelder setzte Erwin Dircks als Generaldirektor der Firma ein, um die Beiersdorf-Beteiligung zu erwerben. Nach dem Krieg, genauer nach der Währungsreform von 1948, wollte die amerikanische Eigentümerin jedoch die zwangsläufig einbehaltenen Gewinnanteile nachträglich ausgeschüttet erhalten. Diese Ansprüche in Verbindung mit der Notwendigkeit, 1952 eine neue Fabrik für die Maizena-Produkte in Krefeld zu bauen, führten dazu, dass die Allianz Versicherung AG das Aktienpaket der Maizena übernahm und im Laufe der folgenden Jahre zur größten Einzelbeteiligung an Beiersdorf ausbaute.

Nicht zuletzt um seine schützende Hand in den Jahren des Nationalsozialismus über Beiersdorf halten zu können, ließ Hans E. B. Kruse sich 1935 in das Präsidium der Handelskammer wählen, die 1942 für die letzten drei Kriegsjahre von der Gauwirtschaftskammer abgelöst wurde. Aufgrund dieser Stellung konnte er erreichen, dass keines der vier nach 1933 tätigen Vorstandsmitglieder durch eine dem Regime ergebene Person ersetzt werden musste. Dabei hatten sogar zwei von ihnen jüdische Frauen, und alle vier waren wie er selbst nicht der Partei beigetreten. Der im Markt deutlich wahrnehmbare Erfolg der Firma in Verbindung mit der gleichfalls feststellbaren Zurückhaltung von Aufsichtsrat und Vorstand gegenüber der nationalsozialistischen Partei veranlasste einige ihrer Funktionäre und namhafte Konkurrenzfirmen immer wieder, auf die früher jüdische Beherrschung von Beiersdorf zurückzukommen, um daraus Vorteile für die NSDAP oder das eigene Unternehmen zu ziehen.

Das geschah nicht mehr durch öffentliche Demonstrationen wie Anfang 1933, sondern durch immer neuen Druck seitens staatlicher Stellen und Parteiinstanzen. Die Forderung, den bestehenden Zustand zu ändern, wurde nicht nur in Hamburg, sondern auch seitens der Gestapo in Berlin erhoben. Ihre Abwehr erforderte jeweils den Einsatz von Hans E. B. Kruse in seiner Unabhängigkeit und mit dem Rückhalt, den ihm das für Hamburg auch damals wichtige Präsidium der Handelskammer als Vertretung der Kaufmannschaft gab. Sie hatte keinen Eid auf den Führer geleistet und trat mehrheitlich nicht für die nationalsozialistische Ideologie ein, auch wenn einige ihrer Vertreter der Partei beigetreten waren. Zu Hilfe kam meinem Vater dabei, dass in diesen Jahren das Erscheinungsbild von Nivea mit der fröhliche Menschen zeigenden Werbung und dem Zusatz auf den blauen Dosen »Für Haus und Sport« ganz dem Zeitgeist von »Glaube und Schönheit« entsprach, den das herrschende Regime propagierte. Nach 1939 war die Pflasterproduktion darüber hinaus kriegswichtig.

Lediglich in den letzten Monaten des Krieges war es erforderlich, dass Carl Claussen sich krankschreiben ließ und seine 1937 aufgrund des neuen Aktiengesetzes herausgehobene Stellung als Vorsitzender des Vorstands bis zum 7. Mai 1945 nicht ausüben konnte. In dieser turbulenten Zeit blieb das jedoch weitgehend unbemerkt. Seine Stelle als »Betriebsführer« übernahm für diese Monate Dr. Alfred Simon. Er war von 1930 bis 1958 für die Entwicklung und Produktion im Vorstand verantwortlich und gehörte anschließend dem

Aufsichtsrat an. Er war eine in der ganzen Firma beliebte Persönlichkeit. Die gemeinsam durchstandenen Jahre des Dritten Reiches führten zu einer besonderen Verbundenheit zwischen Hans E. B. Kruse und der Familie Claussen, die 1952 durch die Berufung von Georg W. Claussen in den Vorstand und 1957 zu dessen Vorsitzendem als Nachfolger seines Vaters zum Ausdruck kam.

Durch die enge Zusammenarbeit mit meinem Vater konnte ich nach der Währungsreform verfolgen, welche größeren Möglichkeiten eines kontinuierlichen Aufbaus das Markenartikelgeschäft bot gegenüber einem Handelshaus, das jedes Jahr seinen größten Umsatz mit anderen Artikeln in wechselnden Märkten tätigte. Aus diesem Grund fing ich an, mich mit dem Wesen des Markenartikels näher zu befassen. Seit 1958 gehörte ich dem gleichen Rotary Club an, in dem auch mein Vater und Georg W. Claussen Mitglieder waren. Das gab mir die Möglichkeit, dort am 11. Januar 1961 einen Vortrag über »Die Dynamik des Markenartikels« zu halten. Darin versuchte ich, seine Rolle beim Ringen zwischen Hersteller, Handel und Konsument um die Vormachtstellung im Wirtschaftsleben nach Hegels dialektischer Methode darzustellen. Die Dynamik dieses Prozesses ergibt sich daraus, dass jeder vorherrschende Zustand als These von einer Antithese abgelöst und schließlich von einer Synthese aufgehoben wird in der dreifachen Bedeutung von »aufheben«: nämlich eine Sache auf eine höhere Ebene heben, sie außer Kraft setzen und sie gleichzeitig aufbewahren. Nach dieser philosophischen Sichtweise bedeutet jeder Wandel im Marktgeschehen die Überwindung eines vorherigen Zustands, ohne je zu einem dauerhaften Endstand zu kommen, wenn andere Kräfte sich im Wettbewerb neu formieren und die Oberhand gewinnen.

Fünf Tage nach diesem Vortrag, der im Club eine freundliche Aufnahme fand, flog ich wieder nach Westafrika. Dort erreichte mich keine zwei Wochen später in Abidjan die Nachricht, dass Georg Roesner ganz unerwartet im Alter von 60 Jahren gestorben sei. Er war der Leiter der Vorkriegsgesellschaft in Jugoslawien und seit 1956 das für das Auslandsgeschäft von Beiersdorf zuständige Vorstandsmitglied. Auf ein solches Ereignis war die Firma nicht eingestellt. Es musste wie bei der Nachfolge von Dr. Melchior kurzfristig eine Lösung von außen gefunden werden. Dabei war es 1961 noch nicht üblich, derartige Führungskräfte durch einen Personalberater suchen zu lassen.

Daher trat schnell die Frage an mich heran, ob ich die Aufgabe übernehmen, sowie an Hans E.B. Kruse, ob er diesem Wechsel zustimmen würde. Was Letzteres betrifft, sah mein Vater mit mir die Größe der Aufgabe und fühlte sich der Zukunft von Beiersdorf ebenso verpflichtet wie der seiner eigenen Firma. Daher konnte ich meinerseits die Herausforderung annehmen, ohne die familiären Erwartungen zu sehr zu enttäuschen. Wenn mir auch jede Industrie-Erfahrung, insbesondere in der verbraucherorientierten Chemie, fehlte, hatte ich durch meinen Vortrag doch jedenfalls mein Interesse für das Geschäft mit Markenartikeln gezeigt. Um alle anfänglichen Bedenken von Georg W. Claussen auszuräumen, schlug ich ihm vor, mir die Gelegenheit zu geben, ohne Vertrag und ohne Vergütung in mehreren Monaten die ganze Firma kennen zu lernen. Anschließend könnten wir besser entscheiden, ob ich zu Beiersdorf wechseln solle oder nicht. Dieses für beide Seiten weitgehend risikofreie Verfahren wurde am 70. Geburtstag meines Vaters vereinbart. Gut zwei Wochen später, an meinem 35. Geburtstag, begann ich meine Tätigkeit bei Beiersdorf. Da der Tag auf den letzten Arbeitstag vor Pfingsten fiel, war der 23. Mai 1961 mein erster Arbeitstag.

Die Entwicklung von Beiersdorf 1920–1961

Das Geschäft, das die neue P. Beiersdorf & Co. GmbH 1920 übernahm, setzte sich etwa zur Hälfte aus verschiedenen Pflastern, insbesondere Leukoplast, sowie Körperpflegemitteln, vor allem der Pebeco-Zahnpasta, zusammen. Das zuerst genannte Sortiment wurde 1922 durch die verbraucherfreundlichen Hansaplast-Wundverbände und 1928 durch das an das erste Produkt von Beiersdorf anknüpfende ABC-Rheuma-Pflaster erfolgreich ergänzt. Um ein drittes Standbein der Firma zu schaffen, unterhielt Dr. Jacobson eine enge Verbindung zu Professor Carl Mannich, dessen Digitalis-Forschung 1928 zu einem für die damalige Herztherapie bahnbrechenden Erfolg führte, dessen wirtschaftliche Verwertung er Beiersdorf übertrug.

Auf dieser Basis kam 1930 Pandigal auf den Markt. Es wurde 1965 von Novodigal abgelöst, das mehr als zwei Jahrzehnte das in Deutschland am meisten verschriebene Arzneimittel wurde. Dr. Paul Mohs, ein enger Mitarbeiter von Carl Mannich, wechselte 1931 zu Beiersdorf und entwickelte 1937 das Schmerzmittel Temagin, das einige Zeit auch einen nennenswerten Marktanteil erreichte. Dr. Mohs war von 1955 bis 1967 im Vorstand für die Forschung und Entwicklung zuständig. Die genannten pharmazeutischen Produkte stärkten die Stellung von Beiersdorf bei Ärzten und Apothekern. Sie nutzten auch der qualitativ hohen Einschätzung der Körperpflegemittel der Firma.

Die Nivea Creme, deren Name sich vom lateinischen nix, nivis – der Schnee ableitet, ist ein eindrucksvolles Beispiel dafür, dass es beim Markenartikel noch mehr auf das gesamte Erscheinungsbild ankommt als auf das Erzeugnis selbst. Das von Dr. Troplowitz 1911 in einer kosmetisch anmutenden gelbgrünen Dose mit Jugendstilornamenten eingeführte Produkt verkaufte sich in den wirtschaftlich schwierigen Jahren nach dem Ersten Weltkrieg mit Inflation und Währungsverfall immer weniger. So wurde im Mai 1924 der Kundschaft angekündigt, das ganze Sortiment der Nivea-Hauptpflege würde in Zukunft unter der Marke Pebeco fortgeführt, »um unsere Reklame auf eine einheitliche Marke zu konzentrieren«. So sinnvoll es auch aus heutiger Sicht erscheint, mehrere Produkte unter dem stärksten Warenzeichen zusammenzufassen, wäre es doch der größte Fehler in der Firmengeschichte geworden.

Es ist Dr. Jacobson und seinem Werbeleiter Juan Gregorio Clausen zu verdanken, dass dieser Beschluss rückgängig gemacht wurde. Stattdessen kam 1925 die ganz unkosmetisch wirkende blaue Dose nur mit dem einprägsamen NIVEA-Schriftzug in der schneeweißen Farbe des Inhalts auf den Markt. Diese neuartige Präsentation einer Hautcreme für die ganze Familie zu Haus und im Freien begann damit ihren im Lauf der folgenden Jahrzehnte weltweiten Siegeszug. Dieses kontinuierlich weiterentwickelte, aber nie grundsätzlich veränderte Markenbild sollte den Wert der Firma Beiersdorf immer ausschließlicher bestimmen. Nivea-Sonnenschutz und -Kinderpflegemittel ergänzten das Sortiment.

Das von Dr. Troplowitz aufgebaute Auslandsgeschäft war durch den verlorenen Weltkrieg weitgehend zerschlagen. Das 1906 in England eingerichtete erste Verkaufsbüro außerhalb Deutschlands wurde beschlagnahmt. Die erste 1914 in Österreich zur Aufnahme einer eigenen Produktion gegründete Gesellschaft konnte ihre Tätigkeit kriegsbedingt noch nicht beginnen. Das wichtigste in den USA von Lehn & Fink als Lizenznehmer getätigte Geschäft war auch verloren. Die bereits geschilderten Bemühungen, dort wieder Fuß zu fassen, nahmen die meiste Zeit von Dr. Jacobson in Anspruch. Sie führten 1921 zur Gründung der Beiersdorf Inc. in New York. Ihr Kapital von 10 000 Dollar wurde treuhänderisch von Herman A. Metz gehalten. Seine H. A. Metz Laboratories in New York hatte Dr. Jacobson als zukünftige Partner in den USA ausgesucht. Die Beiersdorf Inc. sollte vorhanden sein, um in die Auseinandersetzungen um das Pebeco-Warenzeichen mit einer eigenen Firma eingreifen zu können, wenn es erforderlich würde.

In ähnlicher Weise wurde 1921 auch in Holland eine Pebeco N.V. zum Rückerwerb des in England beschlagnahmten Verkaufsbüros gegründet, da dies von Deutschland aus nicht zugelassen war. Diese Bemühungen blieben jedoch erfolglos. Erst 1932 konnte die inzwischen umbenannte holländische Beiersdorf N.V. für den Aufbau eines eigenen Geschäfts in den Niederlanden eingesetzt werden.

Offensichtlich misstraute Dr. Jacobson der politischen

Entwicklung in Deutschland schon vor 1933. Daher forcierte er mit der interessierten Unterstützung von Dr. Melchior den Aufbau einer eigenen Auslandsorganisation, indem er 9 der 13 so genannten »Ringfirmen« in nur drei Jahren von 1929 bis 1931 gründete. Die für diesen Kraftakt erforderlichen Bankkredite nahm er überwiegend nicht für die Beiersdorf AG in Hamburg auf, sondern für Treuhandaktionäre in den betreffenden Ländern bzw. für die Beiersdorf Inc. in den USA oder die Pilot AG in der Schweiz, die eine besondere Bedeutung bekommen sollte. Kreditgeber war die dem Bankhaus Warburg eng verbundene Bank of Manhattan Company, die frühere International Acceptance Bank in New York. An diese Bank wurden im Gegenzug die Aktien der wichtigsten Auslandsgesellschaften in den USA, England, Frankreich, Holland und der Schweiz als Sicherheit verpfändet. Auf diese Weise blieb der Aufbau der Auslandsorganisation in Westeuropa weitgehend jenseits der deutschen Devisenbewirtschaftung, die nach der Machtergreifung der Nationalsozialisten von der Reichsregierung rigoros gehandhabt wurde.

Nach 1933 war die Führung von Beiersdorf in zwei weitgehend voneinander unabhängige Einheiten aufgeteilt. Dabei konnte Dr. Jacobson das Gefühl haben, dass die 13 Auslandsfirmen, deren Leitung er nach Holland mitnahm, nur teilweise oder indirekt Eigentum der Beiersdorf AG in Hamburg waren. Neben der bereits 1914 gegründeten Tochtergesellschaft in Österreich lagen sechs dieser Firmen in Osteuropa, nämlich in Polen, der Tschechoslowakei, Ungarn, Rumänien, Jugoslawien und Lettland. Die wichtigste von ihnen war die polnische Pebeco SA. in Posen.

Das ergab sich schon aus dem Interesse der aus dieser Stadt stammenden Erben Mankiewicz, die sich in den zwanziger Jahren den größten Teil des Nachlasses von Dr. Troplowitz sichern konnten. Die weiteren sechs Ringfirmen lagen in der Schweiz, den Niederlanden, in Frankreich, Italien, England und den USA. Die Zuständigkeit der P. Beiersdorf & Co. AG in Hamburg war dagegen weitgehend auf das deutsche Geschäft, den Export und die Lizenznehmer in verschiedenen europäischen und überseeischen Ländern begrenzt.

Natürlich stellte sich schnell die Frage, welche organisatorische Verklammerung zwischen der Hamburger Muttergesellschaft und den ausländischen Ringfirmen geschaffen werden könne. Die Beteiligten entschieden sich für einen Dreierausschuss, bestehend aus Hans E. B. Kruse, Dr. Jacobson und Carl Claussen, der bald um Dr. Brinckmann und Christoph Behrens erweitert wurde. Dieser Verwaltungsausschuss traf sich vierteljährlich an wechselnden Orten in Europa zur Abstimmung gegenseitiger Lieferungen und Erfüllung der vielseitigen Devisenvorschriften in den beteiligten Ländern. Es herrschte dabei das Prinzip weitgehender Selbständigkeit der einzelnen Gesellschaften. Eine Einflussnahme der Muttergesellschaft auf das Geschehen in den Auslandsfirmen gab es nachhaltig nicht. Durch den Anschluss Österreichs, den deutschen Zugriff auf die Tschechoslowakei, die russische Besetzung Lettlands und die folgenden Kriegsereignisse verloren alle sieben im östlichen Europa gelegenen Gesellschaften ihre Selbständigkeit. Sie wurden zwischenzeitlich von Hamburg übernommen, gingen im Verlauf des Krieges bis 1945 jedoch sämtlich verloren. Abgesehen von Österreich konnte das Auslandsgeschäft in all diesen Ländern erst nach dem Zusammenbruch des kommunistischen Systems 1989 in eigener Verantwortung neu begonnen werden.

Eine weit größere Bedeutung bekam die Entwicklung der sechs im Westen gelegenen Ringfirmen. Sie verlief sehr unterschiedlich. Nach Anfangsverlusten bei eigenem Vertrieb hatte sich Dr. Jacobson in mehreren Ländern dafür entschieden, dass die jeweilige Beiersdorf-Gesellschaft nur die Inhaberin der Warenzeichen und teilweise auch der Produktionseinrichtungen war. Das eigentliche Geschäft tätigten dagegen selbständige Firmen. Der auf diese Weise leichter erzielbare Gewinn wurde nach vorheriger Verrechnung aller Kosten geteilt. Dr. Jacobson konnte als Präsident der Beiersdorf-Töchter in der Schweiz, in Frankreich und den USA mit den Inhabern der Partnerfirmen in diesen Ländern die Kalkulationen seinerseits beeinflussen und die Ergebnisse überwachen. Beiersdorf Hamburg war in der Regel durch eine umsatzabhängige Lizenzgebühr für die chemische, technische und werbliche Beratung am Geschäftsverlauf beteiligt.

Schwierig wurde die Lage, als Dr. Jacobson im Herbst 1938 auch seine Stellung an der Spitze der Ringfirmen aufgeben musste. Eine Rückverlagerung seiner Zuständigkeiten nach Hamburg schied in der damaligen politischen Situation aus. Vielmehr war es nahe liegend, diese Schlüsselrolle seinem Nachfolger als Präsident der Schweizer Beiersdorf-Firma zu übertragen. Diese Pilot AG war schon 1919 für den Aufbau des Geschäfts in der Schweiz gegründet worden, als Beiersdorf noch eine Personengesellschaft war. Das eingezahlte Kapital betrug nur 30000 Schweizer Franken. Ein größerer Kapitalbedarf bestand nicht, zumal das Geschäft in der Schweiz seit 1922 an die Baseler Produktions- und Großhandelsfirma Doetsch, Grether & Cie. übertragen war. Der aus Deutschland stammende Partner Richard Doetsch war bereits seit 1923 Mitglied des Verwaltungsrates der Pilot AG. Daher gab es keine bessere Alternative, als dass er 1939 den Vorsitz dieser Gesellschaft von Dr. Jacobson übernahm, auch wenn er dadurch die Preise und Konditionen für das Schweizer Geschäft einseitig zwischen der Pilot AG und seiner Doetsch, Grether & Cie. festlegen konnte.

Darüber hinaus bot es sich an, diese Schweizer Firma nach vermeintlicher Zweckmäßigkeit jeweils zur Treuhänderin oder Eigentümerin der unabhängig von Beiersdorf Hamburg finanzierten Anteile an den Auslandsgesellschaften in den USA, England, Frankreich und Italien zu erklären. Dabei bestand zunächst Einigkeit mit Richard Doetsch, dass er die damit verbundenen Aufgaben der Pilot AG nur treuhänderisch für die eigentliche Muttergesellschaft in Hamburg wahrnehmen sollte. In den weiteren Ländern, in denen er gleichfalls die Präsidentschaft der dortigen Beiersdorf-Gesellschaften übernahm, konnte er diese Rolle natürlich erst recht nicht so sachdienlich wahrnehmen wie Dr. Jacobson, der die jeweiligen Verhältnisse geschaffen hatte und daher in allen Einzelheiten kannte.

Besonders in den USA ergab sich das gleiche Problem wie in der Schweiz. Schon aufgrund der räumlichen Entfernung sah Richard Doetsch als Präsident der Beiersdorf Inc. keine andere Möglichkeit, als Dr. Carl Herzog, den Eigentümer der inzwischen das amerikanische Geschäft tätigenden Duke Laboratories, zu bevollmächtigen, seine

Aufgaben für ihn wahrzunehmen. Damit war die Preis- und Gewinngestaltung des Beiersdorf-Geschäfts in den USA allein Dr. Herzog überlassen. Spätestens nach dem Eintritt seines Landes in den Krieg konnte er im Hinblick auf die zu erwartende Beschlagnahme der Beiersdorf Inc. ihren Gewinnanteil niedrig halten, um in der eigenen Firma die nötigen Geldmittel anzusammeln, mit denen er später die wertvollen Warenzeichen wie Nivea und Eucerin von der amerikanischen Regierung erwerben konnte.

In Frankreich lag das Geschäft nach dem gleichen Modell bei Jacques Peloille und seinen Laboratoires Peloille. Aber dort gab es neben Dr. Jacobson bis 1938 und anschließend neben Richard Doetsch als Präsidenten der Beiersdorf S.A. mit Henri Grünstein einen von Hamburg entsandten Geschäftsführer, dessen Aufgabe es war, die Interessen von Beiersdorf gegenüber den Laboratoires Peloille vor Ort zu vertreten. Er hatte die türkische Staatsangehörigkeit und änderte Ende der vierziger Jahre seinen Namen in Henri Gustin. Von ihm wird noch die Rede sein.

In Italien tätigte die Beiersdorf S.p.A. die Produktion und den Vertrieb selbst. Sie stand seit ihrer Gründung 1931 unter der Leitung von Dr. Willy Zimmermann. Er war Schweizer Bürger geblieben und verstand sich gut mit seinem Landsmann Richard Doetsch. Es fiel ihm daher leicht, die Beiersdorf S.p.A. zu einer Schweizer Firma zu erklären, deren Kapitalinteressen von der Pilot AG wahrgenommen würden. Um keine Verbindung zur deutschen Beiersdorf AG in Erscheinung treten zu lassen, wurde die italienische Gesellschaft nach Kriegsende von ihm in Laboratori Cosmochimici umbenannt. Gleichzeitig bestand er darauf, dass keinerlei persönliche Verbindung mit Bevollmächtigten von Beiersdorf Hamburg unterhalten würde. Diese Verhaltensweise war für Hamburg zwar unbefriedigend, doch konnte Dr. Zimmermann so erreichen, dass die italienische Firma nicht als deutsches Eigentum beschlagnahmt wurde. Das wäre bis zum Inkrafttreten des Vertrages über die Europäische Wirtschaftsgemeinschaft von 1957 noch möglich gewesen.

In Holland war die Rolle von Richard Doetsch und der Pilot AG durch die deutsche Besetzung des Landes in 1940 begrenzt. Den Vorsitz des Aufsichtsrates als Repräsentant der Anteilseigner der holländischen Beiersdorf N.V. übernahm zunächst der Rechtsanwalt der Gesellschaft R.V. Bakker und später Dr. D.A. Delprat. Er war langjähriger Präsident der Handelskammer Amsterdam. Beide traten dafür ein, dass die Firma als ein holländisches Unternehmen in Erscheinung trat. Die Leitung der niederländischen Firma hatte Dr. Jacobson schon Mitte der dreißiger Jahre an Jan Dapper und Emil Stuhlmacher übergeben. Letzterer war zunächst als Deutscher von Hamburg nach Holland entsandt. Er konnte aber nach Kriegsende die holländische Staatsbürgerschaft annehmen. Beide waren mit dem Konzept von Dr. Jacobson vertraut, aufgrund der politischen Gegebenheiten die Geschäfte möglichst unabhängig von der deutschen Muttergesellschaft zu führen.

In diesem Sinne war 1934 in Schweden eine weitere Firma als Tochter der Beiersdorf N.V. gegründet worden. Sie wurde nach dem vorherigen Vertreter AB A. Sandstrøm benannt. Diese national wirkende Namensgebung konnte jedoch nicht verhindern, dass auch die im Krieg neutral gebliebene schwedische Regierung 1947 zunächst die Warenzeichen Nivea und Hansaplast sowie 1948 auch die Firma selbst mit den weiteren Marken beschlagnahmte. Ende 1949 wurden diese deutschen Werte zum Verkauf gestellt, ohne dass Beiersdorf Hamburg als Käufer auftreten durfte. Den Zuschlag bekam vielmehr der dortige ursprünglich von Hamburg entsandte, inzwischen aber naturalisierte Geschäftsführer Sven Harald Kierkemann. Da er allein den Kaufpreis von 650 000,– Mark nicht aufbringen konnte, beteiligte er seinen Freund, Dr. Philip Lindstedt, einen Professor der Betriebswirtschaft und Wirtschaftsprüfer, mit 50 % an der Firma.

Außerhalb der Zuständigkeit von Richard Doetsch blieb bald auch die Beiersdorf Ltd. in Welwyn Garden City in England. Sie war 1931 durch Dr. Jacobson von der Beiersdorf Inc. von New York aus gegründet worden. Ihrerseits hatte sie 1933 eine weitere Tochtergesellschaft in Finnland unter dem Namen OY Beiersdorf AS in Åbo, dem heutigen Turku, errichtet. Bei Kriegsausbruch wurde der deutsche Geschäftsführer der Beiersdorf Ltd. gleich interniert. Bei den englischen Behörden bestanden aber Zweifel, ob es sich um eine deutsche Firma handelte. Von der weiteren Geschäftsleitung wurde sie 1940 vorsorglich in Herts Pharmaceuticals Limited umbenannt. Erst 1947 wurde sie dem Custodian of Enemy Property unterstellt und 1950 unter Ausschluss deutscher Interessenten zum Kauf angeboten.

Richard Doetsch verfolgte die Entwicklung in den einzelnen Ländern, für die er als Präsident der Pilot AG und der amerikanischen Beiersdorf Inc. zuständig wurde, mit Unbehagen. Er sah für sich voraus, als Treuhänder für die Beiersdorf AG in Hamburg nur verlieren zu können, wie auch immer der Krieg ausging. Siegten die Alliierten, würde das deutsche Eigentum überall beschlagnahmt und ging entsprechend verloren. Siegten die Achsenmächte, fürchtete er noch mehr einen Zugriff der deutschen Behörden, denen sich die Ringfirmen unter Dr. Jacobson entzogen hatten. Schon vor der Besetzung Dänemarks, der Benelux-Länder und Frankreichs war die Sorge der Schweizer Bürger allgemein groß, dass auch ihr Land von Deutschland besetzt würde.

In dieser Situation wollte Richard Doetsch aus seiner delikaten Rolle als zweifacher Treuhänder für die P. Beiersdorf & Co., Hamburg, und für die sich weitgehend unabhängig fühlenden Ringfirmen in der Nachfolge von Dr. Jacobson heraus. Vor allem wollte er Eigentümer der für das Geschäft seiner Firma vorrangig wichtigen Schweizer Warenzeichen werden und so verhindern, dass diese eines Tages beschlagnahmt und seiner Verfügungsgewalt entzogen werden könnten. Nach Beratung mit Dr. Harald Matthiessen, dem Vorstandsmitglied der Deutschen Warentreuhand AG und Wirtschaftsprüfer der Hamburger Gesellschaft seit ihrer Gründung 1922, der mit den Gegebenheiten bestens vertraut war, bestand keine Möglichkeit, die für die Schweiz maßgeblichen Warenzeichen, insbesondere Nivea, von dem Firmenmantel der Pilot AG in der Kürze der Zeit und notwendigen Diskretion zu trennen.

In der Zwangslage, auf Richard Doetsch als Präsidenten der Pilot AG in der seit Kriegsbeginn entstandenen Lage nicht verzichten zu können, schloss die P. Beiersdorf & Co. mit Zustimmung von Hans E.B. Kruse für den Verwaltungsausschuss am 24. Februar 1940 in Basel mit ihm einen Vertrag, nach dem er den bisher treuhänderisch von ihm gehaltenen Besitz der Aktien der Pilot AG lediglich für ihr eingezahltes Nominalkapital von 30 000 Schweizer Franken als sein persönliches Eigentum erwarb. Dieser Vertrag stellte gleichzeitig klar, dass sich an den Treuhandverhältnissen gegenüber den anderen Ringfirmen nichts ändern sollte und die »Ausübung der Treuhänderschaft seitens der Pilot AG zwar nach bestem Wissen und Gewissen, aber unverbindlich erfolgt«. Darüber hinaus erhielt die P. Beiersdorf & Co. das Recht, die Aktien der Pilot AG jederzeit zum gleichen Preis von 30 000 Schweizer Franken zurückzuerwerben. Diese von ihm mit bindender Wirkung auch für seine Erben unterzeichnete Verpflichtung sah Richard Doetsch nach dem Krieg als hinfällig an, nachdem er den alliierten Behörden gegenüber eidesstattlich erklärt hatte, die Pilot AG sei sein vorbehaltloser Besitz geworden. Es mag ihm zugute gehalten werden, dass er damit eine Beschlagnahme und vermeintlich einen endgültigen Verlust als deutsches Eigentum verhindern wollte. Damit er sich nicht eines Meineids schuldig machte, musste die Wirklichkeit hinfort seiner Aussage angepasst werden. Auch sein schlechter Gesundheitszustand musste als Begründung dafür herhalten, er habe durch die ihm von Beiersdorf aufgedrängten Pflichten schon genug gelitten.

Es ist heute kaum noch vorstellbar, unter welchem psychischen Druck die damals Verantwortung tragenden Personen handeln mussten. Ich habe Richard Doetsch noch persönlich kennen gelernt. Ich besuchte ihn im Auftrag meines Vaters regelmäßig in den Jahren 1947 und 1948, wenn ich auf dem Weg zum Studium in Fribourg durch Basel kam. Ich kannte damals die Zusammenhänge noch nicht im Einzelnen, aber ich erlebte ihn in seinem Haus in der Paulusgasse, das angefüllt war mit Bildern von Picasso, Feininger, Kandinsky und besonders von Paul Klee, den er im Krieg unterstützt hatte. Seine große Sammlung moderner Kunst wollte er dem Baseler Kunstmuseum vollständig hinterlassen. Seine testamentarische Verfügung konnte jedoch nur teilweise erfüllt werden, denn seine beiden Kinder klagten ihren Pflichtteilsanspruch ein. Als Kunstliebhaber wollten sie die Bilder selbst besitzen. Er brauchte es nicht mehr zu erleben, dass die ihnen zugesprochenen Werke wenig später in einer der großen Auktionen des Kunsthauses Roman Norbert Ketterer in Campione bei Lugano versteigert wurden.

In der geschilderten Weise waren bei Kriegsende 1945 auch die im Westen gelegenen Ringfirmen für die P. Beiersdorf & Co. in Hamburg verloren. Die Lage entsprach derjenigen am Ende des Ersten Weltkrieges, nur in weit größeren Dimensionen. 10 der 13 Ringfirmen waren im kommunistisch gewordenen Ostblock, in den USA, England und Holland mit ihren Tochtergesellschaften in Finnland und Schweden enteignet. Das gleiche betraf viele Warenzeichenrechte, vor allem die wichtigste Marke Nivea, in allen genannten Ländern sowie in Dänemark, Norwegen, Mexiko, Brasilien, Argentinien und allen Staaten, die zum früheren britischen Commonwealth und zum französischen Kolonialreich gehört hatten, um nur die wichtigsten Gebiete zu nennen. Lediglich die drei Gesellschaften in Frankreich, Italien und der Schweiz waren formal nicht beschlagnahmt. Sie waren jedoch im Eigentum von Richard Doetsch, der peinlich darüber wachte, die Rechtmäßigkeit dieses Zustands nicht in Frage stellen zu lassen, nachdem er sich für die Richtigkeit seiner diesbezüglichen Aussagen gegenüber den alliierten Behörden verbürgt hatte.

Es dauerte eine ganze Zeit, bis Richard Doetsch erkannte, dass es wirtschaftlich vernünftig und moralisch notwendig war, die Pilot AG als Inhaberin der schweizerischen Warenzeichen wenigstens auf den Zeitpunkt seines Todes an die Hamburger Beiersdorf AG zurückzuverkaufen. Der Autorität und dem Verhandlungsgeschick von Hans E. B. Kruse ist es im Wesentlichen zu verdanken, dass es 1953 zu einer entsprechenden Vereinbarung kam. Als Richard Doetsch 1958 starb, kehrte die Pilot AG gegen eine Zahlung von 200 000 Schweizer Franken für den Goodwill und 400 000 Schweizer Franken für nicht entnommene Gewinnanteile wieder in den Besitz der Beiersdorf AG zurück. Das entsprach zusammen 580 000 Mark. Aus der Firma Doetsch, Grether & Cie. war Dr. Doetsch schon 1947 im Alter von 70 Jahren ausgeschieden. Sie wurde von Hans Grether, dem Sohn seines Partners, allein fortgeführt. Er hatte schon zeitig ein kreatives Marketing aufgebaut. Besonders nach der Klärung des Eigentums an der Marke Nivea lag die Vermarktung der Kosmetikprodukte von Beiersdorf in der Schweiz bei seiner Firma in den besten Händen. Der 1961 erzielte Umsatz von 4,2 Mio. Mark war der bei weitem höchste aller Lizenznehmer.

Im Vorstand bemühte sich ab 1948 in erster Linie Dr. Hans Bremer als Leiter der Rechtsabteilung um den Rückerwerb des Vorkriegseigentums. Doch seine Anstrengungen, die verbliebenen juristischen Möglichkeiten auszuschöpfen, waren bei der durch die Kriegsereignisse vorbelasteten Sachlage nicht immer hilfreich. Er starb 1957 mit erst

57 Jahren. Von den in Osteuropa als Leiter von Tochtergesellschaften tätig gewesenen Geschäftsführern verdienen zwei, besonders erwähnt zu werden. Ludwig Merckle, der Leiter der tschechischen Fabrik in Aussig, gründete in Blaubeuren die Firma Ratiopharm und wurde mit dem Vertrieb von patentfreien Arzneimitteln, die als Generika bekannt wurden, ungewöhnlich erfolgreich.

Otto Schwarz hatte in Kronstadt in Rumänien einen kleinen Musterbetrieb einschließlich einer eigenen Seifenfertigung aufgebaut. Er fühlte sich dieser Firma so verpflichtet, dass er nicht bereit war, 1944 rechtzeitig vor der russischen Besetzung zu fliehen. So musste er mehrere Jahre die Strapazen des Lebens in einem russischen Gefangenenlager auf sich nehmen. In den Westen heimgekehrt, begann er 1952 unter einfachsten Bedingungen in Salzburg die erste Auslandsproduktion kosmetischer Produkte von Beiersdorf nach dem Krieg in Konkurrenz zu der alten Wiener Fabrik. Diese arbeitete jetzt als Staatsbetrieb in der russisch besetzten Zone Österreichs. Otto Schwarz war mit dieser Initiative Hamburgs in den westlichen Besatzungszonen des Landes erfolgreich. Der österreichische Staatsvertrag von 1955, der die Alpenrepublik wie durch ein Wunder 34 Jahre früher als Deutschland wiedervereinigte, machte es möglich, im folgenden Jahr die alte Beiersdorf GmbH für 5 Millionen Schilling oder etwa 800 000 Mark zurückzukaufen und mit der Salzburger Firma zusammenzuführen. Der Sitz der ersten Hamburger Auslandstochter war von da an wieder in Wien.

Etwa gleichzeitig kehrte die Beiersdorf N.V. in Holland in den Besitz der Muttergesellschaft zurück. Diese Firma war 1952 durch einen verständnisvollen holländischen Treuhänder mit 51 % an die beiden Geschäftsführer Jan Dapper und Emil Stuhlmacher sowie mit 49 % als Minderheitsbeteiligung an Beiersdorf Hamburg verkauft worden. Beide Mehrheitsaktionäre waren aber bereit, ihre Anteile 1954 an Hamburg gegen die Zusage weiterzuveräußern, dass der Vorsitzende des Aufsichtsrates bis zu ihrer Pensionierung ein Holländer blieb. Ich erlebte noch 1962 bei meinem ersten Rundgang durch die Fabrik in Hilversum, wie Dr. Delprat sich über einen Siemens- statt des von ihm erwarteten Philips-Schalters an einer der Maschinen erregte. So mühsam war der Weg, nationale Vorurteile abzubauen. Das vereinigte Europa lag damals noch in weiter Ferne.

Ab 1952 und besonders nachdem 1954 Carl Claussen mit 75 und Christoph Behrens mit 77 Jahren aus dem Vorstand ausschieden, entwickelte Georg W. Claussen viele Initiativen zur Belebung des Auslandsgeschäfts. Da das Warenzeichen Nivea in den traditionell wichtigen Ländern nicht zur Verfügung stand, widmete er sich dem Aufbau neuer Marken wie Atrix als bald führender Schutzcreme für die Hände sowie der Serie deodorierender Seifen, Stifte und Sprays unter der neuartigen Marke 8 x 4, benannt nach dem Wirkstoff B 32. Von Vorteil erwies sich auch seine Freundschaft mit Hans Grether in Basel, der jedes Jahr in die USA reiste und mit verschiedenen Produktanregungen zurückkehrte. Soweit er sie nicht in seiner eigenen Firma verwerten wollte, wie die Fenjal-Badezusätze, überließ er diese Geschäftsmöglichkeiten gern seinem Hamburger Lizenzgeber. So konnte Beiersdorf 1952 die Wick-Vaporub-Erkältungsmittel mit großem Erfolg in Deutschland einführen.

Georg W. Claussen machte sich vor allem zunutze, dass das Warenzeichen tesa nirgendwo beschlagnahmt war, sondern in allen Ländern zur Verfügung stand. Unter diesem Namen war in den dreißiger Jahren auf Drängen von Hugo Kirchberg eine sich ständig vergrößernde Reihe von technischen Klebebändern eingeführt worden. Der transparente tesafilm wurde in den meisten europäischen Ländern geradezu zum Gattungsbegriff für derartige Produkte. Ein besonderes Interesse bestand im Ausland neben tesakrepp-Abdeckbändern für tesamoll als selbstklebende Dichtungsstreifen aus Schaumstoff. Diese Möglichkeiten nutzte Georg W. Claussen aus, indem er 1954 in Spanien und 1955 in Frankreich Partner fand, die unter dem Namen tesa S.A. zusammen mit Beiersdorf Produktions- und Vertriebsfirmen für dieses aussichtsreiche Sortiment gründeten. Ein tesa-Verkaufsbüro wurde 1958 in Stockholm in Schweden eröffnet. 1959 begann sogar der Bau der ersten überseeischen Fabrik für das tesa-Sortiment in Mexiko.

Bei den starken Schwankungen des Wertes der deutschen Währung von 1920 bis 1948 durch die Superinflation von 1923 und den Verfall der Reichsmark nach dem verlorenen Zweiten Weltkrieg ist es zusammenfassend schwer, eine richtige Vorstellung von der von Beiersdorf in diesem Zeitraum erreichten Größe zu gewinnen. Die Zahl der Mitarbeiter der Muttergesellschaft stieg bis 1939 auf 1850. Im gleichen Zeitraum konnte der Umsatz kontinuierlich auf 28 Mio. Mark vergrößert werden. Der ausgewiesene Gewinn im letzten Jahr vor Beginn der Kampfhandlungen belief sich auf 1,6 Mio. Mark. Die Gesamterträge der 13 Ringfirmen erreichten im gleichen Jahr 1938 über 900 000 Mark.

Davon wurde ein Drittel mit fast 300 000 Mark an Hamburg abgeführt.

Der Krieg änderte diese positive Entwicklung. Der Geschäftsumfang der P. Beiersdorf & Co. fiel kontinuierlich zurück und betrug 1945 nur noch 7 Mio. Mark. Die Gründe hierfür lagen in den zum Wehrdienst einberufenen Mitarbeitern, fehlenden Rohstoffen und Verpackungen sowie den Zerstörungen der Fabrikanlagen durch die großen Luftangriffe auf Hamburg. Bis zur Währungsreform erholte sich der Umsatz nur langsam auf 13 Mio. Mark. Das änderte sich schlagartig durch die Währungsreform. So begann der Nachkriegsaufschwung 1949 wieder mit Verkäufen von 28 Mio. Mark im Inland und knapp 1 Mio. Mark im Ausland. In den fünfziger Jahren konzentrierte sich der Aufbau auf das Inlandsgeschäft, das bis 1961 auf 187 Mio. Mark anstieg. Demgegenüber erreichten die Exporte, die Lizenzerträge für die lokale Fertigung von Körperpflegemitteln in 22 Ländern vor allem in Südeuropa und Lateinamerika sowie die Verkäufe der genannten sechs Auslandsgesellschaften ein Volumen von 51 Mio. Mark. Das entsprach rund 21 % des Gesamtgeschäfts. Zu diesem Zeitpunkt waren 4000 Mitarbeiter im Inland und etwa 1000 im Ausland für Beiersdorf beschäftigt. Damit war eine gute Ausgangslage für die weitere Entwicklung geschaffen.

Im Vordergrund Europa, dann Amerika 1961–1968

Naturforscher vertreten die Ansicht, dass die Zahl 7 für den Kreislauf des Lebens eine besondere Bedeutung habe. In 7 Jahren erneuere sich jedes Lebewesen. Bei der Betrachtung der Firmengeschichte von Beiersdorf kann man zu dem Eindruck gelangen, dass diese Gesetzmäßigkeit auch auf Unternehmen angewandt werden kann. Zweimal 7 Jahre, von 1920 bis 1933, bestimmten Dr. Melchior und Dr. Jacobson das Geschehen in der Firma. Dreimal 7 Jahre, von 1933 bis 1954, währte die Amtszeit von Carl Claussen in der schwierigen Vor- und Nachkriegszeit. Fünfmal 7 Jahre, von 1933 bis 1968, war es Hans E. B. Kruse vergönnt, auf die wechselvollen Entwicklungen dieser Zeit einen bestimmenden Einfluss auszuüben. Dabei war 1961 wieder ein wichtiger Einschnitt.

Denn in diesem Jahr trat Eric Warburg für Dr. Rudolf Brinckmann in den Aufsichtsrat ein, allerdings ohne gleich stellvertretender Vorsitzender zu werden. Auf seinen Vorschlag wurde zehn Tage nach meinem Arbeitsantritt Dr. Helmut Berlin mit der Zuständigkeit für Finanzen und Personal in den Vorstand berufen. Am 3. Juli 1961 fand die festliche Verabschiedung von Dr. Brinckmann statt, an der auf dessen Wunsch Eric Warburg nicht teilnahm, wohl aber sein Sohn Dr. Christian Brinckmann, der gleichzeitig Partner des Bankhauses wurde. Mit Recht ist Eric Warburg für seinen Einsatz zur deutsch-atlantischen Verständigung und zugunsten zahlreicher sozialer und humanitärer Anliegen hoch geschätzt worden. Bei Beiersdorf strebte er an, ähnlich wie sein in London erfolgreicher Vetter Sigmund Warburg, als Investment-Banker tätig zu werden. Das war 1961 nicht sofort abzusehen. Aber es lässt sich sagen, dass mit diesem Jahr die eigentliche Nachkriegsgeschichte von Beiersdorf begann.

Für meine Einarbeitung bekam ich einen Platz in der Exportabteilung in einem Raum für fünf Mitarbeiter. Vormittags konnte ich im Schnellverfahren alle Abteilungen der Produktion, der Laboratorien, technischen Werkstätten und Läger nach dem damaligen Organisationsplan kennen lernen. Nachmittags versuchte ich, mir einen Überblick über den Stand der Geschäftsverbindungen in den einzelnen Auslandsmärkten zu verschaffen. Dabei stellte ich fest, dass es neben der Exportabteilung, die in möglichst viele Länder Fertigwaren von Hamburg liefern wollte, eine weitere Abteilung für die Fertigung im Ausland gab, die überwiegend mit anderen Partnerfirmen die Aufnahme einer lokalen Produktion als Lizenzfertigung anstrebte. Eine Abstimmung oder gar Zusammenarbeit gab es zwischen beiden Ausrichtungen auf die gleichen Länder kaum. Sogar die Weihnachtsfeiern dieser Abteilungen hatten stets getrennt stattgefunden.

Nach acht Wochen lief mein erster Änderungsvorschlag darauf hinaus, alle Märkte für jede Form der Bearbeitung in einer Zuständigkeit zusammenzufassen. Die bisherige Exportabteilung wurde für Übersee zuständig, die Auslandsfabrikation für Europa. Die technische Betreuung der eigenen Produktionsstätten sowie der Lizenznehmer im Ausland blieb natürlich in einer Hand. Ich selbst wollte die Plätze, an denen der größte Handlungsbedarf bestand, möglichst schnell vor Ort in Augenschein nehmen, um meine weiteren Vorschläge besser begründen zu können. Dabei handelte es sich in Europa um Frankreich, Italien, Spanien, Portugal und Belgien, in Übersee um die USA, Mexiko, Brasilien und Argentinien.

Georg W. Claussen war mit diesem Vorgehen einverstanden. Auf seinen Vorschlag wurde ich vom Aufsichtsrat zum 1. September 1961 in den Vorstand berufen. Meine Zuständigkeit umfasste das gesamte internationale Geschäft von der Produktion im Ausland über das Marketing und den Vertrieb bis zu allen Fragen der Finanzierung unter den jeweils bestehenden Beschränkungen. Mein persönliches Augenmerk betraf zuallererst den noch nicht gelungenen Rückerwerb des Nivea-Warenzeichens in vielen wichtigen Märkten sowie den Aufbau des anschließend möglichen Geschäfts. Vom 15. bis 23. September bereiste ich die genannten europäischen Länder, vom 10. Oktober bis zum 4. November 1961 die erwähnten Staaten Nord- und Südamerikas.

Wie nicht anders zu erwarten, stellte sich die Lage in jedem Land unterschiedlich dar. Der erste größere Erfolg ließ sich in Italien erzielen. Nach dem Tod von Richard Doetsch Ende 1958 war Dr. Willy Zimmermann offiziell der Alleininhaber der Laboratori Cosmochimici in Mailand geworden, denen zu diesem Zeitpunkt keine Beschlagnahme als deutsches Eigentum mehr drohte. Da er am besten wusste, dass es sich tatsächlich um die 1931 von Dr. Jacobson gegründete Beiersdorf S.p.A. handelte, fühlte er sich als solider Schweizer Bürger in seiner neuen Rolle nicht mehr wohl. Hans E.B. Kruse hatte die persönliche Verbindung zu ihm bei seinen regelmäßigen Urlaubsreisen nach Italien sorgsam gepflegt. Jetzt vertraute Dr. Zimmermann ihm an: »Ich bin ein ehrlicher Dieb.«

Im Sinne dieses Eingeständnisses galt es einen geeigneten Weg zu finden, wie er aus der entstandenen Situation herauskommen könne. Als eleganteste Lösung lag es nahe, von Beiersdorf Hamburg in der Schweiz eine Holding Gesellschaft zu gründen, in die sodann die Aktien der italienischen Gesellschaft in Form einer Kapitalerhöhung wertfrei eingebracht werden sollten. Dr. Zimmermann hatte einen weißhaarigen dicken Schädel. Es fiel ihm nicht leicht, seine durch Jahrzehnte verteidigte Unabhängigkeit aufzugeben. Aber der Schlüssigkeit dieses Vorschlags konnte er sich nicht entziehen, zumal diese Verfahrensweise mit seinen früheren Aussagen in Übereinstimmung zu bringen war, nach denen die Firma einer Schweizer Gesellschaft gehörte. Als wir uns noch bereit erklärten, seinem Sohn Dr. Paul Zimmermann – wie es in Deutschland üblich ist – einen 5-jährigen Vertrag als Vorstandssprecher der italienischen Gesellschaft zu geben, war auch sein Vaterstolz befriedigt.

So wurde 1962 zunächst die Phanex Basel AG von der P. Beiersdorf & Co. mit einem Kapital von 500 000 Schweizer Franken gegründet und anschließend durch die Zuführung der Aktien der Laboratori Cosmochimici nach einem

Gutachten der Schweizerischen Treuhandgesellschaft um 4,5 Mio. auf 5,0 Mio. erhöht. Mit Wirkung vom 1. Januar 1963 gehörte die italienische Firma wieder der Muttergesellschaft. Dr. Willy Zimmermann war damit der einzige der Vorkriegsgeschäftsführer, der die von ihm geleitete Gesellschaft nach den Turbulenzen des Dritten Reiches ohne finanzielle Gegenleistung zurückgab. Er blieb bis 1976 Aufsichtsratsvorsitzender der 1967 wieder Beiersdorf S.p.A. benannten Firma. Sein Sohn war der Arbeitsintensität in einem internationalen Firmenverbund jedoch nicht gewachsen. Er zog es vor, sich 1967 im Kanton Glarus in der Schweiz eine Apotheke zu kaufen und in Zukunft dort zu leben. 1972 wurde ein neues Werksgelände in Brembate an der Autobahn von Mailand nach Venedig kurz vor Bergamo in Betrieb genommen und kontinuierlich ausgebaut. 1978 übernahm Hans Kusche für mehr als 25 Jahre die besonders erfolgreiche Leitung des italienischen Geschäfts.

In Frankreich zeichnete sich ein mühsamerer und teurerer Weg ab, um zu einem ähnlichen Erfolg zu kommen. Zwar war 1955 in Paris die tesa s.a. als dritte Auslandsgesellschaft nach Österreich und Holland für die Produktion und den Vertrieb von Klebebändern gegründet worden. Da sich die Firma Rousselot als anfänglicher Partner bald zurückzog, handelte es sich um eine hundertprozentige Tochtergesellschaft, deren Umsatz von rund 10 Mio. Mark nur unwesentlich unter den Verkaufszahlen der beiden genannten Gesellschaften lag. Für die Produktion konnte ein altes Fabrikgebäude in Givet im äußersten Nordosten des Landes dicht an der Grenze zu Belgien günstig erworben werden. Sehr romantisch in einem Tal der Ardennen gelegen, war dieser Standort verkehrstechnisch ungünstig. Er wurde zusätzlich problematisch, seit 1961 in Offenburg unmittelbar an der Grenze zu Frankreich eine moderne große Fertigungsstätte für das tesa-Sortiment in Betrieb genommen worden war. Sie hatte einen idealen Standort für die kostengünstige Belieferung beider Länder.

Trotzdem erwies es sich in den folgenden Jahrzehnten als erforderlich, auch in Givet die nationale Produktion in Frankreich laufend weiter auszubauen. Der Grund lag in der dramatischen Veränderung des Wechselkurses zwischen der deutschen Mark und der französischen Währung. Er betrug 1954 bei der Gründung der tesa s.a. für 100 Franken 120 Mark, nach sieben Jahren 1961 noch 82, nach weiteren sieben Jahren 59 und 1989 schließlich 29 Mark. Der Euro als für beide Länder gleiches Zahlungsmittel lag in weiter Ferne. Bei der genannten Kursentwicklung konnten tesa-Klebebänder in Offenburg nicht wettbewerbsfähig für den französischen Markt hergestellt werden.

Entscheidend für die zukünftige Entwicklung von Beiersdorf in Frankreich war jedoch die Frage des Nivea-Geschäfts. Es hatte eine erstaunliche Vorgeschichte. Sie bestand darin, dass die französische Firma Guerlain schon 1875, also 30 Jahre früher als Beiersdorf 1905, ein Warenzeichen Nivea als nationale französische Marke für sich eintragen ließ. Tatsächlich wurde in den zwanziger Jahren des vorigen Jahrhunderts unter dieser Bezeichnung ein Mittel zum Bleichen der Haut von Guerlain in Frankreich verkauft. Bevor Beiersdorf seine Nivea-Produkte auf den dortigen Markt bringen konnte, musste also eine Einigung mit dieser Firma gefunden werden.

Das geschah 1930 durch einen Vertrag, den Dr. Jacobson mit Herrn Guerlain abschloss. Nach dieser Vereinbarung erwarb Beiersdorf Hamburg die Rechte an der vorrangigen französischen Marke Nivea für 500 000 Franken, zahlbar in zehn gleichen Jahresraten. Dabei behielt sich die Käuferin vor, das Warenzeichen nach der letzten Teilzahlung treuhänderisch auf eine ihrer Auslandsfirmen eintragen zu lassen. Herr Guerlain erinnerte sich noch in den sechziger Jahren im Verband der französischen Kosmetikhersteller an seine freudige Überraschung, dass Beiersdorf den Vertrag trotz des zwischenzeitlichen Kriegszustandes und der Besetzung seines Landes pünktlich erfüllt habe. Tatsächlich erfolgte die Eintragung dieses für das Geschäft in Frankreich entscheidenden Zeichens 1942 zugunsten der Beiersdorf S.A, einer der Ringfirmen, deren Präsident inzwischen Dr. Richard Doetsch war.

Henri Grünstein, der 1931 nach Frankreich entsandte deutsche Geschäftsführer, hatte Paris bei Kriegsausbruch 1939 verlassen und war bei Freunden in Clermont-Ferrand und in den französischen Alpen untergetaucht. Nach den Schrecken der Judenverfolgung, die sich auch in Frankreich ereigneten, ist es verständlich, dass er persönlich keine Bindung mehr an seine alte Heimat verspürte, aus der er vor der Machtergreifung Hitlers gekommen war. Als Paris befreit wurde, kehrte er nicht zur Beiersdorf S.A., sondern zu den Laboratoires Peloille zurück und entwickelte dort einen Weg, um sich in den Besitz des französischen Nivea-Geschäfts zu setzen, der in seiner kriminellen Perfektion nur mit Respekt geschildert werden kann.

Davon überzeugt, dass ein Eingreifen der P. Beiersdorf &

Co. nicht zu befürchten sei, weil nach dem Beispiel Englands und der USA nur eine Beschlagnahme und damit erst recht ein Verlust des früheren Besitzes die Folge sein würde, gelang es Henri Gustin – wie er sich bald nannte –, Richard Doetsch und Jacques Peloille zur Mithilfe an seinen Plänen zu gewinnen, ohne persönlich irgendwie in Erscheinung treten zu müssen.

Vor dem Krieg bestand seit 1933 ein Gewinnbeteiligungsvertrag zwischen der Beiersdorf S.A. und Jacques Peloille, nach dem die Höhe seiner Zahlungen für die Durchführung des gemeinsamen Geschäfts jährlich festgesetzt wurde. Parallel dazu zahlte die französische Tochtergesellschaft eine umsatzabhängige Lizenz an die P. Beiersdorf & Co. Nach dem Krieg erneuerte Dr. Doetsch 1946 den Poolvertrag mit den Laboratoires Peloille und vereinbarte jährliche Gewinnanteile von 300 000 Franken, die im Januar 1948 auf 450 000 erhöht wurden. Eine Fortführung der Zahlungen an Hamburg erfolgte dagegen nicht. Im Februar 1948 gründete Jacques Peloille für die Bearbeitung des Nivea-Geschäfts eine eigene Firma unter dem Namen Parfumerie J. Peloille, die keinen Pharmazeuten als Geschäftsführer benötigte. Sie übernahm die Verpflichtung zur Beteiligung der Beiersdorf S.A. mit indexierten 450 000 Franken am Jahresergebnis.

Nach dieser Aufteilung der Tätigkeitsgebiete fuhr Henri Gustin nach Basel und machte Dr. Doetsch klar, in welche Schwierigkeiten die Beiersdorf S.A. mit ihren Dollar-Schulden bei dem Verfall der französischen Währung käme. Zudem würden die wachsenden Einnahmen aus dem anlaufenden Geschäft das Risiko erhöhen, dass das wahre

Verhältnis der Firma zu Beiersdorf Hamburg von der französischen Finanzverwaltung hinterfragt würde. Als Ausweg schlug er vor, die Warenzeichen Nivea, Leukoplast und die anderen Pflastermarken an Jacques Peloille zu veräußern. Nach dieser Transaktion bliebe die Beiersdorf S.A. eine ruhende Firma ohne eigene Geschäftstätigkeit. Dr. Doetsch hatte keinerlei Interesse, für irgendwelche Probleme der französischen Gesellschaft weiterhin verantwortlich zu bleiben. So ging er auf den Vorschlag ein und verkaufte im November 1948 zunächst die Nivea-Warenzeichen an die Parfumerie Peloille für 80 000 Mark und im Dezember 1949 auch die Pflastermarken an eine Jacques Peloille gehörende Warenzeichen-Holding für 140 000 Mark. Bei diesen Verträgen wurde nicht vergessen, die Verpflichtung der jährlichen Zahlungen an die Beiersdorf S.A. ab 1949 zu beenden.

Herr Peloille war natürlich erfreut, Eigentümer der Warenzeichen und damit frei von jeder Gewinnbeteiligung und sonstigen Abhängigkeit von Beiersdorf zu werden. Dass er sich 1952 bereit fand, die gleichzeitig als Aktiengesellschaft in Nivea S.A. umbenannte Parfumerie Peloille Herrn Gustin ohne Auflagen zu überlassen, ist rückblickend erstaunlich. Aber man muss sich vor Augen halten: Jacques Peloille war Apotheker. Der Schwerpunkt seiner Interessen lag auf dem Gebiet der Pflaster und Klebebänder. Das Nivea-Geschäft hatte in Frankreich erst eine geringe Bedeutung erlangt und war im Krieg wie in Deutschland fast zum Erliegen gekommen. Die Perspektiven für ausländische, besonders für deutsche Kosmetika waren in Frankreich zu dieser Zeit nicht günstig. Entscheidend war für Jacques Peloille jedoch die Aussicht, nicht länger mit Henri Gustin zusammenarbeiten zu müssen. Das ließ er sich nach eigener Einschätzung 720 000 Mark kosten. Dieser Betrag dürfte dem damaligen Wert der zukünftigen Nivea S.A. entsprochen haben. »Er habe 20 Jahre lang zu sehr unter seinem Charakter gelitten«, wie Jacques Peloille am 26. September 1952 über Henri Gustin an Dr. Jacobson schrieb.

Eine kritische Situation entstand für die Beiersdorf S.A. Anfang November 1950, als ein Brief des amerikanischen Office of Alien Property eintraf mit der Aufforderung zur Rückzahlung des Vorkriegskredites in Höhe von 65 000 Dollar zuzüglich Zinsen. Dieser Betrag war im Rahmen des Finanzierungsmodells von Dr. Jacobson an die französische Gesellschaft geflossen. Bei Nichtzahlung sah Henri Gustin eine erhöhte Gefahr der Aufdeckung des deutschen Eigentums, wenn die amerikanische Regierung in diesem Zusammenhang die französischen Devisenbehörden unterrichtete. Daher eilte er erneut zu Dr. Doetsch nach Basel, um ihn zu veranlassen, dieser Forderung aus dem Erlös für die Warenzeichen nachzukommen. Nur wenn der Kredit zurückgezahlt wäre, fände die Angelegenheit ihre Erledigung. So geschah es, obgleich der Gegenwert der zwei Jahre bzw. erst ein Jahr vorher verkauften Marken nur 60 000 Dollar ausmachte. Ich erfuhr im Juni 1963 bei einem Besuch des von New York nach Washington umgezogenen Office of Alien Property, dass dessen Schreiben vom 6. November 1950 eine Routineanfrage an alle ausländischen Schuldner war. Keiner von ihnen war unter den damaligen Verhältnissen zur Rückzahlung in US-Dollar in der Lage. Nur von der Beiersdorf S.A. kam die prompte Bezahlung aus der Schweiz. Wie das möglich war, konnte der langjährige Beamte noch immer nicht verstehen.

Weder als Anteilseigner noch als Mitglied der Geschäftsführung der von ihm übernommenen Société Nivea S.A. erschien je irgendwo der Name von Henri Gustin. Er konnte so nie persönlich zur Rechenschaft gezogen werden. Es gelang ihm, den angesehenen Dekan der juristischen Fakultät der Sorbonne, Léon Julliot de la Morandière, für das Amt des Präsidenten des Verwaltungsrates der Firma zu gewinnen. Die eigentliche Geschäftsführung lag bei dem eng an seine Weisungen gebundenen Louis Georges. Er selbst verlegte seinen Wohnsitz nach Toronto in Kanada. Tägliche Telefonverbindungen machten die Leitung der Gesellschaft auch von jenseits des Atlantiks möglich.

1955 hatten meine Frau und ich unseren Sommerurlaub in Alassio an der italienischen Riviera verbracht. Wir erinnern genau den Stolz, mit dem der Bademeister am Strand auf einen im Blickfeld vorbeiziehenden großen Passagierdampfer wies und immer wieder rief: »Questa – Andrea Doria«, bis alle Urlauber es gehört hatten. Niemand ahnte, dass dieser Stolz der italienischen Marine am 26. Juli des nächsten Jahres im Atlantik mit der schwedischen »Stockholm« zusammenstoßen und sinken würde. 129 Passagiere fanden den Tod. Zu den Überlebenden gehörte Henri Gustin. Der Schock dieses Erlebnisses führte ihm die Endlichkeit aller irdischen Errungenschaften vor Augen.

Ebenfalls 1955 wurden die Verträge über die Europäische Wirtschaftsgemeinschaft abgeschlossen. Sie erlaubten es allen deutschen Firmen, ihr beschlagnahmtes Vorkriegsvermögen zu günstigen Bedingungen vom französischen Staat zurückzuerwerben. Die für dauerhaft gehaltene Voraussetzung der Handlungen der Verantwortlichen der Beiersdorf S.A. war hinfällig geworden. Zusätzliche Vorsichtsmaßnahmen waren daher für Henri Gustin geboten. Er ergriff sie in der Weise, dass er die Aktien der Nivea S.A. 1957 an die Börse brachte. Dabei übernahm es die Société Générale als Hausbank, 2000 Kleinaktionäre, über ganz Frankreich verstreut, zu finden, die bei Bemühungen von Beiersdorf, den ganzen Fall aufzurollen, leicht mobilisiert werden konnten. Größter Einzelaktionär wurde unter dem Schutz des Schweizer Bankgeheimnisses eine Baseler Holding-Gesellschaft mit dem Namen Gespar AG. Als ihr Präsident trat Dr. Robert Blum, ein Schweizer Rechtsanwalt, in den Verwaltungsrat der Nivea S.A. ein.

Diese Situation fand ich bei meinem ersten Besuch bei der Gesellschaft im September 1961 vor. Die alte Beiersdorf S.A. war noch zu Lebzeiten von Richard Doetsch aufgelöst worden, nachdem das Grundstück und die weitgehend wertlos gewordenen Pflastermaschinen an die Laboratoires Peloille verkauft worden waren. Den Erlös benutzte Dr. Doetsch zum Ausgleich der von ihm für die italienische und französische Gesellschaft bevorschussten Pensionszahlungen an Dr. Jacobson. Unter diesen Umständen blieb nichts anderes übrig, als Louis Georges zu versichern, dass Beiersdorf Hamburg die entstandene Situation akzeptiere. Vielmehr strebten wir eine Zusammenarbeit an. Natürlich konnte mein Gesprächspartner nichts entscheiden. Er stand auch schon vor seiner Pensionierung. Sein in Aussicht genommener junger Nachfolger, Jacques Meunier, hielt sich verständlicherweise erst recht bedeckt. Es war klar, ich musste versuchen, auf meinem bevorstehenden Flug durch Amerika Henri Gustin selbst in Kanada zu treffen.

Die nächste Station meiner Reise war Spanien. Dort hatte Georg W. Claussen die tesa s.a. in Mataró bei Barcelona mit den Mitgliedern der Familie Coll als 50:50 Joint Venture gegründet. Ihnen gehörte am gleichen Ort die Unitex, ein maßgeblicher spanischer Hersteller von medizinischen Pflastern einschließlich des in diesem Land führenden Rheumapflasters »Sor Virginia«. Es lag daher in ihrem Interesse, sich das Know-how des größten europäischen Herstellers von technischen Klebebändern zu sichern. Genauso vorteilhaft war es für Beiersdorf, auf diesem Gebiet einen erfolgreichen und mit den in vieler Hinsicht andersartigen Verhältnissen des spanischen Marktes vertrauten Partner zu finden. Für eine lange Zeit konnte unsere Zusammenarbeit in der tesa s.a. als Beispiel einer erfolgreichen 50:50-Partnerschaft gelten. Erst 1986 bot es sich an, nach dem Ableben der Eltern Gerardo und Mercedes Coll alle Anteile an der Firma zu übernehmen, als zusätzliche Investitionen für den Umzug auf ein größeres Gelände in Argentona bei Mataró nötig wurden.

Die besten Zukunftsaussichten in dem großen spanischen Markt boten unsere Körperpflegemittel, zumal das Land nicht im Kriegszustand mit Deutschland gewesen war und die Marke Nivea entsprechend nicht beschlagnahmt wurde. Das Geschäft auf diesem Gebiet wurde seit 1934 zunächst von Vigo aus, seit 1942 mit Sitz in Madrid von der Firma Gustavo Reder getätigt. Der Umsatz des Jahres 1961 betrug allerdings nur weniger als 750 000 Mark. Das Unternehmen mit eigenem Laboratorio gehörte in zweiter Generation den

Brüdern Juan und Dr. Herbert Reder, von denen der kaufmännisch erfahrenere Don Juan ein Jahr zuvor gestorben war. Ich traf daher nur noch Don Heriberto, einen feinsinnigen Mann, dessen großes Interesse der klassischen Musik galt. Soweit seine Zeit es zuließ, dirigierte er regelmäßig das Madrider Symphonieorchester. Es gelang verhältnismäßig leicht, ihn davon zu überzeugen, dass die Möglichkeiten des spanischen Marktes von seiner auf pharmazeutische Spezialitäten ausgerichteten Firma nicht ausreichend ausgeschöpft werden konnten.

Als ein denkbares und viel versprechendes Modell für die Zukunft schlug ich ihm vor, dass sein Produktionsgebäude mit den Maschinen und dem vorhandenen Personal von einer neu zu gründenden Beiersdorf-Gesellschaft übernommen werden könnte, an der seine Firma in Anerkennung ihrer Verdienste um das Nivea-Geschäft in der Vergangenheit mit 25 % beteiligt werden sollte. Natürlich kam die Idee einer so grundsätzlichen Änderung der seit langem bestehenden Verhältnisse für Dr. Reder überraschend. Daher wollte er sich erst an den Gedanken gewöhnen und ihn mit seiner Familie besprechen. Ich selbst musste auch erst eine Lösung für die entscheidende Frage finden, wer die Leitung dieser sicher wichtig werdenden neuen Gesellschaft übernehmen könne und wie sie zu finanzieren sei. Wir verblieben daher so, dass bis zu meinem nächsten Besuch Anfang 1962 genügend Zeit sei, die weitere Vorgehensweise näher ins Auge zu fassen.

Während meines kurzen Aufenthaltes in Madrid, das ich schon auf dem Rückflug von meinen Reisen nach Westafrika für Wiechers & Helm besucht hatte, traf ich auch León

Ruah, einen marokkanischen Geschäftsmann aus Tanger. Mit ihm hatte die Auslandsproduktion einen Lizenzvertrag über die Herstellung und den Vertrieb der Nivea-Produkte in Marokko abgeschlossen, nachdem die Rechtsabteilung herausgefunden hatte, dass das französische Nivea-Warenzeichen in Marokko als früheres Protektorat anders als in Algerien und den ehemaligen Kolonien keine Priorität besaß. Gleichzeitig war die französische Nivea S.A. auf Unterlassung weiterer Lieferungen, Vernichtung der Bestände und Schadenersatz verklagt worden, ohne vorher zu versuchen, eine freundschaftliche Regelung mit ihr und ihrer Vertreterfirma herbeizuführen, die die Produkte seit vier Jahren im Lande verkaufte. Die sich anbahnenden Probleme waren absehbar. Da ich mir erst im darauf folgenden Jahr ein Bild der Verhältnisse vor Ort machen konnte, vereinbarte ich mit León Ruah, dass er seine im Aufbau befindliche Produktionsaufnahme anhielt. Damit war er einverstanden, da er seinerseits bereits Schwierigkeiten voraussah, die er bei der Aufnahme des Vertriebs haben würde.

Mein nächster Aufenthalt war Lissabon. In Spanien herrschte unter Franco ein autoritäres System, in Portugal drohte zum Glück nur vorübergehend eine kommunistische Volksherrschaft. Eine gemeinsame Bearbeitung beider Länder war damals undenkbar. Ähnlich wie mit dem Unternehmen Gustavo Reder in Madrid bestand im Nachbarland schon seit 1927 eine alte Verbindung zur Firma Pestana & Fernandes. Sie hatte schon die Pebeco-Zahnpasta sowie das frühe Nivea-Sortiment hergestellt und vertrieben. Die Zusammenarbeit war immer loyal gewesen. Der noch tätige Partner Dr. Joaquim Pestana machte einen sympathischen

Eindruck. Nur wirkte alles etwas überaltert und wenig entwicklungsfähig.

Für das Geschäft mit Pflastern und Klebebändern gab es bereits drei portugiesische Hersteller. Eine weitere Produktionslizenz zu erhalten wurde von allen Seiten als unmöglich dargestellt. Daher musste die Zusammenarbeit mit einem der bestehenden Unternehmen angestrebt werden, am besten mit dem größten. Das war die Firma Mendes Carreiro Lda. Es lag nahe, wie bei der tesa s.a. in Mataró an eine fünfzigprozentige Partnerschaft zu denken. Aber die Unterschiede lagen auf der Hand. Im Schutz der staatlichen Produktionsbeschränkungen war die Firma sich ihrer bereits bestehenden starken Stellung im Markt bewusst. Außerdem waren gewisse Spannungen zwischen den Gesellschaftern unübersehbar. 60 % waren im Besitz der Partner von Diaz & Santos, einem in Angola erfolgreich gewesenen Handelshaus, das sich dort aufgrund der politischen Verhältnisse nach dem Krieg zurückgezogen, aber eine gewisse Mentalität nach Kolonialherrenart beibehalten hatte. 10 % gehörten Dr. Antonio Figueiredo, einem Neffen des Seniors von Diaz & Santos, die restlichen 30 % besaß Dr. Antonio Palla Carreiro, ein industriell interessierter ehemaliger Major der portugiesischen Armee. Die beste Lösung für Beiersdorf wollte wohl überlegt sein.

Es war klar, unter einer Beteiligung von 50 % anzufangen würde keinen Sinn machen. Um diese zu erreichen, mussten wir vermutlich neben unserem Klebeband-Know-how auch unser Kosmetikgeschäft mit einbringen. Dies hatte andererseits den Vorteil, in einem kleineren Land wie Portugal alle Produktlinien in einer Hand zu haben. Es blieb die Entscheidung, ob es Sinn mache, sich mit nicht miteinander harmonierenden Partnern einzulassen. Grundsätzlich ist dies sicher nicht anzuraten. Aber in diesem Fall waren die mir zugehenden Signale von Dr. Carreiro sehr deutlich, dass er sich immer auf unsere Seite schlagen würde. Tatsächlich bot sich ihm durch eine fünfzigprozentige Beteiligung von uns die Chance, aus seiner Minderheitsposition bei Mendes Carreiro herauszukommen und mit uns zu einer ihm angenehmeren Mehrheit zu gehören. Bei einem eintägigen Besuch war zu keiner allseits akzeptierten Lösung zu kommen. Immerhin zeichnete sich auch für das zukünftige Geschäft in Portugal eine interessante Perspektive ab.

Die letzte Station dieser ersten Reise war Brüssel. In Belgien hatte es wie in Spanien und Portugal noch nie eine eigene Beiersdorf-Gesellschaft gegeben. Als Kernland der Europäischen Wirtschaftsgemeinschaft war es jedoch erstrebenswert, diesen Zustand zu ändern. Die Beiersdorf-Vertretung lag schon seit 1924 bei der Firma Albert Couvreur, die Teile des Sortiments selbst produzierte. Das Nivea-Warenzeichen war zunächst auch in Belgien beschlagnahmt, dann jedoch ohne Auflagen zur weiteren Benutzung durch Beiersdorf freigegeben worden. Anders als die Lizenznehmer auf der iberischen Halbinsel hatte Pierre Couvreur sich als Leiter der Firma seit 1955 auf die systematische Bearbeitung des Beiersdorf-Geschäfts eingestellt. Zu diesem Zweck hatte er 1957 eine separate Firma gegründet, die Spindro sprl. Es kam also in diesem Fall darauf an, einen einvernehmlichen Weg zu finden, diese Gesellschaft zu übernehmen und unter eigener Leitung noch effektiver zu machen. Die Position des bei der Spindro sprl bereits stationierten Delegierten von Beiersdorf war nicht ausreichend durchsetzungsfähig.

Nach zwei Wochen ging es nach Amerika. Am meisten war ich darauf gespannt, Dr. Carl Herzog kennen zu lernen. Er war schon 1912 als Chemiker von den Farbwerken Hoechst in die USA zur Betreuung eines pharmazeutischen Produkts entsandt worden, dessen Vertrieb bei den H. A. Metz Laboratories lag. Nach dem Ersten Weltkrieg wechselte er zu dieser Firma, die Dr. Jacobson als neuen Partner des Beiersdorf-Geschäfts ausgesucht hatte. Dr. Herzog war daher mit der eigentlichen Einführung von Nivea in den USA in den zwanziger Jahren des vorigen Jahrhunderts bestens vertraut. Er hatte erlebt, welche größeren Beträge für die Publikumswerbung ohne nachhaltigen Erfolg ausgegeben wurden, wenn keine ausreichende Vertriebsorganisation bestand. Aufgrund seiner pharmazeutischen Ausbildung war er davon überzeugt, dass sich mit Nivea Creme am sichersten Geld verdienen lasse als dermatologisches Produkt in Zusammenarbeit mit Ärzten durch deren Verschreibungen. Als absehbar war, dass Hermann Metz sich zurückziehen und seine Firma verkaufen würde, gründete er 1928 die Duke Laboratories, die von da an wie Doetsch, Grether & Cie. in der Schweiz und ab 1933 die Laboratoires Peloille in Frankreich das eigentliche Geschäft in Zusammenarbeit mit der jeweiligen Beiersdorf-Gesellschaft als Holding der Warenzeichen tätigen sollten.

Die anfängliche Freundschaft Dr. Herzogs mit Dr. Jacobson ging nach dem Zweiten Weltkrieg in die Brüche, als er die Möglichkeit sah, die beschlagnahmten auf die Beiersdorf Inc. eingetragenen Warenzeichen bei realistischer Betrachtung mit den von ihm nicht mehr abgeführten Lizenzgebühren und Gewinnanteilen zu erwerben. Sein alter Chef Dr. Jacobson war darüber so empört, dass er das Office of Alien Property auf dessen zusätzlich geltend zu machende Ansprüche hinwies. Das war natürlich kontraproduktiv. Es erhöhte im Endeffekt den Kaufpreis, den Dr. Herzog 1951 für die Warenzeichen zahlen musste, von 75 000 Dollar auf 600 000 Dollar. Es machte ihn noch misstrauischer gegenüber der P. Beiersdorf & Co., weil er nicht wusste, wie weit Dr. Jacobson in Abstimmung mit Hamburg gehandelt hatte. Wieder war es Hans E. B. Kruse, der sich in erster Linie darum bemühte, eine freundschaftliche Verbindung zu Dr. Herzog aufrechtzuerhalten.

So hatte ich das Glück, dass er mich wohlwollend empfing. In seinem Büro waren die Wände geschmückt mit Fotos der von ihm gesponserten jährlichen Tagungen der amerikanischen Dermatologen in Florida, Kalifornien oder auf Hawaii. Er saß jeweils in der Mitte in der ersten Reihe, umgeben von Dutzenden freundlich lächelnder Herren. 1961 war er 76 Jahre alt. Seine Frau war früh verstorben. Die einzige, kinderlose Tochter lebte irgendwo in den Staaten. Er sah sie selten, aber nach seiner Aussage war sie unabhängig von der Firma gut versorgt. Im Zimmer neben ihm saß sein Schwager Harold Greengard, ein stiller Mensch, der den Eindruck machte, die neunzig bereits hinter sich gelassen zu haben. Er lebte auch im Haushalt von Dr. Herzog, konnte aber kaum zu seiner Erheiterung beitragen. Das langjährige dritte Board-Mitglied Paula von Klein war gerade in fortgeschrittenem Alter in Pension gegangen. Dafür, dass die Produktion problemlos lief, sorgte der rechtzeitig aus

Deutschland emigrierte Chemiker Dr. Heinz Löwenstein. Als Leiter des Rechnungswesens hatte Thomas Grady die Zahlen im Griff. Er freute sich vielleicht am meisten über die mit meinem Besuch verbundenen Zukunftsaussichten.

Dr. Herzog hatte seine Duke Laboratories seit Erwerb der Beiersdorf-Warenzeichen mit der Zielvorgabe geführt, ohne fremde Mittel einen jährlichen Umsatz nicht unter 4,9 und nicht über 5,1 Mio. Dollar zu erzielen mit einem Jahresgewinn von etwa 1 Mio. In diesem Rahmen war für einen Absatz an die sich schnell bildenden Verbrauchermärkte kein Platz. Es gehört zu dem Phänomen der Marke Nivea, dass trotzdem in jedem amerikanischen Supermarkt auch Nivea-Produkte zu finden waren, obgleich keinerlei Publikumswerbung auf sie aufmerksam machte. Jeder Kenner des amerikanischen Hautpflegemarktes beobachtete mit Erstaunen, dass Noxema in einer blauen Packung langsam die Stelle einnahm, die Nivea frei gelassen hatte. Das ganze Glück von Dr. Herzog bestand darin, dass nahezu alle Verantwortlichen der großen Konkurrenzfirmen ihn jährlich immer wieder aufsuchten, um ihn zum Verkauf seiner Firma zu bewegen. Sie bekamen jedoch alle eine Absage. Er war sich seiner moralischen Verpflichtung gegenüber Beiersdorf wohl bewusst. Aber er meinte nicht zu Unrecht, er würde etwas von seiner umworbenen Unabhängigkeit weggeben, wenn er zu seinen Lebzeiten eine kaum geheim zu haltende Vereinbarung mit uns träfe.

Was war bei dieser Sachlage zu tun? Eine irgendwie geartete Zusammenarbeit wie durch eine gemeinsame Einführung von Atrix war undenkbar, solange Dr. Herzog die Firma in der geschilderten Weise führte. Auf alte Rechte zurückzukommen schied gleichfalls aus. Deutschland hatte den Krieg verloren. Die USA gehörten nicht zur EWG. Die Beschlagnahme des deutschen Vermögens entsprach den internationalen Gepflogenheiten. Dr. Herzog hatte die Rechte ordnungsgemäß erworben. Also blieb nichts anderes übrig, als Dr. Herzog zu versichern, dass wir volles Verständnis für seine Handlungsweise hätten. Es war klar, dass sein Dasein für ihn den Sinn verlieren würde, wenn er die Führung der Firma auf seine Art abgäbe. Im Vertrauen auf den Psalmisten, nach dem unser Leben, wenn es hochkommt 80 Jahre währt, konzentrierte ich mich darauf, Dr. Herzogs Anwalt, Walter Maguire, kennen zu lernen, der als sein Testamentsvollstrecker auch Präsident der Stiftung war, in deren Besitz die Duke Laboratories nach seinem Tod übergehen sollten. Ein derartiges Treffen wurde für meinen nächsten Besuch vereinbart.

Unser schon bestehendes Geschäft mit den USA bestand aus dem Export von tesa moll an eine Importfirma United Mineral Ltd. Sie befasste sich auch mit der Einfuhr von Mica aus Brasilien und gehörte einem Exil-Russen namens Alex Lipetz. Er war ein geschickter Geschäftsmann und hatte diese Marktnische entdeckt, mit der wir jedenfalls erste Erfahrungen mit dem tesa-Programm in den USA sammeln konnten. Etwas weniger angenehm hatte ich mir meine Begegnung mit einem Mr. Bowes vorgestellt, den wir mit einer ansehnlichen Vergütung als unseren Marktbeobachter für die USA in New York eingestellt hatten. Mit seinen Berichten konnte ich nicht viel anfangen. Jetzt trat mir ein sympathischer junger Mann entgegen. Zu meiner Überraschung brauchte ich nicht lange mit ihm zu diskutieren. Er hatte selbst schon gedacht, dass es mit seinem Vertrag auf Dauer nicht lange gut gehen könne. Er würde sich etwas anderes suchen. Ich war erleichtert und dachte: Das ist Amerika.

Wichtiger war natürlich mein Treffen mit Henri Gustin in Toronto. Er war über meinen Besuch bei der Nivea S.A. in Paris bestens informiert. Er meinte, es sei bedauerlich, dass der Krieg alles verändert habe. Mit der Entwicklung der französischen Nivea-Gesellschaft als börsennotiertes Unternehmen sei er sehr zufrieden. Für eine Zusammenarbeit mit Deutschland sei es noch zu früh, zumal die Marke Nivea nicht nur in ganz Nordamerika, sondern auch in England und Dänemark eigene Wege gehe. Mit Jacques Meunier habe er für die Nivea S.A. einen tüchtigen jungen Geschäftsführer gefunden. Die Dinge mögen sich im Laufe der Zeit ändern, aber er wolle nichts überstürzen. Während der ganzen auf Französisch geführten Unterhaltung machte mein Gesprächspartner einen sehr angespannten Eindruck. Das mag aber in erster Linie daran gelegen haben, dass er offensichtlich starke Schmerzen hatte. Nach einer großen Operation musste er immer ein besonderes Korsett tragen. Sachlich ließ sich seiner Einschätzung der Gegebenheiten zum damaligen Zeitpunkt wenig entgegensetzen. Ich schnitt noch kurz das Thema der Nivea-Rechte in Marokko und Tunesien an. Die Frage sollte kurzfristig in Paris entschieden werden.

In Mexiko lag die Vertretung der Beiersdorf-Interessen vor dem Zweiten Weltkrieg bei der Firma Carlos Stein y Cia. Die lokale Lizenzfertigung der Nivea-Produkte erfolgte durch das ihr gehörende Laboratorio Codex. Nach dem Eintritt der USA in die Kampfhandlungen beschlagnahmte die mexikanische Regierung das gesamte deutsche Vermögen. Dazu gehörte nicht nur das Hamburger Warenzeichen Nivea, sondern auch das Laboratario Codex des deutschstämmigen Carlos Stein. Eigentümerin wurde die Industria Nacional Quimico Farmaceutica, kurz Farquinal. Anfang der fünfziger Jahre war diese staatliche Firma bereit, das beschlagnahmte deutsche Vermögen an die früheren Eigentümer zurückzuverkaufen. Von dieser Möglichkeit machten zahlreiche Firmen wie die BASF, Bayer oder Siemens Gebrauch. Bei der Codex hatte Carlos Stein zwischenzeitlich den mexikanischen Charakter seiner Firma nachweisen können und bereits eine gewisse Entschädigung für sein verloren gegangenes Anlagevermögen erhalten. Beiersdorf hätte also mit seinen Warenzeichen, vor allem Nivea, auch das Laboratorio Codex zurückkaufen müssen. Die Farquinal wollte nicht damit sitzen bleiben. Die P. Beiersdorf & Co. blieb aber dabei, dass ihr nur die Marken gehört hätten und sie daher auch nur diese zurückkaufen wolle. Die Firma Carlos Stein solle die Codex erwerben. Diese Meinungsverschiedenheit war bis zum Tod von Carlos Stein im Juli 1956 nicht ausgeräumt. Die nächste Generation der Familie Stein beendete dann die Geschäftsverbindung. Die Codex blieb im Besitz des mexikanischen Staates. Sie wurde 1957 in Nivemex umbenannt.

Beiersdorf entschloss sich, seine Interessen im mexikanischen Markt 1959 durch die schon erwähnte Gründung einer Beiersdorf de México für die Produktion und den Vertrieb des tesa-Programms unter Beweis zu stellen. Nachdem der mit dem Vertrieb der Produkte in Lateinamerika vertraute erste Geschäftsführer unerwartet 1960 gekündigt hatte, weil seine Frau mit dem Leben in Mexiko nicht zurechtkam, musste der Produktionschef Carlos Buch die Gesamtleitung übernehmen, die ihn zwangsläufig überforderte. Außer ihm waren bei meinem ersten Besuch noch drei andere junge Mitarbeiter aus Deutschland in der Firma tätig. Ich konnte es kaum glauben, dass einer von ihnen auf seinem Schreibtisch in einem großen Kalender jeden Tag bis zum Ende seines Vertrages abhakte. Mit einer solchen Einstellung war aus den zunächst roten Zahlen einer für Beiersdorf so neuartigen Investition in einem schwierigen Umfeld nicht herauszukommen. Das war zum Glück nur intern festzustellen. Die offizielle Eröffnung der Fabrik anlässlich meines Besuches war ein großer Erfolg.

Ein Lichtblick war dabei, dass ein lokaler Hersteller medizinischer Pflaster, die FADECI, bereit war, ihr Geschäft in die Beiersdorf de México einzubringen. Dabei handelte es sich um ein Leukoplast ähnliches, leicht einreißbares Rollenpflaster aus Kunstseide, das sich unter der Marke »Sedasiva« auch in anderen südamerikanischen Ländern verkaufen ließ. Der Inhaber dieser FADECI war Federico Jacobsohn, der in keiner Beziehung zu Dr. Jacobson stand. Sein praktischer Sinn tat der Firma gut, solange keine zukunftsweisende Führungsstruktur vorhanden war. Er pflegte seinen Mitarbeitern zu sagen: »Ich habe zwei gute Nachrichten für Sie: In einem Jahr wird Ihr Gehalt erhöht.« Er meinte, dann freuten die Angesprochenen sich zweimal und er hätte ein Jahr gewonnen. Das war Führung auf mexikanische Art.

Am wichtigsten war es natürlich zu versuchen, an die Nivemex heranzukommen. Die Firma stand unter der Leitung eines italienischen Chemikers namens Dr. Galimberti. Sie war kürzlich in ein elegantes neues Produktionsgebäude umgezogen, das den Kaufpreis sicher erhöhen würde. Zur Zukunft der Firma sowie zur Frage eines möglichen Verkaufs konnte Dr. Galimberti nichts sagen. Alles hinge vom Finanzministerium ab. Es kam also darauf an, bei meinem nächsten Besuch dort einen Termin zu bekommen.

Von Mexiko City war Rio de Janeiro nur in einem zeitaufwändigen Flug über Panama zu erreichen. In Brasilien lag die Vertretung der Beiersdorf-Interessen schon vor 1914, also seit den Zeiten von Dr. Troplowitz, bei der Firma Carlos Kern & Cia in Rio. Sie verkürzte ihren Namen 1940 in CEKACE Farmaceutica Ltda. Nach dem Zweiten Weltkrieg sah sich auch die brasilianische Regierung veranlasst, 1947 das deutsche Eigentum und so auch das Nivea-Warenzeichen zu beschlagnahmen. Sie ging dabei jedoch zurückhaltend vor, indem sie die Ausnutzung dieser Marke keiner staatlichen Gesellschaft übertrug wie in Mexiko und Argentinien, sondern sie der CEKACE verkaufte. Ihr Inhaber war zu dieser Zeit Hermann Kaelble. Er setzte in seiner auf Arzneimittel ausgerichteten Firma in begrenztem Umfang das Nivea-Geschäft fort. Dabei war ihm klar, dass dies nur eine Übergangsregelung sein konnte und Nivea langfristig wieder in den Besitz von Beiersdorf zurückkehren müsste.

1958 war es so weit. Mit dem altersbedingten Ausscheiden von Hermann Kaelble ging die CEKACE in der Boehringer do Brasil S.A., einer Tochtergesellschaft der C.F. Boehringer & Söhne GmbH, Mannheim, auf. Gleichzeitig wurde das Nivea-Zeichen an Beiersdorf zurückübertragen und ein neuer Lizenzvertrag mit Boehringer do Brasil geschlossen.

Der Kaufpreis bestand zunächst in einer Reduzierung der Lizenzgebühr von 15 auf 10 % des Umsatzes. Zur Förderung der in diese Organisation eigentlich nicht passenden Nivea-Produkte übernahm Beiersdorf die Kosten von einem Produktmanager und drei Reisenden, deren Vergütung jedoch nicht von dem Erfolg ihrer Tätigkeit abhing, sondern nur aus einem Festbetrag bestand. Aus diesem Grund war ein Ansporn zu besonderen Verkaufsleistungen nicht vorhanden. Der 1961 erreichte Umsatz lag unter 300 000 Mark und stand in keinem Verhältnis zu unserem Aufwand. Der Produktmanager war Manfred Sobottka. Mit ihm war ich schnell einer Meinung, dass es so nicht bleiben konnte, sondern wir einen Wechsel des Lizenznehmers vornehmen mussten. Auch Boehringer sah im Prinzip diese Notwendigkeit.

In Betracht kam die Firma Rinder Industria e Comercio S.A. in Rio. Sie vertrat bereits mit Erfolg andere Kosmetiklinien wie Cutex und Odorono, hatte aber nur eine schmale Kapitalbasis. Die Alternative waren die Laboratorios Byk Ltda. in São Paulo, eine Tochtergesellschaft der Byk Gulden GmbH in Konstanz, wieder eine auf das Pharmageschäft ausgerichtete Firma, jedoch auch mit einem aktiven und interessierten Management. Unschlüssig, welcher Alternative ich für das zukünftige Geschäft in Brasilien bei meiner Rückkehr in Hamburg den Vorzug geben sollte, landete ich in Buenos Aires.

Argentinien war das einzige Land, in dem Beiersdorf 1933 nach dem Weggang von Dr. Jacobson noch eine neue Auslandsgesellschaft gegründet hatte. Mit Georg Schaumkell hatte Hamburg einen Geschäftsführer gefunden, der in der Beiersdorf S.R.L. vorzugsweise mit Nivea Creme ein Kosmetikgeschäft aufbaute, das sich zwölf Jahre lang erfolgreich entwickelte. Im Krieg übertrug die P. Beiersdof & Co. die Gesellschaftsanteile vorsorglich an eine neue Holding in der Schweiz unter dem Namen Panteral S.A. Dieser Besitzwechsel konnte jedoch nicht verhindern, dass die Produktionsstätte und die Warenzeichen der Beiersdorf S.R.L. Ende 1945 auf Druck der USA zusammen mit den Tochtergesellschaften anderer deutscher Firmen beschlagnahmt wurden. Bis Mitte der fünfziger Jahre wurde das Nivea-Geschäft von einer staatlichen »Dirección Nacional de Industrias del Estado«, kurz DINIE, fortgeführt. Es war aber stark rückläufig. Nach längeren Verhandlungen auf Regierungsebene kamen die Gebäude und Maschinen 1958 zur Versteigerung, während die Warenzeichen den Eigentümern wertfrei zurückgegeben wurden.

Beiersdorf war an einem Erwerb der Anlagen nicht interessiert. Nach 13 Jahren sah auch Georg Schaumkell keine Möglichkeit, an die alte Situation wieder anzuknüpfen. Vielmehr schien es aussichtsreicher, mit einer lokalen Kosmetikfirma zu einer Lizenzvereinbarung zu kommen. Mit sechs solchen Unternehmen waren seitdem Gespräche aufgenommen worden. Eine von ihnen hatte auf eigenes Risiko das Gebäude und die alten Maschinen der Beiersdorf S.R.L. ersteigert. Ein kleiner Liquidationserlös wurde sogar an Hamburg überwiesen. Aber keine dieser aufgenommenen Verbindungen war nach den bisherigen Verhandlungen überzeugend. Dieser Eindruck bestätigte sich vor Ort. Dagegen machte mich der Banco Aleman Transatlántico auf die Firma Odol S.A. aufmerksam. Bei dieser Gesellschaft handelte es sich um eine dynamische Vertriebsorganisation, der eine wirkungsvolle Neueinführung des Nivea-Sortiments zuzutrauen war. Eine baldige Entscheidung war wünschenswert, denn in keinem Markt gab es damals so viele Nivea-Imitationen wie in Argentinien. Sie bewiesen die hohe Bekanntheit der Marke ohne eigene Fertigung im Lande seit mehr als zehn Jahren.

Auf dem langen Rückflug von Südamerika mit der 1961 noch notwendigen Zwischenlandung in dem mir von meinen früheren Reisen vertrauten Dakar hatte ich Zeit, meine ersten Eindrücke der von mir in den letzten Wochen besuchten Länder zu ordnen. Von den Städten, die ich bisher kennen gelernt hatte, hatten mich Hongkong und Beirut am meisten beeindruckt. Jetzt kamen New York, Mexico City und Rio de Janeiro mit dem tollen Blick auf den Zuckerhut und die weite Bucht von Copacabana vom Balkon meines Hotelzimmers hinzu. Wie sollten die hinter diesen Städten liegenden riesigen Länder bearbeitet werden? Was konnten wir uns finanziell zutrauen? Wer war geeignet, vor Ort persönlich die Verantwortung im Sinne der Zentrale in Hamburg zu übernehmen? Eine den Anforderungen entsprechende Personalentwicklung musste erst aufgebaut werden. Daher war es nicht so schlimm, dass sich die beiden wichtigsten aus den Kriegsfolgen ergebenden Problemfälle, Frankreich und die USA, nicht kurzfristig in unserem Sinne lösen ließen.

Einen logischen Vorrang hatte der Aufbau einer eigenen Organisation in Westeuropa. Als Erstes boten sich die besuchten Länder Spanien, Portugal und Belgien an. Bei der bestehenden Priorität des Inlands schien es mir ratsam, nicht jede Einzelinvestition in neue Auslandsmärkte von einer

Meinungsfindung im Gesamtvorstand abhängig zu machen. Um dieser Problematik zu entgehen, bot sich eine Weiterentwicklung des eigenständigen Finanzierungsmodells von Dr. Jacobson an. Allerdings nicht über schwer durchsichtige Treuhandverhältnisse, sondern über die offiziell gegründete Phanex Basel AG, die bereits die Beteiligung der Laboratori Cosmochimici in Italien hielt.

Die sich zum Glück schnell realisierende Überlegung war, die Gewinne der ertragsstarken Kosmetikfirmen wie der für das Nivea-Geschäft geplanten Beiersdorf Española in Spanien nach dem Schweizer Holding-Privileg weitgehend steuerfrei in Basel zu vereinnahmen und von dort direkt zur Finanzierung weiterer europäischer Tochtergesellschaften einzusetzen. Der steuerliche Aspekt war dabei nur eine Folge der wirtschaftlichen Erwägung und umso leichter zu rechtfertigen, als die P. Beiersdorf & Co. in Deutschland durch steuerpflichtige Lizenzzahlungen ihrerseits am Gewinn der neuen Auslandsgesellschaften beteiligt wurde.

Nach meiner Rückkehr unterbreitete ich Georg W. Claussen diesen Vorschlag zusammen mit meinen Reiseberichten über die einzelnen Länder. Ich erhielt seine Zustimmung und auch diejenige von Hans E.B. Kruse für den Aufsichtsrat, in dem er die volle Rückendeckung der Allianz-Versicherung als inzwischen größtem Aktionär hatte. Sie kam in seinem freundschaftlichen Verhältnis zu Dr. Franz Bohl zum Ausdruck, der die Allianz 18 Jahre bis 1969 im Aufsichtsrat der P. Beiersdorf & Co. vertrat, sowie in der Berufung meines Vaters zum Vorsitzenden ihres Hamburger Beirats seit 1961. Mit dieser Unterstützung konnte 1962 die Gründung der drei neuen Gesellschaften in den genannten Ländern in Gang gesetzt werden. Damit rückte die personelle Frage der jeweiligen Leitung in den Vordergrund.

Bei meinem Durchlauf durch alle Abteilungen der Firma hatte ich einen Mitarbeiter der Exportabteilung noch nicht kennen gelernt. Es war Herbert Hajek. Er bereiste seit fünf Monaten in Lateinamerika die Vertreter und Direktkunden von den Inseln der Karibik bis zu der Freihandelszone im Süden Chiles. Im Gegensatz zu den von der Auslandsproduktion eingesetzten Reisenden in Brasilien erhielt er für jeden von ihm übermittelten Auftrag eine Kommission. Da er bei der Kundschaft sehr beliebt war, bestellten die Käufer ungern direkt, sondern warteten lieber auf seinen halbjährlichen Besuch, um ihm ihre Bestellung persönlich zu übergeben. Diese Regelung war zwangsläufig wenig umsatzfördernd und die Abwesenheit von fünf Monaten auch für den Reisenden nicht befriedigend. Es kam daher allen Interessen entgegen, diese Planstelle zu streichen und Herbert Hajek zu bitten, nach Madrid zu ziehen und vor Ort die Tätigkeit der neuen Firma ab 1963 vorzubereiten. Diese Personalentscheidung sollte sich als besonders glücklich erweisen. Fast 30 Jahre stand Herbert Hajek an der Spitze der Beiersdorf Española S.A. und konnte mit Recht in Spanien die Bezeichnung »Señor Nivea« für sich in Anspruch nehmen.

Als erster von Hamburg entsandter Geschäftsführer der Beiersdorf Portuguesa zusammen mit Dr. Carreiro und Dr. Figueiredo bot sich schon aufgrund seiner Sprachkenntnisse Manfred Sobottka aus Brasilien an. Die Leitung der bereits strukturierten Spindro sprl in Belgien übernahm eine Führungskraft aus Hamburg. Die Mehrheitsverhältnisse in den drei Ländern entwickelten sich so, dass die Firma

Gustavo Reder ihre anfängliche Beteiligung von 25 % im Zuge verschiedener Kapitalerhöhungen 1974 auf 10 % reduzierte und 1980 ganz abgab. In Portugal war es ähnlich. Die anfänglichen 50 % konnten 1971 auf 85 % und 1982 auf 100 % erhöht werden. In Belgien gab die Familie Couvreur 1963 gleich alle Anteile an der in SA Beiersdorf NV umbenannten Spindro sprl ab, um sich in Zukunft ganz auf ihr pharmazeutisches Geschäft zu konzentrieren. Pierre Couvreur war aus Überzeugung Apotheker.

Vor der Gründung weiterer Auslandsgesellschaften in Europa flog ich im Juli 1962 erneut nach Mexiko. Dort war es Carlos Buch gelungen, einen Termin bei Ortiz Mena, dem Secretario des Finanzministeriums, zu bekommen. Ich hörte, dass er die deutsche Schule in Mexiko besucht habe. Das ließ mich hoffen, wir könnten uns auf Deutsch unterhalten. Dem war natürlich nicht so, sondern Herr Buch musste als Dolmetscher tätig werden. Meine erste Erkenntnis aus diesem Besuch war, dass ich so schnell wie möglich Spanisch lernen müsse. In meinen nächsten Urlaub in Marbella im Oktober nahm ich ein Buch »Spanisch in 30 Tagen« mit. Ich bin zwar nur bis zur Lektion 25 gekommen, kann seitdem jedoch Verhandlungen auch auf Spanisch selbst führen.

Dem Gespräch mit Ortiz Mena konnte ich eine gewisse Bereitschaft zum Verkauf der Nivemex entnehmen. Es war dem Minister klar, dass ein Staatsbetrieb auf Dauer nicht Kosmetika sinnvoll produzieren und erfolgreich vertreiben kann. Mit weiteren Verhandlungen wurden der Generaldirektor Torres Gaitan und sein Jurist Garza Galindo beauftragt. Ich lud sie zu einem Besuch in Hamburg ein, der noch im November des gleichen Jahres stattfand. Die

Attraktivität Hamburgs tat das ihrige zum Erfolg unserer Bemühungen. Nach einem nächtlichen Besuch der Reeperbahn waren unsere mexikanischen Gäste davon überzeugt, dass wir die richtigen Käufer der Nivemex wären. Den endgültigen Vertrag mit einem Kaufpreis von 2,4 Mio. Mark konnte ich bei meinem nächsten Besuch in Mexiko am 19. Juni 1963 unterzeichnen. Anschließend wurde die Firma in die Beiersdorf de México integriert.

In Brasilien entschieden wir uns für einen neuen Lizenzvertrag mit den Laboratorios Byk, nachdem die Firma Rinder nicht bereit war, sich an den notwendigen Werbeaufwendungen zu beteiligen. In Argentinien übernahm die Odol S.A. die Neueinführung des Nivea-Sortiments. Anschließend gelang es, 1967 den bei ihr aufgebauten Außendienst in eine eigene Nivea S.A. zu überführen. Nach Mexiko war das die zweite neue Beiersdorf-Tochtergesellschaft außerhalb Europas. Bezüglich Marokko hatte Henri Gustin in Paris zugestimmt, dass die P. Beiersdorf & Co. ab 1962 die Belieferung des Marktes über die Vertretung der französischen Nivea S.A. unter der Leitung von Jean Montandraud übernahm. Diese Entscheidung sollte sich als besonders glücklich erweisen.

Aufgrund ihrer geografischen Lage hatte das Geschäft in den vier skandinavischen Staaten für Beiersdorf Hamburg eine besondere Bedeutung. So unterschiedlich die Ausgangslage auch war, das Kosmetikgeschäft ging in allen vier Ländern nach Kriegsende verloren. In Schweden bestand in Stockholm seit 1958 wenigstens ein tesa-Verkaufsbüro. Auch mit der schwedischen Vorkriegstochter AB A. Sandström bestand seit 1951 ein Lizenzvertrag für die technische

Beratung. Als Harald Kierkemann 1960 starb, waren seine fünfzigprozentigen Partner Philip Lindstedt und Sune Kjellgren besorgt, dass der einzige Sohn und Erbe, Sven Waldemar Kierkemann, überfordert sein könnte, die Firma ohne Kapitalbindung an Beiersdorf zu führen. Daher waren sie 1961 bereit, ihre Anteile für 3 Mio. Schwedenkronen = 2,3 Mio. Mark an uns zu verkaufen. Für die nächsten sieben Jahre begann eine nicht immer einfache Partnerschaft mit dem ebenso tüchtigen wie eigenwilligen Sven Waldemar Kierkemann, der minutiös darauf achtete, dass die Ertragskraft »seines« Nivea-Geschäfts nicht durch die Einführung der anderen Beiersdorf-Produkte wie 8x4 und Atrix litt. 1968 war es schließlich möglich, auch seine 50 % für inzwischen 12 Mio. Schwedenkronen = 10 Mio. Mark zu erwerben. Anschließend konnten wir die Stockholmer tesa AB in die zukünftige schwedische Beiersdorf AB eingliedern. Sven Waldemar Kierkemann starb schon 1985 an einer heimtückischen Krankheit im Alter von erst 50 Jahren.

Dänemark gehörte nicht zu den Ringfirmen. Für die Zusammenarbeit mit der seit 1929 in Kopenhagen als Lizenznehmer für die Kosmetika und Pflaster tätigen Firma R. Baungaard & Co. war die P. Beiersdorf & Co. zuständig. Wie in Schweden wurden die Warenzeichen nach dem Krieg beschlagnahmt und 1950 verkauft, ohne dass Beiersdorf sich beteiligen konnte. Die dänische Regierung wollte 450 000 Dänenkronen oder 270 000 Mark erzielen. Herr Rasmus Baungaard war schon in fortgeschrittenem Alter und nicht bereit, mehr als 90 000 Mark zu bieten. Dagegen sah Edward Oluf Bruun, einer der Reisenden der Firma R. Baungaard, die Chance seines Lebens. Er lieh sich zusammen mit Johannes Baungaard, dem Sohn seines Chefs, den geforderten Kaufpreis. So wurden sie Eigentümer der Nivea-Warenzeichen in Dänemark. Sie gründeten die ihnen gehörende I/S Nivea. Die Kapitalmehrheit lag zunächst bei »Jonny« Baungaard. Aber die bestimmende Kraft war von vornherein Edward O. Bruun. Er übernahm 1960 auch die Anteile seines Partners.

Obwohl die I/S Nivea gleich 1950 schon vor der schwedischen AB A. Sandström einen Lizenzvertrag mit Beiersdorf abschloss, um die chemische und technische Hilfestellung für die Aufrechterhaltung des Qualitätsstandards ihres Geschäfts in Anspruch nehmen zu können, war damit keine Bereitschaft verbunden, sich hinsichtlich der Sortimentsgestaltung und Werbung mit Hamburg abzustimmen. Die dänische Firma zeigte die Anwendung von Nivea Creme und Lotion abwechselnd mit Modellen in freizügigen Haltungen, die Herr Bruun attraktiv fand, und dann wieder hochstilisiert als Vollendung orientalischer Körperpflege mit ägyptischen Möbeln, die in ein Aida-Bühnenbild gepasst hätten. Seine regelmäßigen Besuche in Hamburg verliefen selten harmonisch. So war es schwierig, zu einer konstruktiven Zusammenarbeit zu kommen. Daher gründete die Phanex Basel AG Ende 1962 zunächst eine dänische Beiersdorf A/S zum Aufbau einer tesa-Vertriebsorganisation nach dem schwedischen Vorbild. Gleichzeitig blieb ich natürlich mit E. O. Bruun und seinem Geschäftsführer Knud Lempert in Verbindung. Dabei fiel auf, dass das Auftreten des Firmeninhabers immer großspuriger wurde.

Zum 2. Oktober 1965 erhielten meine Frau und ich eine Einladung zur feierlichen Eröffnung der neuen Fabrik der

I/S Nivea auf einem Industriegrundstück in Birkerød bei Kopenhagen. Auch meine Frau kannte Herrn Bruun schon seit 1953, als wir ihn, der damals noch verheiratet war, mit meinen Eltern für ein Wochenende besuchten. Jetzt wurde die Einweihung ein rauschendes Fest. Bei der morgendlichen Feier war ein Bulldozer in Betrieb, als ob auf der benachbarten Fläche bereits für einen neuen Bauabschnitt ausgeschachtet würde. Darüber schwebte ein Ballon mit Nivea-Werbung. In zahlreichen Reden wurden die Verdienste des Bauherrn gewürdigt. Die von ihm angeschaffte Kopie des Thronstuhls von Tutenchamun war ausgestellt. Anschließend gab es ein üppiges Buffet im Søllerod Kro. Zum Abendessen im Restaurant Solyst in Klampenborg, dem Treffpunkt der königlichen Schützengilde, wurden die Ansprachen durch den Bruder des Gastgebers, Willy Bruun, als Zeremonienmeister zugeteilt. Den Schlusspunkt bildete ein Feuerwerk, bei dem immer wieder der Name Nivea in Blau und in Weiß am Nachthimmel aufflammte.

Am Rande der Feierlichkeiten teilte mir Knud Lempert mit, Herr Bruun wolle jetzt noch eine große Auslandsreise unternehmen, anschließend könnten wir nach seiner Rückkehr Gespräche über einen Kauf der Firma aufnehmen. Mitte November wurde der Termin auf den 2. Dezember bestätigt. Wenige Tage später erhielten wir von Herrn Lempert die überraschende Nachricht, Herr Bruun sei in der vorangegangenen Nacht in einem Krankenhaus gestorben. Er wäre bei ihm gewesen, mehr wollte er dazu nicht sagen. Eine Trauerfeier fand nicht statt. Die näheren Umstände des Ablebens von E. O. Bruun sind nie bekannt geworden. Er war im 60. Lebensjahr. Wenn alles von langer Hand geplant war, verdient dieses theatralische Ende eines ungewöhnlichen Lebens bleibenden Respekt. Für uns bedeutete es, dass Beiersdorf 1966 für 2 Mio. Mark seine dänischen Warenzeichen zurückkaufen und die Phanex Basel die I/S Nivea und eine neue Fabrik mit ihrer schon bestehenden tesa-Gesellschaft vereinigen konnte. Noch vor Schweden gab es damit in Dänemark eine beiersdorfeigene Nivea-Gesellschaft.

In Finnland lag die Geschäftsführung der 1933 von der englischen Tochterfirma gegründeten Beiersdorf O/Y in Turku bei Eugen Schleutker, der gleichzeitig deutscher Konsul war. Er war auch Inhaber der 1922 von ihm gegründeten A/B Handelskompaniet. Nach dem Krieg konnten Smith & Nephew mit der in Herts Pharmaceuticals umbenannten Beiersdorf Ltd. auch die finnischen Warenzeichen für 500 Pfund erwerben. Eugen Schleutker und seine geschäftstüchtige Frau Annemarie reisten Anfang der fünfziger Jahre nach London, um zu klären, welche Vorstellungen dort für das zukünftige Geschäft in Finnland herrschten. Dabei stellten sie fest, dass Smith & Nephew ganz auf ihre traditionellen Absatzgebiete des Britischen Commonwealth ausgerichtet waren und an Finnland als direktem Nachbarn von Russland kein Interesse hatten. So war es ihnen möglich, die alten Beiersdorf-Warenzeichen für einen gleichfalls niedrigen Preis zu kaufen.

Das gab dem Ehepaar Schleutker, deren zwei Söhne auch in ihrer A/B Handelskompaniet arbeiteten, eine unabhängige Position gegenüber Hamburg. Trotzdem schlossen auch sie 1959 einen Lizenzvertrag ab, um die Verbindung nach Deutschland zu halten. Zur Förderung eines freundschaftlichen Verhältnisses besuchten meine Frau und ich im Sommer 1965 die Familie Schleutker auf ihrer Ferieninsel in den Schären vor Åbo. Wir hatten dort ein eigenes Haus direkt am Wasser und sogar mit einer Sauna. Abends kamen wir mit unseren Gastgebern zusammen und lernten finnische Gebräuche kennen wie »ein Krebs – ein Schnaps«. Dabei wurde gesungen und es wurden Witze erzählt, zum Beispiel: Bei einem Arzt klingelt nachts das Telefon: »Herr Doktor, Sie müssen sofort kommen. Unser Kind hat den Korkenzieher verschluckt.« Kurz darauf ein neuer Anruf: »Sie brauchen nicht mehr zu kommen, wir haben einen anderen Korkenzieher gefunden.« Das sollte in der westfälischen Heimat der Familie vorgekommen sein. Aber es veranschaulichte auch unsere Stimmung im hohen Norden.

Am nächsten Tag versuchte ich, Schleutkers davon zu überzeugen, dass es für sie nur Vorteile hätte, uns das Nivea-Warenzeichen zu verkaufen. Das Geschäft würde in ihrer Verantwortung weiterlaufen. Für uns wäre dagegen der steuerfreie Rückerwerb der Marken der Schlüssel für die weitere Zusammenarbeit. Nach einigem Hin und Her gelang es, Nivea und die anderen Zeichen 1966 zeitgleich mit Dänemark zum Preis von 1 Mio. Mark zu erwerben. Im nächsten Jahr waren wir mit unseren drei Kindern nochmals auf dieser Ferieninsel. Bei viel Sonnenschein und tiefblauem Himmel war es ein unvergesslicher Sommer im Norden. Die spätere Übernahme der A/B Handelskompaniet nach dem Tod von Eugen Schleutker als neue Beiersdorf O/Y war 1975 nur noch eine Frage des günstigsten Zeitpunkts.

Eine ähnliche Möglichkeit, in der Frage des Rückerwerbs des Vorkriegseigentums kurzfristig erfolgreich zu sein, bestand in Norwegen nicht. Das Land hatte unter der deutschen Besetzung in Nordeuropa am schwersten gelitten. Auch dort wollten meine Frau und ich gleich 1963 durch einen privaten Sommerurlaub in Ulvik am Hardangerfjord die Marktchancen vor Ort kennen lernen. Bei unserer Ankunft führte uns der Empfangschef des Hotels gleich vor eine Fotowand mit Bildern von der Zerstörung zahlreicher Häuser durch deutsche Kriegsschiffe bei der Invasion des Landes 1940. Diese wenig deutschfreundliche Einstellung bestimmte auch die Töchter unseres Vorkriegsvertreters Alf Nölke, denen jetzt seine gleichnamige Firma gehörte. Sie konnten die beschlagnahmten Beiersdorf-Warenzeichen kaufen. Obgleich die federführende ältere Schwester, Almut Meyer-Nölke, einen Göttinger Professor geheiratet hatte und daher mit unserem Land verbunden war, dauerte es bis 1985, dass ich in Venezuela mit ihrem dort als Anwalt tätigen Schwiegersohn, Peter Macaulay, zu einer Einigung über den Rückkauf für 100 000 Mark kam. Zunächst war es nur möglich, 1968 auch in Oslo von der Phanex Basel eine Beiersdorf A/S für das tesa-Programm zu gründen, die 1971 auch den Nivea-Vertrieb übernahm.

Ähnlich langwierig waren unsere Bemühungen, in Großbritannien wieder Fuß zu fassen. Mit Smith & Nephew war es unserem größten europäischen Wettbewerber auf dem Gebiet der Pflaster und Wundversorgung gelungen, sich 1951 mit dem Kauf von Herts Pharmaceuticals für 420 000 Pfund = 4 940 000 Mark auch die Nivea-Markenrechte zu sichern. Da es sich bei diesem Käufer nicht um Einzelpersonen oder Staatsbetriebe handelte wie in allen anderen Ländern, sondern um eine große Publikumsgesellschaft, waren die Aussichten auf einen schnellen Rückkauf von vornherein ungünstig. Es war daher der erste Schritt in die richtige Richtung, dass Georg W. Claussen 1959 mit Smith & Nephew einen Lizenzvertrag für die Produktion und den Vertrieb unserer Atrix-Handcreme in England abschließen konnte. Nur aus warenzeichenrechtlichen Gründen mussten die Dosen und Tuben mit Atrixo beschriftet werden. Die Verkaufszahlen blieben zwangsläufig hinter denen der Nivea-Produkte zurück, die ihrerseits weit unter den Vergleichszahlen auf dem Kontinent lagen.

Das Schwergewicht der Ausrichtung von Smith & Nephew lag auf dem Gebiet selbst produzierter Gewebe und der Vermarktung von Pflastern und Bandagen. Daher mussten wir versuchen, unsere beiderseitigen kosmetischen Interessen in einer Gemeinschaftsfirma zusammenzuführen. Dabei konnten die Nivea-Rechte im Besitz des einen und Atrixo, 8x4 und weitere Marken von Beiersdorf des anderen Partners bleiben. An der Verbindung mit uns war seitens Smith & Nephew besonders Stephen N. Steen interessiert. Er war durch eine Fusion in den Board gekommen, hatte dort aber nur begrenzten Rückhalt. Er war eine schwergewichtige, man muss sagen, fast animalisch wirkende Persönlichkeit. Er trank jeden Nachmittag allein eine Flasche Champagner, um richtig in Fahrt zu kommen. Er ermunterte mich, am 11. Juni 1962 vor dem ganzen Board seiner Firma eine Präsentation der Perspektiven vorzunehmen, die sich aus unserer Sicht für beide Gesellschaften unter Ausnutzung des bei uns vorhandenen Know-hows ergeben würden. Ich hatte zahlreiche Charts und Beispiele erfolgreicher Werbung in »unseren« Ländern mitgebracht. Am Ende meines Vortrags herrschte zunächst Schweigen. Dann sagte L. F. Long, ein anderes Board-Mitglied, mit sonorer Basstimme: »I think he is right.« Aber seine Zustimmung reichte ebenso wenig wie die Unterstützung von Stephen Steen. Was sollte aus dem englischen Pflastergeschäft werden, wenn Nivea und Atrixo an ein Joint Venture mit Beiersdorf abgegeben würden? Für einen solchen Schritt war die Zeit noch nicht reif.

So blieb auch in England keine andere Wahl, als zunächst mit einer eigenen Gesellschaft für das tesa-Geschäft zu beginnen. Diesbezüglich lagen die Verhältnisse ähnlich wie in den USA. Der erfolgreichste Artikel war der in Deutschland als tesamoll bekannte selbstklebende Dichtungsstreifen aus Schaumstoff, der in England unter der Handelsmarke Sealdraught von einer Firma gleichen Namens verkauft wurde. Diese Firma gehörte William Dolman, der sich mit 60 Jahren über seine Nachfolge Gedanken machte. So bot es sich an, dass die Phanex Basel AG 1965 zunächst 50 % der Anteile der Sealdraught Ltd. erwarb, die sodann in tesa tapes Ltd. umbenannt wurde. Die weiteren 50 % wurden 1968 nach dem Ableben von William Dolman übernommen.

Beim Blick auf die Landkarte Westeuropas blieb 1968 Griechenland das letzte aussichtsreiche Land, in dem eine eigene Organisation fehlte. Diesen Zustand zu ändern war jedoch nicht so einfach. Denn das Beiersdorf-Geschäft wurde seit 1930 von der Firma Daphne Aristide Caroussatos in Athen erfolgreich wahrgenommen. Sie hatte daran mitgewirkt, dass das 1944 von der griechischen Regierung beschlagnahmte Nivea-Warenzeichen 1952 für 150 Mio. Drachmen bzw. 42 000 Mark von Beiersdorf zurückgekauft werden konnte. Inhaber des Unternehmens, das die kosmetischen Produkte selbst herstellte, waren in der zweiten Generation Spyros Caroussatos und seine Schwester Agathe Hatoupi. Bei gleicher Einwohnerzahl war der von ihnen 1961 erreichte Geschäftsumfang mehr als sechsmal höher als in Portugal und mehr als doppelt so hoch wie in Spanien. Dagegen konnte der Umsatz in Pflastern und Klebebändern nur mit einer eigenen Produktion im Lande gesteigert werden. Dafür fehlten der Daphne jedoch die erforderlichen Mittel. Die Gründung einer eigenen Gesellschaft setzte außerdem einen mit der Sprache und den landesüblichen Gegebenheiten vertrauten Geschäftsführer voraus.

Ähnlich wie vorher in Norwegen verbrachten meine Frau und ich 1968 unseren Sommerurlaub in Vouliagmeni an einer schönen Bucht bei Athen. Dort lernten wir durch Vermittlung des Inhabers einer griechischen Werbeagentur Kostas Athanassiadis kennen. Er kannte die Arbeit im Marketing und Vertrieb von Körperpflegemitteln durch seine bisherige Tätigkeit für eine deutsche Konkurrenzfirma. Er besaß wie viele seiner Landsleute eine große Sympathie für Deutschland, wo seine Söhne studieren sollten. Er sprach fließend Deutsch und bot die besten Voraussetzungen, eine eigene Tochtergesellschaft in Gang zu bringen. So konnte die Phanex Basel 1968 als achte Tochtergesellschaft die Beiersdorf Hellas GmbH gründen, nachdem mit der Familie Caroussatos eine freundschaftliche Regelung zur Beendigung unserer Zusammenarbeit getroffen worden war, indem sie noch für zwei Jahre die Kosmetikproduktion behielt.

Damit war die erste Etappe des Aufbaus einer eigenen Organisation in den wichtigsten Märkten Europas 1968 abgeschlossen. Mit einer Gesellschaft in Australien, von der im nächsten Kapitel die Rede sein wird, verfügte Beiersdorf wieder über 16 internationale Tochtergesellschaften wie vor dem Zweiten Weltkrieg. Der gesamte außerdeutsche Umsatz war in diesen sieben Jahren vervierfacht worden. Er machte mit 202 Mio. Mark mehr als 40 % des auf 500 Mio. gewachsenen Gesamtgeschäfts der Firma aus, die ihren Namen 1967 in Beiersdorf AG änderte. Die in diesen Jahren an die Muttergesellschaft geflossenen Gewinnanteile waren höher als die im gleichen Zeitraum durchgeführten Auslandsinvestitionen.

Der Sprung nach Übersee in Ost und West 1968–1975

1968 begann ein neuer Abschnitt in der Firmengeschichte von Beiersdorf. Das ergab sich schon daraus, dass Hans E. B. Kruse, der als Vorsitzender des Aufsichtsrats durch 35 Jahre die Verbindung zur Zeit von Dr. Jacobson aufrechterhalten hatte, im März dieses Jahres einer Krebserkrankung erlag. Er hatte zwei Jahre zuvor anlässlich seines 75. Geburtstages von Herbert Weichmann als Präsident des Senats die Bürgermeister-Stolten-Medaille, die höchste Auszeichnung der Stadt außer der Ehrenbürgerwürde, erhalten. Jetzt schrieb Ernst Plate, einer seiner Nachfolger als Wirtschaftssenator, der ihm in keiner Weise verpflichtet war: »Mit Hans E. B. Kruse hat ein einzigartiger Mensch diese Erde verlassen. Wie er gleich nach Beendigung des letzten Krieges die Dinge meisterte – im Denken und Handeln immer ein Grandseigneur – das blieb mir stets ein Vorbild. Mit seinem Tod ist unsere Hamburger Welt ärmer geworden.«

Seine Nachfolge bei Beiersdorf trat ganz in seinem Sinne Professor Rolf Stödter an. Mit ihm hatte er mehrere Jahre im Präsidium der Handelskammer freundschaftlich zusammengearbeitet. Indem weiter ein hervorragender Vertreter der Hamburger Wirtschaft, der selbst nicht Aktionär war, an der Spitze des Aufsichtsrats stand, war die Kontinuität in diesem Amt gewahrt. Innerhalb der Firma hatte sich dagegen eine neue Gruppierung gebildet. Schon vor dem Ausscheiden des Chemikers Paul Mohs war Professor Wolfgang Siemes für die Produktion und Technik in den Vorstand berufen worden. Er war der Auffassung, die Firma würde von Georg W. Claussen zu konservativ nach rein kaufmännischen Gesichtspunkten geleitet. Die Zeit sei gekommen, dass bei Beiersdorf wie damals bei allen großen Chemieunternehmen ein Naturwissenschaftler an der Spitze stehen sollte. Unterstützt von Dr. Berlin, trug er diese Überlegungen Eric Warburg anlässlich einer Segeltour in der Ostsee auf der dessen Bank gehörenden »Atalanta« vor, als Georg W. Claussen sich im August 1969 einem Krankenhausaufenthalt und einer anschließenden Rehabilitation in Bad Ragaz unterziehen musste. Herr Warburg zeigte sich für diese Gedankengänge aufgeschlossen und meinte, auch die Allianz Versicherung AG würde sich als der andere Großaktionär dieser Ansicht anschließen. Diese Äußerung nahmen die daran interessierten Vorstandsmitglieder als bare Münze und verbreiteten in der Firma, dass sich bald manches ändern würde.

Als Herr Claussen Ende September gut erholt an seinen Schreibtisch zurückkehrte und erfuhr, was sich in seiner Abwesenheit getan hatte, suchte er auf der Stelle Professor Stödter auf, um sich zu vergewissern, dass er weiter dessen volle Rückendeckung sowie diejenige der Allianz habe. Daran bestand kein Zweifel. Professor Siemes, zur Rede gestellt, war ehrlich genug, bei seiner Meinung zu bleiben.

So kam es, wie es kommen musste. Am 3. Oktober wurde sein Ausscheiden aus dem Vorstand zum Jahresende vereinbart. Mitte November 1969 beendete er seine Tätigkeit bei Beiersdorf. Als sein Nachfolger kam Dr. Martin Mohs, der Sohn von Dr. Paul Mohs, in den Vorstand. Er hatte die technische Betreuung aller Auslandsfabriken geleitet. Ich hatte diesen Vorschlag gemacht, um auf diesem Gebiet eine bessere Verzahnung der Arbeitsweise im In- und Ausland herbeizuführen. Was meine Tätigkeit in den nächsten sieben Jahren anlangte, hatte sich durch den Tod meines Vaters nichts geändert. Es hatte sich im Gegenteil gezeigt, dass ich keine familiäre Bevorzugung genossen hatte, sondern bei Professor Stödter noch unbefangener jede Form von Unterstützung fand.

In den fünzfiger Jahren stand das umsatzstärkste tesa-Programm im Mittelpunkt der Auslandsaktivitäten. Im nächsten Jahrzehnt beherrschte der Rückerwerb und Neubeginn des Nivea-Geschäfts das Geschehen. In diesem Kapitel ist es an der Zeit, die Bedeutung des Pflastersortiments herauszustellen. Um ihre Warenzeichen hatte die P. Beiersdorf & Co. schon 1951 in Indien, Pakistan und Ägypten mit Smith & Nephew Prozesse geführt, die 1953 mit einem Vergleich endeten. Nach ihm blieb Nivea zwar im ehemaligen Commonwealth bei der englischen Konkurrenz. Dafür wurden aber die Marken Leukoplast und Hansaplast in diesen Ländern an uns abgetreten. Nur auf diesem Gebiet bot sich daher die beste Möglichkeit des Aufbaus eigener Gesellschaften.

In Australien lag die Vertretung von Beiersdorf seit 1932 bei der Firma Martin & Co. (Surgical) Limited. Sie arbeitete mit einer Reihe von Lieferanten zusammen und konnte nach dem Krieg ihre Umsätze erfreulich ausweiten. Leider war die Firma nur unterkapitalisiert, so dass die Forderungen der P. Beiersdorf & Co. immer höher wurden. 1959 entschloss sich die Hamburger Gesellschaft, deren Produkte einen Anteil von 50 % erreicht hatten, mit Hasso Eckart einen Delegierten nach Sydney zu entsenden und einen Teil ihrer Außenstände im Zuge einer Kapitalerhöhung in eine fünfundzwanzigprozentige Minderheitsbeteiligung an dieser Vertreterfirma umzuwandeln. Diese Maßnahmen stellten allerdings noch keine langfristige Lösung der aufgetretenen Probleme dar.

Im April 1965 starb der Firmengründer George Martin, und sein Sohn James Martin wurde Managing Director. Im Zuge dieses Wechsels wurden die Kreditlinien der australischen Banken zurückgenommen und fiel der Umsatzanteil von Beiersdorf auf unter 25 % zurück. Im Anschluss an einen persönlichen Besuch vor Ort im November 1967 erhielt ich die Zustimmung von Vorstand und Aufsichtsrat, im Sinne einer Vorwärtsstrategie die Mehrheitsanteile der Familie Martin und einiger australischer Miteigentümer für Beiersdorf zu erwerben. Anschließend wurde das Kapital auf 4,2 Mio. Mark erhöht und mit Edgar Rau ein von Hamburg entsandter Geschäftsführer eingesetzt. Die Ausrichtung des Geschäfts erweiterte sich neben Pflastern und Krankenhausbedarf um das bis dahin von einer anderen Firma wahrgenommene tesa-Geschäft. Ende 1968 änderte die Firma ihren Namen in Beiersdorf (Australia) Ltd. 1972 konnte Georg W. Claussen ein großzügiges Büro und Lagergebäude in North Ryde bei Sydney feierlich eröffnen. In den sieben Jahren bis 1975 wurde der Umsatz der australischen

Gesellschaft von 3,3 Mio. auf 20,8 Mio. Mark mehr als versechsfacht.

Das selbständig gewordene Indien stand nach meinen Erfahrungen mit den Hemmnissen beim Geschäftsaufbau in den fünfziger Jahren nicht gerade an der Spitze meiner Prioritätenliste. Da besuchten uns im September 1966 die Brüder Pascoal und Tome Menezes aus Goa. Sie waren die entscheidenden Partner der Firma Cosme Matias Menezes, eines bedeutenden Handelsunternehmens, das die Alleinvertretung der meisten internationalen Pharmagesellschaften in dieser ehemaligen portugiesischen Kolonie besaß. Zu ihnen gehörte seit 1933 auch Beiersdorf. Für die beiden Besucher war 1961 infolge der Vereinnahmung Goas durch Indien zum Schicksalsjahr geworden. Denn alle langjährigen Prinzipale teilten ihnen einer nach dem anderen voll Bedauern mit, dass die weitere Belieferung Goas unter den veränderten politischen Verhältnissen in Indien zukünftig über deren dortige Vertretung in Bombay oder wo auch immer erfolgen müsse. Beiersdorf war eine der wenigen Firmen, die keine solche Niederlassung oder Agentur besaßen.

Aus diesem Grunde waren die Brüder Menezes in eindrucksvoller Initiative auf den Gedanken gekommen, sie müssten eine Fabrikation beginnen, um langfristig überleben zu können. Und dafür hatten sie sich unsere Pflaster Leukoplast und Handyplast ausgesucht. Wie sollten wir auf dieses Ansinnen reagieren? Bei aller Bereitschaft der indischen Regierung, die nötigen Umstrukturierungen in Goa zu fördern, blieb ein ausländischer Kapitalanteil von mehr als 25 % ausgeschlossen. Es kam also nur eine Minderheitsbeteiligung in Frage, mit der Beiersdorf gerade in Australien schlechte Erfahrungen gemacht hatte. Bei der Vielzahl anderer und aussichtsreicherer Projekte war meine Bereitschaft für ein zusätzliches Engagement ausgerechnet in Indien zu diesem Zeitpunkt gering. Ich sollte jedoch die Zähigkeit unserer indischen Freunde kennen lernen. Schließlich boten sie an, Beiersdorf die höchstmögliche Beteiligung von 25 % zu schenken, wenn wir ihnen nur die technische Unterstützung zum Aufbau einer örtlichen Pflasterherstellung zukommen ließen. Dieser Vorschlag war nicht mehr abzulehnen.

Es fand sich ein Techniker, der bereit war, für den Aufbau der Produktionsstätte nach Goa zu gehen. Wir vereinbarten, dass ich zum Anlaufen der Fertigung nach Goa kommen würde. Bei erfolgreichem Start stellte ich in Aussicht, dass wir unseren zulässigen Kapitalanteil einzahlen würden, um es nicht zu einer umgekehrten Entwicklungshilfe kommen zu lassen. So geschah es im November 1967. Ich war beeindruckt, was für eine saubere kleine Fabrik im tropischen Umfeld von Goa in kurzer Zeit errichtet worden war. Es bestanden keine Bedenken, der 1968 gegründeten Gesellschaft den Namen Leukoplast India Limited zu geben. Der Geschäftsumfang blieb zwar lange begrenzt. Die zunächst treibende Kraft Tome Menezes ist auch nicht alt geworden. Aber der Senior Pascoal Menezes kämpfte unermüdlich gegen alle Hindernisse seitens der Behörden in Neu-Delhi. Noch an seinem 90. Geburtstag im Jahr 2000 war er in der Firma aktiv. 1993 war es endlich möglich, den Anteil von Beiersdorf auf 51 % zu erhöhen und die Geschäftsführung jetzt in Bombay unter dem Namen Beiersdorf (India) Ltd. durch einen Delegierten von Hamburg zu übernehmen.

Der erste große Erfolg bei der Geschäftsausweitung nach Ostasien gelang in Japan. Dieser bedeutende Markt war bis zum Ende der sechziger Jahre für die europäischen und amerikanischen Konsumgüter weitgehend abgeschottet. Seit 1954 war Erich Heise in Tokio in seiner eigenen Firma mit Vertretungen deutscher und schweizerischer Maschinenfabriken als Beobachter des dortigen Geschehens für die P. Beiersdorf & Co. tätig. Ich hatte ihn schon im Januar 1952 als selbständigen Vertreter in Bangkok kennen gelernt. Als Sohn eines deutschen Professors für die Sprache und Literatur seiner Heimat und einer japanischen Mutter zog es ihn in sein Geburtsland, sobald es nach dem Krieg wieder möglich war. Als langjähriges Präsidiumsmitglied der deutsch-japanischen Handelskammer verfügte er über gute Verbindungen zu maßgeblichen japanischen Industriellen, insbesondere zu Dr. Yoshio Maruta, damals Executive Vice-President der Kao Soap Company. Dieser maßgebliche Hersteller im preislich umkämpften Markt von Seifen und Reinigungsmitteln suchte 1967 nach einer Möglichkeit des Eintritts in den höherpreisigen Markt der Körperpflegemittel. Gleichzeitig wollte Beiersdorf an dem sich ausländischen Produkten öffnenden japanischen Markt beteiligt sein.

Durch Vermittlung von Erich und seiner am Geschäft interessierten Frau Nina Heise hatte Kao Soap schon Ende 1966 eine Marktforschung durchgeführt, wie die Nivea Creme in ihrer blauen Dose im Umfeld der in Japan erfolgreichen Kosmetikartikel ankommt. Ich meinte, mit der Einstellung von Cornelius Breymann für dieses Projekt einen guten Griff getan zu haben. Er war mehrere Jahre für unseren früheren Aktionär, die amerikanische Corn Products Company, im

Markenartikelgeschäft in Tokio tätig gewesen. Er kannte die dortigen Werbeagenturen und ihre Arbeitsweise. Auf die Ankündigung seines ersten Besuches reagierte Herr Heise jedoch zurückhaltend. So beschloss ich, lieber mit ihm zusammen nach Japan zu fliegen. Am 3. November 1967 fand die entscheidende Sitzung bei Kao Soap statt. An einem langen Tisch in ihrem Sitzungssaal saßen auf der einen Seite die ganzen Führungskräfte von Kao mit Dr. Maruta in der Mitte. Ihnen gegenüber nahmen die Herren Heise und Breymann mit mir Platz.

Zunächst trug Hidefumi Uchida, der spätere erste Brand Manager von Nivea in Japan, die Ergebnisse der von Kao durchgeführten Marktstudie vor. Die japanischen Konsumenten lehnten die Aluminiumdose als Verpackung ab. Die leuchtend blaue Farbe war ihnen zu unkosmetisch und auch die Konsistenz der Creme selbst zu kompakt. Aufgrund dieser Ergebnisse hatte Kao gleich ein Produkt entwickelt, das die kritisierten Einwände berücksichtigte. So stellte Mr. Uchida zum Schluss seines Vortrags eine elegante hellblaue Plastikdose mit einer leicht einreibbaren Softcreme auf den Tisch. Das sei das Produkt, das bei der japanischen Verbraucherin Erfolg haben werde. Jetzt war es an mir, darauf zu antworten. Nach der gebotenen Anerkennung der geleisteten gründlichen Arbeit und des Wertes jeder systematischen Marktforschung müsse in diesem Fall doch berücksichtigt werden, dass die international erfolgreiche Nivea Creme zu andersartig als alle bisher in Japan verkauften Hautcremes sei und daher keine Chance habe, im üblichen Vergleichstest mit bekannten, den Markt bestimmenden Hautcremes richtig eingeschätzt zu werden. Es könne bei dieser Sachlage auch keine Kompromisse geben. Vielmehr müsse Kao sich entscheiden, entweder das nach den Testergebnissen entwickelte Produkt ohne den Namen Nivea allein auf den Markt zu bringen oder das weltweit bewährte Originalerzeugnis in der blauen Dose zu übernehmen. In diesem Fall stünde Beiersdorf mit jeder denkbaren Unterstützung als Partner zur Verfügung.

Die anschließende Diskussion fand weitgehend zwischen den Japanern statt und endete mit der Entscheidung Dr. Marutas, Kao sei bereit, den für sie ungewöhnlichen Schritt zu wagen und gegen die eindeutigen Ergebnisse der Marktuntersuchung das Originalprodukt in seiner Verpackung einzuführen. Die drei Standarddosen waren für 100, 200 und 400 Yen ausgelegt. Lediglich die dritte dieser Abmessungen musste für einen Verkaufspreis von 500 Yen vergrößert werden, weil 400 eine Unglückszahl sei, zu der man ein solches Erzeugnis nicht anbieten könne. Anschließend waren wir uns schnell einig. Das Nivea-Sortiment würde zunächst für drei Jahre von Kao zu festgelegten Kosten hergestellt und durch deren Absatzkanäle zu gleichfalls vereinbarten Margen vertrieben. Der nach den Werbeaufwendungen verbleibende Gewinn sollte zwischen beiden Partnern geteilt werden. Nach erfolgreicher Einführung wurde die Gründung einer Gemeinschaftsfirma unter dem Namen Nivea-Kao Co. Ltd. mit eigener Produktion bereits vereinbart.

Der Gesamtumsatz in den ersten drei Jahren der Pool-Partnerschaft brachte bereits eine volle Kostendeckung einschließlich der Einführungswerbung und ermöglichte Gewinnanteile von über einer Million Mark für jeden Partner. Dies war mehr als doppelt so viel wie unser fünfzigprozentiger Kapitalanteil an der 1971 gegründeten Nivea-Kao-Gesellschaft. Sie steigerte ihren Umsatz bis 1975 auf 52 Mio. Mark mit beachtlichen jährlichen Ergebnisabführungen. Man konnte von einer einzigartig erfolgreichen Einführung sprechen. Sie umfasste Nivea Creme und Milk, Atrix-Handcreme sowie 8x4-Puderspray. Diese Produkte waren in den Folgejahren der Ausgangspunkt zahlreicher weiterer Artikel. Nur eines erwies sich als nicht sinnvoll: die Absicht, mit Herrn Breymann einen mit den Verhältnissen im Land vertrauten Marketingmann einzusetzen, der seine Erfahrungen vor Ort bei einer anderen Firma gesammelt hatte. Das war für unsere japanischen Partner nicht vertrauenswürdig. Was in Europa oder Südamerika ideal gewesen wäre, erwies sich hier jedenfalls zu diesem Zeitpunkt als unvereinbar mit der japanischen Denkweise der notwendigen Loyalität zu »seiner« Firma.

Um auch die anderen Geschäftsbereiche von Beiersdorf in Japan voranzubringen, beteiligten wir uns 1972 an der Firma von Erich Heise und änderten ihren Namen in Beiersdorf-Heise Co. Ltd. Ein Versuch, die tesa-Umsätze in Partnerschaft mit der namhaften Oji Paper Company schneller zu steigern, war nachhaltig nicht erfolgreich. So fassten wir diese Interessen schrittweise unter dem Namen Beiersdorf Japan K.K. zusammen. An dieser Firma blieb Erich Heise bis zu seinem Tod mit 10 % beteiligt. Bei der Trauerfeier für ihn in der Kreuzkirche in Tokio konnte ich am 28. Mai 1983 feststellen: »Der Verstorbene hat sich immer als Deutscher gefühlt, aber die Liebe zu dem Land, in dem er das Licht der Welt erblickte, war ihm angeboren. Diese Bindung an Japan blieb für die Leistung seines Lebens entscheidend.«

Neben der geschilderten Entwicklung in Australien und Japan war der Aufbau eigener Tochtergesellschaften in Amerika der wichtigste Fortschritt dieser Jahre, um zu einer festen Position in den wichtigsten Ländern zu kommen. In Kanada lag das Nivea-Geschäft fest in der Hand der Firma Smith & Nephew. Mit ihr gelang es lediglich nach dem Beispiel in England, Atrixo auch jenseits des Atlantiks aufgrund eines Lizenzvertrages einzuführen. Für die Entwicklung eines eigenen Pflastergeschäfts wurde 1969 die Beiersdorf Canada Ltd./Lté. in Montreal gegründet. Sie stellte neben Strips auch Wattestäbchen her und war auf diese Weise wenigstens ein Standbein in dem großen Staat nördlich der USA.

In diesem wichtigsten Markt bot es sich an, 1971 zunächst eine tesa corporation in Hackensack in New Jersey für den Aufbau des Geschäfts mit technischen Klebebändern zu gründen, da die Pflaster zu dem Tätigkeitsgebiet der Duke Laboratories von Dr. Herzog gehörten. Ihn besuchte ich in den sechziger Jahren regelmäßig in den Sommermonaten, um ihm im übertragenen Sinn den Puls zu fühlen. Dies geschah möglichst im Beisein seines wesentlich jüngeren Testamentsvollstreckers Walter N. Maguire. Als sich gerade ein Vertrauensverhältnis mit ihm eingespielt hatte, erreichte uns 1967 ganz unerwartet die Nachricht, dass er lange vor Dr. Herzog verstorben sei. Folglich musste schnell ein Termin mit seinem Nachfolger Peter Bentley vereinbart werden, um zu ihm eine ähnliche Beziehung aufzubauen, die uns zuversichtlich sein ließ, nach dem Tod von Carl Herzog zum Zuge zu kommen. Unsere Geduld wurde noch einige Zeit auf die Probe gestellt, in der man den Markt ständig wachsen und die Entschlusskraft Dr. Herzogs gleichzeitig schwinden sah.

Als sein noch nicht 50-jähriger Verkaufsleiter nach einem Infarkt in seinen Armen starb, wollte er für ihn keinen Ersatz mehr suchen. Vielmehr war er nun bereit, 1973 mit 88 Jahren in konkrete Verkaufsverhandlungen einzutreten. In diesem Jahr war ich viermal in South Norwalk in Connecticut, um unterstützt von unseren Anwälten in mehreren Gesprächsrunden mit Dr. Herzog, Peter Bentley und seinem Partner John N. Cole die steuerlich günstigste Vorgehensweise zu erarbeiten. An dem eigentlichen Vertragsabschluss im Juli nahm auch Georg W. Claussen teil. Unser Bemühen, bei der Ermittlung des Kaufpreises die frühere Ausgangslage nicht unberücksichtigt zu lassen, scheiterte immer wieder an Dr. Herzogs Beharren darauf, dass er alle alten Rechte von Beiersdorf durch seine erzwungene Zahlung von 600 000 Dollar an das Office of Alien Property endgültig abgegolten habe. In dieser Situation kann die abschließend gefundene Lösung nur als günstig bezeichnet werden. Die Beiersdorf AG kaufte die Marken Nivea, Eucerin und andere Warenzeichen für 4 Mio. Dollar oder 10 Mio. Mark zurück und gründete eine neue Beiersdorf Inc. mit einem Kapital von 2 Mio. Dollar = 5 Mio. Mark, die ihrerseits die Duke Laboratories übernahm.

Der erfreulichste Tag der verschiedenen Aufenthalte dieses Jahres in und bei New York war der 1. November 1973, als ich unseren Erwerb der Duke Laboratories der ganzen Belegschaft offiziell mitteilen und Peter Metzger, der zuletzt die Beiersdorf de México geleitet hatte, als neuen Managing Director einführen konnte. Viel Zeit war verloren. Die nächsten Jahre würden nicht einfach sein. Aber wir waren endlich wieder im Besitz von Nivea im wirtschaftlich stärksten Land der Welt. Dr. Herzog lebte noch sieben Jahre. Er starb im September 1980 im Alter von 95 Jahren.

In Lateinamerika war es grundsätzlich leichter, mit dem Aufbau eines eigenen Geschäfts voranzukommen, nachdem in Mexiko ein frühes Zeichen gesetzt worden war. Die dortige Gesellschaft nahm unter der Leitung von Horst Herwig viele Jahre eine Spitzenstellung ein. Auch in den großen Ländern Argentinien und Brasilien konnte die Verfügbarkeit des Nivea-Warenzeichens in unserem Sinne geklärt werden. Ein Jahr nach Argentinien lag es nahe, 1968 in Chile die dritte Gesellschaft in Amerika zu gründen. In diesem Land, in dem der Einfluss der deutschen Einwanderer am stärksten spürbar ist, hatte die Firma Engel & Co. der Brüder Frank-Herbert und Harald Engel seit 1957 die Vertretung von Beiersdorf inne. In ihrer Produktionsfirma Industrías Quimicas y Farmacéuticas S.A., kurz Quimifar, hatte sie auch die Lizenzfertigung des Nivea-Sortiments aufgenommen. Das Schwergewicht der Gesellschaft, die auch die Schering AG vertrat, lag auf dem Gebiet der Pharmazeutika.

Daher waren die Herren Engel grundsätzlich damit einverstanden, dass wir das Geschäft jetzt selbst in die Hand nehmen wollten. Von der ihnen angebotenen Alternative einer zehnprozentigen Beteiligung am Kapital der neuen Beiersdorf Chile S.A. oder eines degressiven Gewinnanteils von 5 bis 1 % des Umsatzes der nächsten fünf Jahre entschieden sie sich für Letzteres. Wir konnten die Quimifar und einen Teil des Außendienstes übernehmen. 1975 war eine moderne Fabrik am Stadtrand von Santiago in Betrieb genommen.

Bei meinen regelmäßigen Besuchen im Laufe der siebziger Jahre erlebte ich erst unter Allende und dann unter Pinochet die unterschiedlichsten Rahmenbedingungen. Es erforderte viel Stehvermögen in diesen Jahren, um heil über die Runden zu kommen.

Die mittelamerikanischen Staaten waren für Beiersdorf in den fünfziger Jahren Exportmärkte mit verhältnismäßig niedriger Zollbelastung. Das hinderte die Abteilung Auslandsproduktion jedoch nicht, 1959 unserem Hauptkunden in Guatemala, der Infasa Industria farmacéutica s.a., Julio R. Matheu, einen Vertragsentwurf für die Aufnahme einer lokalen Fertigung der kosmetischen Erzeugnisse zu übersenden. Die Maschinen sollten dabei von Beiersdorf gestellt werden. Der Junior Julio P. Matheu kam bereits für eine Ausbildung nach Hamburg. Dieser Plan wurde zunächst wegen des Einspruchs der Exportabteilung nicht realisiert, zumal die guatemaltekische Regierung die nach dem Krieg beschlagnahmten Warenzeichen erst 1961 freigab. In den benachbarten Ländern El Salvador, Honduras, Nicaragua und Costa Rica gab es unterschiedlich erfolgreiche selbständige Vertretungen. Da die Zollschranken zwischen diesen Gebieten im Zuge der Bildung eines zentralamerikanischen Marktes fielen, bot die Aufnahme einer Fertigung für die ganze Region in dem größten Land Guatemala die langfristig beste Perspektive.

So wurde der lange verhandelte Lizenzvertrag 1963 mit der Infasa abgeschlossen. Der günstige Geschäftsverlauf führte 1970 zur Gründung der Beiersdorf de Centroamerica S.A. Mit Vater und Sohn Matheu hatten wir drei Jahre sehr engagierte Partner, die sich mit 49 % an der neuen Gesellschaft beteiligten. Im Zuge des Aufbaus einer vielseitigen Produktion von Körperpflegemitteln, Pflastern und technischen Klebebändern gab die Infasa 1974 ihre Beteiligung an uns ab, blieb aber freundschaftlich mit uns verbunden und war hilfreich beim Aufbau eigener Tochtergesellschaften in El Salvador, Costa Rica und Panama. 1976 wurde Guatemala von einem schweren Erdbeben heimgesucht. Die in der neuen Fabrik entstandenen Schäden blieben zum Glück begrenzt. Das Land Guatemala übte auf mich eine besondere Anziehungskraft aus. Das galt für die Kirchenruinen von Antigua, den sonntäglichen Markt in Chichicastenango und die gewaltigen Tempelanlagen von Tikal.

In Mexiko, Argentinien, Chile und Guatemala konzentriert sich das wirtschaftliche Geschehen stark auf die jeweilige Hauptstadt. Anders ist es in Kolumbien. Neben Bogotá stellen Cali und Medellín starke Zentren dar. Trotz mehrerer Versuche mit verschiedenen Lizenznehmern in Bogotá sowie in Medellin war es in den fünfziger und sechziger Jahren nicht gelungen, mit Nivea und anderen Kosmetika in Kolumbien Fuß zu fassen. Dagegen konnte 1960 ein Lizenzvertrag für die Herstellung und den Vertrieb von Pflastern mit der Firma Jorge Garcés & Cia in Cali als Ergänzung von deren Verbandsmitteln abgeschlossen werden. Auch dies Geschäft entwickelte sich nicht reibungslos und forderte von Beiersdorf einige Jahre den Verzicht auf die vereinbarte Lizenzgebühr.

Um das schließlich erfolgreiche Pflastergeschäft um das tesa-Sortiment ergänzen zu können, wurde 1971 die Gründung der Beiersdorf Colombia S.A. beschlossen. Zunächst war daran gedacht, dass die Jorge Garcés & Cia ihr eigenes

Geschäft gegen eine vierzigprozentige Beteiligung am Kapital in die neue Gesellschaft einbringen würde. Ähnlich wie in Chile entschieden sich die Brüder Garcés am Ende jedoch lieber dafür, ihre Maschinen an uns zu verkaufen, uns geeignete Räume für die ersten Jahre zu vermieten und eine 4-jährige degressive Beteiligung am Pflasterumsatz zu erhalten. Diese Lösung erleichterte es 1974, auch das Nivea-Geschäft nach dem Auslaufen des letzten vorhergehenden Lizenzvertrages in eigener Regie zu übernehmen. 1976 konnte eine neue Fabrik nach dem Vorbild von Chile und Guatemala in Betrieb genommen werden.

Der vorläufige Schlussstein beim Aufbau einer eigenen Organisation in Nord- und Südamerika wurde 1975 mit der Gründung der Beiersdorf Ltda. in Brasilien gesetzt. Unter dem Lizenzvertrag mit den Laboratorios Byk hatte der jährliche Umsatz über 5 Mio. Mark erreicht. Er rechtfertigte damit eine eigene Vertriebsgesellschaft in São Paulo. Hinzu kam, dass in Brasilien ähnlich wie in Argentinien eine verhältnismäßig hohe Steuer auf den Herstellungspreis kosmetischer Artikel erhoben wurde. Es empfahl sich daher, eine auch kapitalmäßig getrennte Produktionsfirma einzusetzen und diese Steuer nicht auf den Verkaufs-, sondern nur auf den eigenen Einkaufspreis zu zahlen. Es kam den primär auf ihr pharmazeutisches Programm ausgerichteten Interessen von Byk entgegen, weiter als Hersteller unseres Sortiments tätig zu bleiben, während wir das Marketing und den Verkauf von Nivea Creme, Milk und Sonnenschutz in die eigene Regie übernehmen konnten.

Seit 1971 bestand daneben eine erfolgreiche Lizenzfertigung unserer Pflaster bei der Cremer S.A. in Blumenau, einer maßgeblichen Textilfabrik im Süden Brasiliens. Auch auf diesem Gebiet war der erreichte Umsatz in vier Jahren bei Gründung der Beiersdorf Ltda. auf über fünf Mio. Mark angestiegen. Er sollte sich in den nächsten sieben Jahren auf 20 Mio. Mark weiter erhöhen. Eine zweite Beiersdorf-Gesellschaft in Partnerschaft mit der Cremer S.A. war daher für Pflaster und vor allem gleichzeitig für das tesa-Programm bei der Größe der brasilianischen Industrie aussichtsreich. Dass es im Zuge der anstehenden Reorganisation des Beiersdorf-Geschäfts nicht dazu gekommen ist, fällt in das übernächste Kapitel.

In Europa war besonders bedauerlich, dass wir am Pflastergeschäft in Großbritannien und Frankreich überhaupt nicht beteiligt waren. In England war es nicht sinnvoll, eine Konkurrenz zu Smith & Nephew zu eröffnen, solange eine engere Zusammenarbeit bei Nivea im Vordergrund unserer Bemühungen stehen musste. In Frankreich war es anders. Statt Hansaplast, das als schwer aussprechbar galt, war Tricosteril als französische Marke für die Wundverbände eingetragen und von den Laboratoires Peloille erworben worden. Anders verhielt es sich mit dem französischen Warenzeichen Leucoplast für die Rollenpflaster. Es hatte keine Priorität gegenüber unserer internationalen Eintragung. Als die P. Beiersdorf & Co. Ende 1960 eine Neuanmeldung ihrer älteren Marke vornehmen konnte, nahm sie diese Möglichkeit wahr, um wenigstens wieder als Lizenzgeber an diesem gut eingeführten Geschäft beteiligt zu werden. Dagegen legte die Firma Johnson & Johnson Einspruch ein, die sich zum gleichen Zeitpunkt mehrheitlich an den Laboratoires Peloille beteiligt hatte. Die seit Jahren von der Hamburger Firma mit ihrem früheren Lizenznehmer Jacques Peloille hinhaltend geführten Gespräche über eine anfängliche Beteiligung und spätere Übernahme seiner Firma kamen damit zu einem abrupten Ende. Die bestehende Möglichkeit, auf dem französischen Pflastermarkt Fuß zu fassen, war von der amerikanischen Konkurrenz entschlossener ergriffen worden.

Georg W. Claussen und ich hatten am 7. Juni 1963, einem gewitterschwülen Sommertag, im Hotel Crillon in Paris eine hitzige Auseinandersetzung mit Robert J. Dixon und seinem General Counsel Norman St. Landau von Johnson & Johnson im Beisein von Jacques Peloille. Während mehrere Donnerschläge krachten, bestanden wir auf unseren älteren Rechten. Bei dieser dramatischen Sitzung konnten wir allerdings noch keine für uns annehmbaren Bedingungen erreichen. Erst im Oktober 1963 einigten wir uns darauf, dass Beiersdorf nach einer zwölfmonatigen Aufbrauchfrist für die Laboratoires Peloille die Marke Leucoplast in Frankreich wieder verwenden durfte. Dieser hart erkämpfte Erfolg brachte uns allerdings nicht den erhofften Nutzen. Denn es gelang unseren Wettbewerbern während des vereinbarten Zeitraums, unser zukünftiges Leucoplast durch ihre Eigenmarke Peloplast zu ersetzen. Bei ihrer starken Stellung in den in Frankreich entscheidenden Apotheken hatte ein Konkurrenzprodukt keine Chance. Anders als bei den Nivea-Produkten hat das Warenzeichen bei einem Artikel wie Rollenpflaster nur eine untergeordnete Bedeutung.

Das wichtigste Anliegen dieser Jahre in Europa war der Rückerwerb des Nivea-Geschäfts in Frankreich. Nach den beiden Begegnungen mit Henri Gustin im Jahr 1961 in Toronto und in Paris hatte sich zunächst keine Möglichkeit einer Annäherung oder eine Zusammenarbeit mit anderen Produkten wie Atrix oder 8 x 4 ergeben. Im Juni 1964 hatte ich wieder ein unverbindlich gebliebenes Gespräch mit Jacques Meunier in St. Maur, dem Sitz der Société Nivea bei Paris. Kurz darauf stürzte er im Urlaub beim Bersteigen in den französischen Alpen ab und verunglückte tödlich.

Dieser Schicksalsschlag ließ Henri Gustin den Versuch unternehmen, seine Mehrheitsbeteiligung an der Gesellschaft direkt an uns zu verkaufen. Im September 1964 traf ich ihn erneut in Paris. Wir kamen jedoch zu keinem Ergebnis wegen seiner hohen Preisvorstellungen und der Ungewissheit, wie wir als ausländischer Hauptgesellschafter die Anteile der »freien« Aktionäre zu vertretbaren Bedingungen übernehmen sollten. Um nicht weiter auf jede Beteiligung am Kosmetikgeschäft in Frankreich zu verzichten, schlossen wir 1967 mit der Firma Sofrac einen Lizenzvertrag über die Einführung von Atrix und 8 x 4 ab. Er hatte den zusätzlichen Vorteil, dass die Beiersdorf AG im französischen Markt als Konkurrenz zur Société Nivea erschien.

Das Jahr 1968 brachte dann die Wende. Nach vergeblichen Versuchen, die überfällige Nachfolge von Louis Georges anders zu regeln, entschloss sich Henri Gustin, die Geschäftsführung seiner Firma Jean Montandraud anzuvertrauen. Er hatte als Apotheker seit 1948 in Marokko gelebt und dort 1957 die Vertretung der Laboratoires Peloille sowie der Société Nivea übernommen. Seit 1962 war er der Geschäftspartner von Beiersdorf geworden. In dieser Eigenschaft hatte er in Casablanca eine Lizenzfertigung für Marokko aufgebaut. Im Juli 1964 war er wie viele seiner

Landsleute zu dieser Zeit nach Frankreich zurückgekehrt. Schon damals hatte Henri Gustin die Verbindung zu ihm aufgenommen, sich allerdings erst vier Jahre später für ihn entschieden, als klar geworden war, dass an einem Zusammengehen mit Beiersdorf im sich integrierenden Gemeinsamen Markt kein Weg vorbeiführte. In dieser Erkenntnis war er jetzt auch bereit, uns die Baseler Holding-Gesellschaft Gespar S.A. zu verkaufen, die als größter Einzelaktionär etwa 24 % des Kapitals der Nivea S.A. besaß. Damit hatten wir den Vorteil, einen Vorschlag für die Nachfolge des 1968 verstorbenen Julliot de la Morandière als Vorsitzender des Verwaltungsrates machen zu können, ohne namentlich in Erscheinung zu treten.

Es hatte einen besonderen Reiz, für dieses Amt Jacques Peloille zu nominieren. Er hatte seine Firma an Johnson & Johnson verkauft und stand in der Auseinandersetzung um Leucoplast auf der Seite unserer Konkurrenz. Schon in den fünfziger Jahren war er bereit gewesen, auf dem Gebiet der Klebebänder mit Beiersdorf zusammenzuarbeiten, wenn wir uns nicht für die kurzlebige Partnerschaft mit Rousselot entschieden hätten. Dass er im fortgeschrittenen Alter noch einmal Präsident der aus seiner Parfumerie Peloille hervorgegangenen Société Nivea wurde, war nicht nur für ihn von besonderer Pikanterie. Mit Jean Montandraud arbeitete er freundschaftlich in unserem Sinne zusammen. So gelang es 1969, einen Beratungsvertrag für alle Nivea-Produkte mit der Beiersdorf France S.A., der vorherigen tesa S.A., abzuschließen, die für das ihr zu diesem Zweck übertragene Know-how 3 % Lizenz erhielt, ohne dass dafür eine Devisengenehmigung zu beantragen war. Als Nächstes wurde

1970 der Lizenzvertrag für Atrix und 8 x 4 von der Sofrac auf die Nivea S.A. übertragen, für die 5 % Lizenz über die Beiersdorf France S.A. nach Hamburg flossen.

1974 war dann der Zeitpunkt gekommen, dass die Beiersdorf AG öffentlich mit einer OPA (Offre Public d'Achât) auf den Plan treten konnte. Etwa 20% über dem damaligen Börsenkurs konnten wir einschließlich der Aktien im Besitz der Gespar 98,2 % des Kapitals der Société Nivea für 25,5 Mio. Mark erwerben. Am Ende eines langen Weges war das Nivea-Geschäft in dem wichtigsten Auslandsmarkt auf dem europäischen Kontinent wieder in der Hand von Beiersdorf. Die Gesellschaft bekam wie die Beiersdorf France einen Aufsichtsrat und einen Vorstand mit Jean Montandraud als Vorsitzendem, dem 1981 Hans Meyer-Burgdorf folgte, der die Gesellschaft bis 1993 zur umsatzstärksten eigenen Auslandsgesellschaft entwickelte.

In der geschilderten Weise war es möglich, in den Jahren von 1968 bis 1975 einschließlich der schon im vorhergehenden Kapitel genannten Firma in Finnland zwölf neue Auslandsgesellschaften vorzugsweise in Amerika und Japan zu gründen. Ihre Zahl stieg damit von 16 auf 28. Abgesehen vom Erwerb der Nivea-Unternehmen in den USA und Frankreich betrugen die notwendigen Kapitalaufwendungen für jede dieser Firmen im Durchschnitt weniger als 1,5 Mio. Mark. Der gesamte Auslandsumsatz stieg in diesen sieben Jahren von 202 auf 512 Mio. Mark. Er lag mit fast 49 % des Gesamtgeschäfts der Gesellschaft nur noch unwesentlich unter dem Anteil des Inlands. Alles drängte auf eine Neustrukturierung der Beiersdorf AG.

Konsolidierung zum 100-jährigen Jubiläum 1975–1982

In den letzten Kapiteln ist vorrangig der Aufbau der Auslandsorganisation geschildert worden als Voraussetzung der Wettbewerbsfähigkeit der Beiersdorf AG in der sich global öffnenden Welt. In der gleichen Zeit entwickelte sich auch das Inlandsgeschäft mit stetigen Zuwachsraten. In den fünfziger Jahren wurde die zügige Belieferung der Kundschaft durch überwiegend neu errichtete Verkaufsbüros mit eigenen Lagerflächen in Berlin, Hannover, Essen, Köln, Frankfurt, Stuttgart und München sichergestellt. Bis 1973 war die Preisbindung der zweiten Hand in Kraft. Sie erlaubte allen Herstellern von Markenartikeln, die Endverbraucherpreise verbindlich festzulegen. Sollte ein Händler dagegen verstoßen, wurde er von der Rechtsabteilung abgemahnt. Im Wiederholungsfall wurde es teuer für ihn. Die Zeit der großen Selbstbedienungsmärkte war noch nicht gekommen. Die direkt belieferten Apotheken, Drogisten und sonstigen Fachgeschäfte waren die meistumworbenen Kunden der Firma. Der sich anbahnende Strukturwandel im Handel wurde nur zögerlich wahr- und ungenügend ernst genommen.

In dieser Situation startete die Henkel & Cie. aus Düsseldorf den gefährlichsten Angriff der Nachkriegszeit auf das Nivea-Geschäft mit ihrer Creme 21 in einer leuchtend orangefarbenen Dose. Gerade weil das Produkt vor der Erlangung einer Verkehrsgeltung keine schutzfähige Marke besaß, entstand beim Verbraucher der Eindruck, dies sei die Nivea Creme für junge Leute, symbolisiert durch die Zahl 21 und die modische Farbgebung. Der juristisch gesicherte Ausstattungsschutz von Nivea betraf dagegen nur die blaue Farbe. Eine orange Dose konnte für einen traditionsgebundenen Richter nicht verwechslungsfähig mit der blauen Nivea-Aufmachung sein. Durch einen am Waschmittelmarkt orientierten Werbeaufwand konnte die Creme 21 vorübergehend einen Anteil von bis zu 18 % am Markt der Allzweckcremes erringen, Nivea war zu dieser Zeit von 43 auf 33 % zurückgefallen. Es war ein teures, aber sensationelles Ergebnis für Henkel. Werner Behrens, der Sohn von Christoph Behrens, der seit 1958 im Vorstand für den Vertrieb im Inland verantwortlich zeichnete und das genannte Lagerwesen unter dem Schutz der Preisbindung erfolgreich aufgebaut hatte, sah sich jetzt einer schwierigen neuen Lage gegenüber.

Es traf sich günstig, dass Georg W. Claussen von Hans-Otto Wöbcke hörte, der in die Industrie zurückkehren wollte. Er war bei Unilever im Markenartikelgeschäft ausgebildet worden und hatte in der Geschäftsleitung der Edeka-Zentrale Erfahrungen im Lebensmittelhandel gesammelt. Er kannte, was uns fehlte. Im Mai 1971 fing er bei Beiersdorf an. Um die notwendig gewordene Neustrukturierung des Kosmetik-Marketings zu erleichtern, übernahm ich im Vorstand auch dieses Gebiet bis zum Ausscheiden von Werner Behrens im Jahr 1974. Durch die von Hans-Otto Wöbcke neu organisierte Zusammenarbeit mit allen Formen des Handels sowie eine Reihe von Maßnahmen in der Packungsgestaltung und Werbung – Nivea, die »Creme de la Creme« – konnte die führende Position von Nivea unangefochten gehalten werden. Als die orange Creme 21 nach wenigen Jahren wieder vom Markt verschwand, war die blaue Nivea gestärkt aus der Auseinandersetzung hervorgegangen.

Die sich verschärfenden Wettbewerbsbedingungen in allen Produktbereichen und der jährlich wachsende Anteil des Auslandsgeschäfts am Gesamtumsatz zwangen dazu, unter Hinzuziehung einer der großen amerikanischen Beratungsfirmen die optimale Organisationsform für die Firma in ihrer erreichten Größenordnung zu erarbeiten. Von den beiden um ein Angebot gebetenen Firmen versprach McKinsey & Company in schönem Selbstbewusstsein des seinerzeitigen Branchenprimus die beste Führungsstruktur ohne Rücksicht auf die für die Umsetzung vorhandenen Personen zu entwickeln. Dagegen stellten Booz Allen & Hamilton in Aussicht, bei ihrem Modellvorschlag auch auf die Möglichkeit der personellen Besetzung Rücksicht zu nehmen. Damit war ihnen der Auftrag sicher. Außer dem nicht länger zweckmäßigen Nebeneinander von In- und Ausland war der größte Schwachpunkt der bisherigen funktionalen Gliederung die Frage der Entscheidungskompetenz an den Nahtstellen zwischen Marketing und Produktentwicklung, zwischen der Fertigung im Labormaßstab und der Produktion auf den Großanlagen, zwischen dem Drängen des Verkaufs und der Qualitätskontrolle.

Unter der geschickten Federführung von Jürgen Peddinghaus bestand schnell Einigkeit, dass wir zu einer Spartenorganisation übergehen müssten mit Marketing, Produktentwicklung, Fertigung und Vertrieb der kosmetischen Erzeugnisse und der technischen Klebebänder mit einem Anteil von jeweils knapp 40 % in einer Hand. Zweifel bestanden, ob es sinnreich sei, die Pflaster und Pharmazeutika in einer dritten, potenziell gleich großen Heilmittelsparte zusammenzufassen. Dagegen sprach jedoch der besondere Charakter des speziell auf den deutschen Markt ausgerichteten Pharmageschäfts von Beiersdorf. Es hätte schon ein breit angelegtes Programm von Pflastern mit Wirkstoffen gegen alle möglichen Krankheiten, die sich für diese Art der Verabreichung eignen, entwickelt werden müssen, um Pharma und Pflaster zu einer sinnvollen Einheit werden zu lassen. Aber dafür fehlte eine geeignete kreative und durchsetzungsfähige Führungskraft. So wurden die Pflaster der Kosmetik zugeschlagen. Mit cosmed, tesa, den technischen Klebebändern, und pharma gab es folglich drei Produktsparten mit der räumlichen Zuständigkeit für Europa. Daneben trat als vierte Sparte der regional ausgerichtete Bereich »Übersee«, da es sich bei der Vielzahl der außereuropäischen Märkte anbot, in diesem Teil der Welt die Bearbeitung aller Beiersdorf-Produkte zunächst in einer Hand zu lassen. Ergänzt wurde diese Organisationsform, die 1974 stufenweise in Kraft trat, von dem Zentralbereich Finanz- und Rechnungswesen sowie dem Ressort des Vorstandsvorsitzenden.

Georg W. Claussen erreichte ein Jahr später die für den Vorstand festgelegte Altersgrenze mit Vollendung des

63. Lebensjahres. Aber da sein Vater bis zu seinem Tod im Alter von 75 Jahren im Amt geblieben war und der Aufsichtsratsvorsitz bei Professor Stödter, der noch keine 70 war, in den besten Händen lag, wurde sein Vertrag um vier Jahre verlängert. Im Vorgriff auf die Nachfolge an der Spitze des Vorstands wurde mit mir jedoch erstmals ein stellvertretender Vorsitzender mit dem Aufgabengebiet der Spartenkoordination und Übersee ernannt. Die größte Sparte cosmed erhielt Hans-Otto Wöbcke, für tesa konnte die Firma Jürgen Peddinghaus gewinnen, der die neue Führungsstruktur entwickelt hatte. Für Martin Mohs blieb pharma mit der Zentralen Forschung und Technik, da Dr. Friedrich Engelhardt, der 1967 die Nachfolge von Dr. Paul Mohs angetreten hatte, aus gesundheitlichen Gründen vorzeitig zurücktreten musste. Unter seiner Verantwortung war der erste Abschnitt des Zentrallaboratoriums erbaut worden. Für das Finanzressort trat Dr. Peter Kern in den Vorstand ein. Dagegen schied Dr. Berlin 1975 aus, nachdem er den Rückhalt von Eric Warburg verloren hatte.

Denn auch im Aufsichtsrat ergab sich zum gleichen Zeitpunkt eine bedeutende Änderung. Für das seit 1969 als M.M. Warburg-Brinckmann, Wirtz & Co. firmierende Bankhaus war die traditionelle Beteiligung von 17 % am Kapital der Beiersdorf AG durch deren erhebliche Wertsteigerung als Finanzanlage zu schwergewichtig geworden. Daher erhöhte es diesen Anteil durch Zukäufe im freien Markt auf 25 % mit der Absicht, diese »Schachtel« möglichst gegen eine Bankbeteiligung zu tauschen. Die angedachte Wunschvorstellung ließ sich jedoch nicht verwirklichen. Das führte dazu, dass diese Sperrminorität ohne Abstimmung mit dem

Vorstand oder den wichtigen anderen Aktionären nahezu allen als Interessenten in Betracht kommenden internationalen Großunternehmen angeboten wurde. Die Annahme, dass diese 25 % begehrt sein würden, erwies sich jedoch als unzutreffend. Eine Firma nach der anderen winkte ab, da eine Mehrheit mit entsprechendem Einfluss nicht erreichbar schien. Diese Suche führte dazu, dass sich unter der Führung der Allianz Versicherung eine vorher nicht in dieser Form bestehende Mehrheit bildete, die auch in Zukunft zusammenhielt, als schließlich die Max-Herz-Erben 1974 die Beteiligung erwarben, die sie drei Jahre später in ihre Tchibo Frisch-Röst-Kaffee AG einbrachten. Damit endete nach über 50 Jahren die enge Verbindung zwischen der Warburg Bank und Beiersdorf. Für Eric Warburg trat Günter Herz in den Aufsichtsrat ein. Dessen stellvertretender Vorsitzender wurde Dr. Wolfgang Schieren von der Allianz, bis er 1990 den Vorsitz übernahm.

Im europäischen Geschäft spielte die Schweiz für Beiersdorf eine besondere Rolle. Ohne eine direkte Beteiligung nahmen die Umsätze unserer Partner für das kosmetische wie für das tesa-Programm eine Spitzenstellung ein. Als Hans Grether im März 1975 kurz vor seinem 64. Geburtstag starb, stellte sich für uns die Frage, ob wir uns aus prinzipiellen Gründen auch in diesem Markt selbständig machen sollten. Wir mussten uns jedoch sagen, dass wir gerade in der Schweiz als rein deutsche Firma auf längere Zeit nicht erfolgreicher sein würden als Doetsch, Grether & Cie, die unsere Interessen seit über 50 Jahren wahrgenommen hatten. Wir zogen es daher vor, 1977 lieber eine langfristige Partnerschaft mit dieser Firma einzugehen, zumal der für unsere Produkte zuständige Daniel N. Tobler die Geschäftsführung der neuen Beiersdorf-Doetsch, Grether AG übernehmen konnte, die seit 1987 nur Beiersdorf AG heißt.

Eine Sonderstellung nahm auch die Bandfix AG für das tesa-Geschäft in der Schweiz ein. Es entwickelte sich seit Anfang der fünfziger Jahre auf der Basis von Exporten aus der Bundesrepublik. Rückblickend kann es als glücklich angesehen werden, dass die P. Beiersdorf & Co. sich beim Ausscheiden des Firmengründers Borbé-Wanner nicht um eine damals wohl mögliche Beteiligung an der 1954 für diese Vertretung gegründeten Bandfix bemühte. So konnte Robert Sonderegger die Firma übernehmen und neben dem Vertrieb der tesa-Klebebänder ein weit über die Schweiz hinausreichendes Etikettengeschäft aufbauen. Der dafür notwendige unternehmerische Entscheidungsspielraum war in seiner vollen Selbständigkeit am besten gegeben. Auf dem Gebiet der selbstklebenden bedruckten Etiketten nahm die Bandfix AG eine Vorbildfunktion für die ganze Firmengruppe einschließlich der Hamburger Zentrale wahr. Erst 1982 konnte ich mit Robert Sonderegger vereinbaren, dass Beiersdorf zunächst 50 % und 1988 bei seiner altersbedingten Abgabe der Geschäftsführung auch die restlichen 50 % an seiner Firma erwarb.

Aufgrund der neuen Organisationsstruktur des europäischen Geschäfts von 1974 hatte die 1961 zur Rückführung der italienischen Vorkriegsgesellschaft gegründete Holding Phanex Basel AG ihren Zweck erfüllt. Sie hatte 1967 ihren Namen in Beiersdorf AG geändert und ein Jahr später die traditionsreiche Pilot AG aufgenommen. Ihre acht Gesellschaften von Norwegen bis Griechenland wurden schrittweise in die Hamburger Muttergesellschaft überführt. Ihr verbleibender Firmenmantel fusionierte 1987 mit der von Henri Gustin eingeschalteten Gespar AG unter der Kurzform Bedor AG, da der Name Beiersdorf AG gleichzeitig von der Partnerschaft mit Doetsch, Grether angenommen wurde. Diese Bedor übernahm sodann die Bandfix unter Beibehaltung von deren Namen, weil es in der Schweiz bereits eine Maschinenfabrik tesa S.A. gab, so dass diese bevorzugte Bezeichnung nicht möglich war.

Meine besondere Aufmerksamkeit hatte auch in diesen Jahren die Kontaktpflege zu Smith & Nephew in Großbritannien. Dabei erwies es sich, dass eine engere Zusammenarbeit unter der Marke Nivea in deren Kernländern England, Irland, Kanada, Südafrika, Australien, Neuseeland, Indien, Pakistan und Israel noch nicht möglich war. Auch meine Besuche bei den wichtigsten Tochtergesellschaften der britischen Gesellschaft in Montreal, Durban und Melbourne zeigten, dass über die begrenzte Zusammenarbeit im Rahmen von Lizenzverträgen für die Vermarktung von Atrixo in Kanada und Südafrika hinaus nichts zu machen war. In Australien bestand nicht einmal daran Interesse.

1963 gelang es, das Nivea-Warenzeichen in Ägypten für 50 000 Mark und 1968 in allen anderen vor dem Krieg von England abhängigen Staaten Afrikas außer der Südafrikanischen Union für 330 000 Mark zurückzukaufen. Dabei handelte es sich immerhin um Märkte wie den Sudan, Kenia und Tansania im Osten sowie Ghana und Nigeria im Westen des Kontinents. 1977 konnte eine entsprechende Vereinbarung für 600 000 Mark bezüglich Bangladesch, Hongkong, Thailand, Malaysia, Singapore und Sri Lanka in Asien,

Gibraltar, Malta und Zypern im Mittelmeerraum sowie den Bahamas, Barbados, Jamaica, Trinidad und vielen weiteren Inseln in der Karibik abgeschlossen werden. Handelte es sich dabei im Einzelnen nur um kleine Märkte, so war es für die weltweite Bedeutung von Nivea doch wichtig, auch in diesen Gebieten tätig werden zu können. Eine typische Anzeige dieser Jahre zeigte eine Eingeborenenhütte in Mittelamerika mit dem Plakat einer großen Nivea-Dose und der Unterschrift »Die deutsche Botschaft«.

In der Zuständigkeit für Übersee konnte ich in den nächsten sieben Jahren bis 1982 den Aufbau eigener Firmen in Asien und erstmals auch in Afrika fortsetzen. Nach Indien und Japan bot es sich am meisten an, in Thailand selbst tätig zu werden. Die bisherigen Kontakte zu den Niederlassungen Hamburger Exporteure hatten keinen anhaltenden Erfolg gezeitigt. Da traten wir mit Khun Prasit Narongdej und seiner Frau, Khun Kesrin, einer geschäftstüchtigen Wirtschaftsprüferin in Verbindung. Er war Außenminister in der Regierung Thailands gewesen und gründete 1972 die Firma Intanin, mit der wir 1974 einen Lizenzvertrag für die Herstellung von Pflastern abschließen konnten. Als sich die Produktion auch um tesa-Klebebänder erweiterte, beteiligten wir uns 1980 zunächst mit 50 % an der Firma, die in Beiersdorf Intanin umbenannt wurde.

Für die zusätzliche Fertigung des Nivea-Programms nach dem Rückerwerb der Marke 1977 gründeten wir mit 100 % eine eigene Thai-Haylia-Produktionsgesellschaft. Anschließend einigten wir uns mit unseren Partnern in der Beiersdorf Intanin auf einen einheitlichen Anteil von 75 % bei beiden Firmen, der sich 1993 auf 90 % und 2003 auf 100 % erhöhte.

Seitdem heißt die Gesellschaft Beiersdorf (Thailand) Co. Ltd. Für den Vertrieb nutzten wir seit 1978 den leistungsfähigen Außendienst der Schweizer Firma Diethelm & Co. Eigene Verkäufer einzusetzen wäre unter den damaligen Marktverhältnissen aufwendiger und weniger wirkungsvoll gewesen.

Als weitere Länder für eine Investition in Asien standen der Iran und Indonesien zur Diskussion. Zu unserer Entscheidung für den südostasiatischen Inselstaat konnten wir uns nach der Abdankung des Schahs im Februar 1979 nur beglückwünschen, da der Iran seitdem wieder zu einem islamischen Land mit geringer Kaufkraft der Bevölkerung geworden ist. In Indonesien erwies sich unser Einsatz dagegen als richtig. Das Land war in der Vergangenheit von Hamburg über Behn, Meyer & Co. in Surabaya und nach dem Krieg über Meyer, Moller Ltd. in Djakarta teilweise auch über die holländische Beiersdorf N.V. mit Exporten beliefert worden. 1977 wurden die Einfuhrzölle nennenswert erhöht, für Kosmetika auf 200 %. Das machte eine Produktion im Lande erforderlich.

Unsere ausländische Beteiligung durfte 1979 maximal 51 % betragen. Weitere 25 % konnte jedoch die Asian and European Capital Corporation Ltd. ASEAM treuhänderisch für uns halten. Die verbleibenden 24 % zeichnete Mrs. Kartini Mulyadi, eine erfahrene chinesische Anwältin, für ihre Partnerin Dian Tamzil und Tani Sunarjo, dessen Firma Faritex seit 1975 unsere Vertretung innehatte. Als dieser ausschied, erhöhte sich unser Anteil an der P.T. Beiersdorf Indonesia auf 80 %. Unser Wunsch, die Fabrik in Djakarta zu bauen, ließ sich nicht verwirklichen. Keine industrielle

Fertigung sollte nach Ansicht der indonesischen Regierung in der Nähe der Hauptstadt angesiedelt werden. So kauften wir ein Gelände im Osten Javas in Malang, das über eine kurvenreiche Straße mit abenteuerlichem Verkehr von Surabaya aus zu erreichen war. Die dort in den Tropen errichtete Fabrik konnte 1980 eröffnet werden.

Die Geschäftsmöglichkeiten für Beiersdorf in Afrika waren durch die geringe Kaufkraft der einheimischen Bevölkerung begrenzt. In der Südafrikanischen Union gehörte das Nivea-Warenzeichen Smith & Nephew. Für Pflaster und Klebebänder lohnte sich in diesem wichtigsten Markt Afrikas keine zusätzliche lokale Fertigung. Um trotzdem ein Zeichen zu setzen und Erfahrungen zu sammeln, entschlossen wir uns, in einem Land des so genannten Schwarzafrika und in einem Staat des Maghreb, des arabischen Nordens des Kontinents, selbst tätig zu werden. Was das erste dieser Projekte anlangt, wurden die französischsprachigen Märkte von Paris aus bearbeitet, teilweise mit lokaler Fertigung. Das Nivea-Warenzeichen in diesen Ländern hatten wir 1974 mit der Société Nivea zurückgekauft.

Von den vormals englischen Gebieten entschieden wir uns für Kenia. Das Land schien relativ am stabilsten. Seit 1971 wurden unsere wichtigsten Kosmetikprodukte als Lizenznehmer von der Firma Consultants (East Africa) Ltd. in Nairobi hergestellt und vertrieben. Als ihr Inhaber C.L. Radbone sich Ende der siebziger Jahre zurückziehen wollte, ergab sich eine gute Möglichkeit, die Anteile von ihm und seinem Partner zu übernehmen und die Produktion nach einer Kapitalerhöhung zu erweitern. Nach Erhalt der nötigen Genehmigungen gab es Anfang 1980 eine Beiersdorf

East Africa Ltd. Die bereits anfängliche Mehrheit von 80 % konnte Ende 1982 auf 100 % erhöht werden.

In Nordafrika lag die Entscheidung zugunsten von Marokko nahe. Die von Jean Montandraud 1963 bei den Laboratoires Polymédic in Gang gesetzte Produktion hatte sich günstig entwickelt. Sie war erforderlich geworden, da sich kosmetische Produkte aus Deutschland nicht so einfach einführen ließen wie vorher aus Frankreich. Als ausländische Firma war es nicht möglich, eine Genehmigung zur maßgeblichen Beteiligung an einer Kosmetikfirma zu bekommen. Daher traf es sich günstig, dass die Hoechst Maroc sich von ihrer Société de Fabrication et Distribution de Produits de Marques SOFAB trennen wollte. 1981 konnten wir 50 % dieser Firma direkt und 10% über eine Treuhänderin erwerben. Die Polymédic war bereit, ihr Nivea-Geschäft an die SOFAB abzugeben, die in Beiersdorf Maroc S.A. umbenannt wurde. 1986 konnten wir auch die restlichen 40 % von unserem marokkanischen Partner Camil Guessous übernehmen. Bei all diesen neuen Firmen in Übersee setzten wir zunächst junge deutsche Mitarbeiter als Geschäftsführer ein.

Aus der Größe der Auslandsorganisation ergab sich die Notwendigkeit der Entwicklung einer Corporate Identity. In vielen Ländern war der Name Beiersdorf schwer auszusprechen und führte immer wieder zu Verwechslungen mit Bayer. Außerdem gehörte es zum Unternehmensziel, neue Produkte unter einem eigenen Namen auf den Markt zu bringen. Um gleichzeitig das dahinter stehende Unternehmen als eine Art Gütesiegel zu zeigen, wurde 1977 das Firmenlogo BDF mit vier Punkten geschaffen und die Abkürzung BDF auch von einer Reihe von Auslandsgesellschaften als Name angenommen. Die vier Punkte schienen symbolisch für die damaligen vier Produktsparten zu stehen. Sie hatten tatsächlich eine ästhetische Funktion. Mit zwei oder drei Punkten hätte das Signet nicht gewirkt. Es bestand nie die Absicht, in Deutschland den Firmennamen Beiersdorf in BDF zu ändern. Es wurde auch keine eigene Werbung für das Firmenzeichen, sondern immer nur für die einzelnen starken Marken wie Nivea, Hansaplast und tesa gemacht. Als einheitliches Herkunftszeichen hat es trotzdem eine gewisse Wirkung nicht verfehlt.

Die Produktsparten traten in Zukunft als »cosmed programm« für den etwas schwerfälligen Begriff der Körperpflegemittel, »medical programm« für das Sortiment von Pflastern und Hospitalbedarf, »pharma programm« für die Arzneimittel und »tesa programm« für die technischen Klebebänder und Klebstoffe auf. Gleichzeitig erwies es sich als zweckmäßig, das medical-Geschäft zu verselbständigen. Das neue Vorstandsressort übernahm Dr. Ulrich Nafe. Er war von Anfang an am Aufbau der Überseeverbindungen beteiligt. Für seine eigene Sparte entwickelte er vielseitige Initiativen wie die Gründung von Produktionsgesellschaften in Malaysia zur Herstellung von Kathetern und Gummihandschuhen. Das tesa programm fand 1978 eine willkommene Erweiterung durch die Übernahme des dänischen Konkurrenten Nopi A/S mit Fabriken bei Kopenhagen und bei Flensburg sowie Tochtergesellschaften mit tüchtigen Geschäftsführern, von denen Jørgen Mørkholm die Leitung unserer Gesellschaft in Dänemark, Norbert Frankfort die der SA Beiersdorf NV in Belgien und Gordon Leadbeater die der tesa Ltd. in England übernahmen. In Österreich gelang es 1984, den Teilbereich der Koreska Ges.m.b.H. mit dem Warenzeichen TIXO zu erwerben, das in diesem Markt als Gattungsbegriff für Klebebänder galt.

Neben eigenen Gesellschaften entwickelte Beiersdorf das Auslandsgeschäft durch eine wachsende Zahl von Lizenzfertigungen nicht nur von kosmetischen Produkten, sondern auch von Pflastern und technischen Klebebändern. Diese Herstellungen vor Ort waren erforderlich wegen der in den meisten Ländern bestehenden Einfuhrbeschränkungen oder hohen Zollbelastungen. Wie sich gezeigt hat, entstanden aus diesen Verträgen bei Kapitalbedarf für zusätzliche Investitionen oft Beteiligungen und am Ende Übernahmen. 1982 bestand eine Zusammenarbeit mit 50 Lizenzpartnern in aller Welt. Als ein Beispiel für viele sei die Firma Vargas C.A. in Venezuela genannt. Seit 1957 wurde dort ein breites Sortiment von Nivea, Atrix und 8 x 4-Produkten sowie Teilen des medical programms unter der Leitung von Harald Valentiner hergestellt und vertrieben. Im Jahr des 100-jährigen Jubiläums betrugen die Verkäufe 28 Mio. Mark.

Mein persönliches Interesse galt besonders dem Wechsel von unseren vorherigen Partnern in der Türkei und im Iran. In Istanbul konnten wir 1965 die gleichnamige Firma von Dr. Nejat Eczasibashi dafür gewinnen, unsere Vertretung für das cosmed programm zu übernehmen. In Teheran war die Tolid Daru Company der Brüder Khosrowshahi schon 1962 für uns tätig geworden. 1973 folgte die Firma Bandfix Iran von Dr. Habib Esfahlani mit der Lizenzfertigung von Leukoplast, Hansaplast und tesa als gleichfalls erfolgreicher Partner. In der Türkei wären wir mit Dr. Eczasibashi gern eine Partnerschaft eingegangen. Die entsprechenden Pläne scheiterten jedoch immer wieder an der nicht zu erreichenden Genehmigung der türkischen Regierung. Erst 1993 konnten sie durch die Gründung der EBC Eczasibashi-Beiersdorf Company verwirklicht werden. Die Jahresumsätze dieser drei Firmen lagen 1982 sämtlich über 5 Mio. Mark.

In Ostasien war die Volksrepublik China zu dieser Zeit immer noch ein verschlossener Markt. Dagegen bestand in Taiwan seit 1971 mit der Firma Fu Shing eine engagierte Lizenzfertigung des Nivea-Sortiments. Leider war dieser Geschäftspartner unterkapitalisiert. So konnte er die Möglichkeiten des Marktes nicht voll ausschöpfen. Für eine Beteiligung schien mir dagegen Südkorea interessanter. Nach dem Vorbild der Nivea-Kao in Japan gelang es im Mai 1979, in Seoul mit dem Präsidenten Shin Koo Huh der in diesem Markt bedeutenden Lucky Ltd. ein »Memorandum on Joint Venture for Cosmetics« zu vereinbaren. Es sollte sich jedoch erst 1982 als Lizenzfertigung mit einem Anfangsumsatz von fast 5 Mio. Mark sehr erfolgreich entwickeln. Vorher galt es sicherzustellen, dass sich unsere Erfahrungen mit der Daeil Chemical Co. nicht wiederholten, die einen Lizenzvertrag für Pflaster und tesa 1976 nach nur 3-jähriger Laufzeit kündigte, um das Geschäft allein fortzusetzen.

Im europäischen Ostblock waren unsere Warenzeichen meist zusammen mit den dortigen Vorkriegsgesellschaften beschlagnahmt worden. Nur in Jugoslawien standen sie als Eigentum der P. Beiersdorf & Co. weiter zu unserer Verfügung. So konnte die Firma Neva in Zagreb schon 1954 eine Lizenzfertigung des späteren cosmed programms beginnen. Diese frühe Belebung der alten Verbindungen war meinem

Vorgänger Georg Roesner zu verdanken. In den anderen betroffenen Ländern erfolgte der Rückerwerb sehr unterschiedlich. Am einfachsten war es in der CSSR durch eine kostenlose Mitteilung des tschechischen Patentamts vom Mai 1963, nach der unsere Marken nunmehr freigegeben seien. In Ungarn geschah die Rückgabe des Nivea-Zeichens im Juni 1965 gegen Zahlung von 500 Mark. Anders verhielt es sich in Rumänien. Dort wurde Nivea von verschiedenen staatlichen Betrieben jeweils für Hautcremes, Seifen, Zahnpasten und andere Pflegemittel benutzt. Daher war es dort erst nach dem Zusammenbruch des Comecon 1992 möglich, dieses wertvollste Warenzeichen für nicht weniger als 5 Mio. Mark zurückzukaufen. In Polen bestand diese Möglichkeit selbst zu einem noch höheren Preis nicht, da die alte Posener Fabrik unter dem Namen Pollena-Lechia S.A. den Wert der alten Markenrechte richtig einschätzte. Das nachbarschaftliche Verhältnis zwischen unseren Ländern musste sich erst entwickeln.

Zunächst war es also nur in der CSSR und in Ungarn möglich, eine Lizenzfertigung aufzuziehen. Unser Vertragspartner in Prag war Dr. Maly, in Budapest Dr. Szabo. In der Tschechoslowakei waren die Spannungen zwischen den beiden Landesteilen, die 1993 zur Bildung getrennter Staaten führten, schon damals so groß, dass zwei voneinander unabhängige Fertigungen durch die Kozmetika ab 1968 in Bratislava und ein Jahr später durch die Firma Astrid in Prag vereinbart wurden. Die von uns geforderte Werbung sollte nach tschechischer Vorstellung nur in einer Beteiligung an Sammelanzeigen aller in der CSSR verfügbaren Cremes bestehen. Es war in den kommunistisch gewordenen Ländern ein langer Weg zu echtem Wettbewerb. In Budapest erfolgte die Produktionsaufnahme 1971. Dort war alles flexibler. Der Nivea betreuende Armand Veress, der noch bessere Zeiten erlebt hatte, meinte: »Es gibt in Ungarn nur einen Kommunisten, nur keiner weiß, wer es ist. Denn die anderen müssen so tun, als ob sie es wären.« Das war Ungarn vor der Wende. 1991 konnte die dortige Lizenzfertigung, 1993 die in Tschechien und 1994 auch die in der Slowakei in hundertprozentige Tochtergesellschaften von Beiersdorf überführt werden.

Als Spartenkoordinator hatte ich zunächst die Zuständigkeit für alle Auslandsgesellschaften behalten. In einer Reihe von Ländern wie Frankreich, Holland, Italien, Österreich, Schweden und der Schweiz war dies mit regelmäßigen Aufsichtsratssitzungen vor Ort verbunden. Zur ausgewogeneren Verteilung der Aufgaben im Vorstand wurde diese Betreuungsaufgabe 1977 aufgeteilt und die auf Europa bezogene Verantwortlichkeit der Produktsparten auf die USA und Kanada ausgedehnt. Da unsere größten Wettbewerber wie Procter & Gamble, Johnson & Johnson und die 3M Minnesota Mining and Manufacturing Company dort beheimatet waren, erwies sich diese Zuordnung als notwendig. Außerdem traten nach der Schaffung der medical-Sparte zwei weitere Änderungen im Vorstand ein. Dr. Peter Kern hatte sich besonders mit der Anpassung unserer Ruhegeldregelung an die veränderten Rahmenbedingungen befasst. Als Spezialist auf diesem Gebiet wollte er sich selbständig machen. So schied er 1978 aus. Andererseits trat Dr. Peter Knappertsbusch mit internationaler Erfahrung aus seiner vorherigen Tätigkeit als Vorstandsmitglied der Howaldtwerke-Deutsche Werft AG für das Ressort Übersee und Materialwirtschaft in die Geschäftsleitung ein. Dieser Wechsel erfolgte im Hinblick auf meine Übernahme des Vorsitzes im Vorstand anlässlich der Hauptversammlung im Juni 1979. An diesem Tage trat Georg W. Claussen anstelle von Professor Rolf Stödter an die Spitze des Aufsichtsrates.

Im November 1979 wurde auch bei Beiersdorf die paritätische Mitbestimmung für Firmen mit mehr als 2000 Beschäftigten eingeführt. Gegen diese gesetzliche Regelung hatte die Schutzvereinigung für Wertpapierbesitz das Bundesverfassungsgericht angerufen und dabei die Beiersdorf AG als Modellfall gewählt. Wegen des entscheidenden Doppelstimmrechts des von den Anteilseignern gestellten Vorsitzenden des Aufsichtsrates bestätigte das Gericht im März dieses Jahres die Verfassungsmäßigkeit des Gesetzes von 1976. Da die Wahl der von zwei auf sechs erhöhten Vertreter der Arbeitnehmer nicht bis zur Hauptversammlung durchgeführt werden konnte, verzögerte sich das Inkrafttreten der Mitbestimmung bei uns um fünf Monate. Die Allianz-Versicherungs AG legte Wert darauf, neben dem gesetzlich vorgesehenen stellvertretenden Vorsitzenden von den Arbeitnehmern, der bei uns immer ein Mitarbeiter der Firma und kein Gewerkschaftsfunktionär war, noch einen weiteren Vertreter der Aktionäre zusätzlich in dieses Amt zu wählen. In der Praxis blieb dies ohne Bedeutung. Vielmehr ist die Beiersdorf AG ein gutes Beispiel dafür geworden, dass ein deutsches Unternehmen durch die Mitbestimmung nicht zwangsläufig daran gehindert wird, erfolgreich zu bleiben oder zu werden. Natürlich stellt sich die Frage, ob den Interessen der Belegschaft nicht ebenso gut oder im Rahmen eines kleineren Aufsichtsrates sogar wirkungsvoller durch eine Drittelbeteiligung der Arbeitnehmer gedient ist. Auf meine Erfahrungen in anderen Aufsichtsräten werde ich noch eingehen.

Zu den Errungenschaften der Mitbestimmung gehörte die Notwendigkeit, ein Vorstandsmitglied zum Arbeitsdirektor zu ernennen. Diese Frage zu lösen war bei Beiersdorf kein Selbstgänger. Nach der Bildung einer vierten Produktsparte und der Neubesetzung des Übersee-Ressorts hatte Georg W. Claussen die Zuständigkeit für das Finanz- und Rechnungswesen übernommen. Der Vorstand war sich jetzt schnell einig, dass die Höchstzahl von sieben Mitgliedern nicht überschritten werden sollte. Im Falle der Bestellung eines zusätzlichen Personaldirektors hätte ich bei der Übernahme des Vorsitzes neben der Spartenkoordination auch das finanzielle Controlling beibehalten müssen. Das konnte nicht sinnvoll sein. Daher entschied sich der Aufsichtsrat dafür, die Funktion des Arbeitsdirektors mit einer der Spartenleitungen zu verbinden und einen neuen Finanzvorstand zu suchen. Er wurde 1980 mit Dr. Peter Schäfer gefunden, der über internationale Erfahrung verfügte und durch seinen Vater Albert Schäfer, den langjährigen Präses der Handelskammer, mit Hamburg verbunden war. Seine analytische Beurteilungsgabe war für die Vorstandsarbeit von hohem Wert. Arbeitsdirektor wurde Jürgen Peddinghaus als Chef der personalintensivsten tesa-Sparte, zumal er sich schon als Berater durch die Erarbeitung von Führungsgrundsätzen verdient gemacht hatte. Zur Arbeitsteilung übernahm ich die Betreuung der Leitenden Angestellten.

In dieser Organisationsform konnten wir am 29. März

1982 das 100-jährige Jubiläum von Beiersdorf mit einem Festakt im Congress Centrum begehen. Das Philharmonische Staatsorchester spielte zu Beginn den 1. Satz der 3. Symphonie des in Hamburg geborenen Johannes Brahms, der 1882 im Gründungsjahr von Beiersdorf komponiert wurde. In den Ansprachen an diesem Tage kam das Besondere von Beiersdorf zum Ausdruck. Das nach der letzten Einzahlung in 1929 vorhandene Kapital von 5 Millionen Mark erhöhte sich in den folgenden 53 Jahren auf das fast 30-fache ohne jede Neuzuführung zum Stand von 146 Millionen. Dies geschah nur aus Gesellschaftsmitteln durch wiederholte Umwandlung von Rücklagen in Kapital einschließlich einer Umstellung von Reichsmark auf D-Mark im Verhältnis 1:1 im Juni 1948. Diese Finanzpolitik wurde durch die erwirtschafteten Gewinne und die Zurückhaltung des begrenzten Kreises unserer Aktionäre beim jährlichen Beschluss über die Dividendenausschüttung ermöglicht.

Außerdem wurde herausgestellt, dass Beiersdorf das Hamburger Unternehmen mit der größten Zahl von hier aus koordinierter Auslandsgesellschaften ist, derzeit von 35 Firmen in den wichtigsten Staaten der Erde außerhalb des kommunistischen Ostblocks und Chinas. Damit stellten wir anlässlich unseres Jubiläums auch die Rolle dieser Stadt als Ausgangspunkt vieler Verbindungen zur Welt heraus. Weitere Aussagen waren: Die Gesellschaft steht mit einem Weltumsatz von über 2 Milliarden Mark und über 13 300 Mitarbeitern durch die Vielfalt ihrer Produkte und einem Auslandsanteil von über 57 % relativ krisenfest vor uns. Unsere erste Aufgabe bleibt immer wieder, innovativ tätig zu sein, um Neues und Besseres auf den Markt zu bringen und so zum Fortschritt beizutragen. Die wichtigste Voraussetzung für unser Wachstum sind qualifizierte Führungskräfte. Ihre Entwicklung hat unsere größte Aufmerksamkeit. Dabei kommt es uns vor allem darauf an, unternehmerisches Denken mit der Bereitschaft zu eigener Verantwortung zu entwickeln. Eine solche Einstellung ist mit dem sich ausbreitenden Besitzstandsdenken nicht vereinbar. Denn dieses findet auch keine Bestätigung im täglichen Wettbewerb, in dem auch die erfolgreichsten Produkte ihre Marktstellung immer neu erkämpfen müssen.

Der Festakt endete mit dem symphonischen Bravourstück »El Salón México«, das ich in dieser Stadt unter der Leitung des nordamerikanischen Komponisten Aaron Copland kennen gelernt hatte. Es schien mir die Bedeutung der USA und Mexikos für die Nachkriegsentwicklung der Firma musikalisch gut darzustellen. Es folgte noch die Uraufführung des Films »Eine Minute BDF«, in dem zu sehen war, was sich bei Beiersdorf in aller Welt zur gleichen Zeit ereignet. Am Abend gab es für unsere Gäste und Mitarbeiter in der Staatsoper eine gefeierte Aufführung von Giacomo Puccinis »La Bohème« unter der Leitung von Julius Rudel in einer Starbesetzung mit Neil Shicoff als Rodolfo an der Spitze. Der Tag klang aus mit einem festlichen Essen für 1500 Personen, das nur im Congress Centrum möglich war.

Weitere sieben Jahre Vorsitzender des Vorstands 1982–1989

Im Jahr des 100-jährigen Jubiläums war der Aufbau einer direkt von Hamburg aus geführten Auslandsorganisation zu einem Abschluss gekommen. Soweit es nicht schon geschehen war, stand jetzt im Vordergrund, für die wichtigsten Gesellschaften erweiterungsfähige Gebäude für die notwendige örtliche Produktion, für Rohstoff- und Fertigwarenläger sowie für ausreichende Büroräume zu errichten oder bei den schnell wachsenden Mengen dem größeren Bedarf anzupassen. Vielfach war es erforderlich, geeignete neue Standorte zu finden. Das gelang in Schweden in Kungsbakka südlich von Göteborg, in Griechenland in Gerakas bei Athen, in Frankreich in Savigny le Temple bei Paris, in Spanien in Argentona bei Barcelona für tesa und medical sowie in Tres Cantos bei Madrid für das cosmed programm. Von der neuen italienischen Fabrik in Brembate bei Bergamo war bereits die Rede.

Bei diesen Vorhaben handelte es sich jeweils um Werke mit eigener Fertigung, die auch bei der späteren Konzentration auf wenige Produktionsstandorte in Europa ihre Bedeutung behielten. Am ungewöhnlichsten war unser Entschluss, in

Holland die traditionellen Büros in Amsterdam in der Sarphatikade gegenüber vom Amstel Hotel und die Fabrik in Hilversum zugunsten eines Neubaus auf einem Gelände in Almere aufzugeben, das erst der Zuidersee abgewonnen werden musste. Als ich das erste Mal dort stand, war nur eine weite Dünenlandschaft zu sehen ohne einen Baum oder Strauch und ohne richtige Markierungen. Ich fühlte mich an den Schluss von Goethes »Faust« erinnert, der die Vision der Gewinnung neuen Landes als höchstes Glück empfindet. Am meisten zu bewundern war die Bereitschaft der holländischen Mitarbeiter, an den neuen Standort umzuziehen, der sich erst in den nächsten Jahren zu einer kleinen Stadt entwickelte. Als Geschäftsführer der niederländischen Gesellschaft ließ Klaus Beyer dieses Projekt erfolgreich werden.

Gleichzeitig wurde der Ausbau der portugiesischen Fabrik in Queluz bei Lissabon fortgesetzt. In den Jahren der kommunistischen Regierung hatte sich Andreas Boje in seiner Standfestigkeit um diese Gesellschaft besonders verdient gemacht. Lager- und Bürogebäude entstanden in England in Milton Keynes bei London, in Belgien in Groot Bijgarden bei Brüssel und in der Schweiz in Münchenstein bei Basel für die cosmed- und in Bergdietikon bei Zürich für die tesa-Sparte. Es waren Jahre einer regen Bautätigkeit in vielen Ländern. Dabei wurde die frühere mehrgeschossige Bauweise durch ebenerdige Hallen für die größeren Anlagen der Klebebandproduktion und durch Hochregalläger für die Warendisposition abgelöst. Die Inbetriebnahme neuer Bauten war immer wieder eine willkommene Gelegenheit, den Kunden und anderen Geschäftspartnern sowie Repräsentanten der Behörden und des öffentlichen Lebens in den verschiedenen Ländern die wachsende Größe von Beiersdorf vorzuführen.

Das letzte Vorhaben, bei dem ich für die Firma als Bauherr auftreten konnte, war das neue Verwaltungsgebäude in der Unnastraße. Zunächst war nur an einen Garagensilo gedacht, um dem immer größer werdenden Parkproblem für die Mitarbeiter und Gäste zu begegnen. Doch dann setzte sich in den Entscheidungsgremien die Ansicht durch, dass die Leitung eines inzwischen weltweit tätigen Unternehmens eine repräsentative Zentrale benötige. Der Bau wurde 1988 von dem Architekten Stephan Hupertz ausgeführt, dessen Büro Schramm & Elingius schon vor dem Krieg den bisherigen Firmensitz errichtet hatte. Der gelungene Backsteinanbau mit einem geschwungenen gläsernen Eingangstrakt ist für den Stadtteil Eimsbüttel eine städtebaulich wertvolle Bereicherung und fügt sich gut in das Straßenbild ein.

Die Verbreiterung des Angebots aller Sparten erfolgte in diesen Jahren neben zahlreichen neu entwickelten Produkten durch Zukäufe anderer Firmen wie 1983 durch die mehrheitliche Beteiligung an der Bacillolfabrik von Dr. Bode & Co., einem namhaften in Hamburg ansässigen Hersteller von Desinfektionsmitteln. Als Bode Chemie GmbH & Co. konnten wir so unter der langjährigen Geschäftsführung von Dr. Ulrich Möllers die Bedeutung von Beiersdorf im Krankenhausbereich nachhaltig stärken.

Der cosmed-Sparte gelang es schon 1980, die Guhl Kosmetik GmbH als Spezialisten für Haarpflegeprodukte zu erwerben. Wir waren damit in der Lage, 1987 die für uns wichtige Partnerschaft mit der Kao Soap Company für unser Hautpflegegeschäft in Japan durch ein entsprechendes

50/50 Joint Venture in Deutschland unter dem Namen Guhl Ikebana GmbH für Haarpflegeprodukte zu stärken. Im Sinne der Spiegelbildlichkeit überließen wir Kao das Warenzeichen Guhl und behielten unsererseits die Produktionsstätte in Berlin. So kam Kao mit unserer Unterstützung zu einer erfolgreichen Markteinführung in der Bundesrepublik. In diesem Zusammenhang übernahm Hans-Otto Wöbcke 1983 die Zuständigkeit für das Japan-Geschäft, was sich bei der Professionalität unserer Partner auf die Entwicklung von Umsatz und Ertrag günstig auswirkte.

Im Markt der technischen Klebebänder wurde das Mengengeschäft mit transparenten Folienstreifen wie tesafilm von zahlreichen preisgünstigen italienischen Herstellern bestimmt. Daher war es reizvoll, 1988 einen der größten von ihnen, die Comet SARA S.p.A. in Concagno bei Mailand, zu übernehmen und uns damit diese Kapazität zu sichern. Auf diese Weise baute jede der drei großen Sparten ihr Geschäft in Deutschland und Europa aus.

In der Volksrepublik China gelang es 1985 nach dreijährigen Verhandlungen, die Lizenzfertigung von Nivea Creme in der Shanghai Daily Chemical Products Factory Nr. 2 aufzunehmen. Die Mengen, die zunächst hergestellt werden konnten, waren begrenzt. Das lag an einer beschränkten Verfügbarkeit der nötigen Rohstoffe und Verpackungen sowie einer noch spürbaren Zurückhaltung der Zuständigen auf chinesischer Seite im Umgang mit europäischen Partnern. Immerhin konnte so auch in der Volksrepublik China die Basis für eine spätere eigene Gesellschaft gelegt werden wie vorher schon in Korea und Taiwan.

Die Rolle des Vorsitzenden hatte sich im Vorstand durch

die Einführung der Spartenorganisation verändert. Bei der vorherigen funktionalen Zuständigkeit der anderen Mitglieder war nur er für das Gesamtgeschäft zuständig. Mein Bereich des ganzen Auslands war die Ausnahme. Jetzt sollte und wollte jeder Spartenchef die volle Ergebnisverantwortung für seinen Teilbereich haben. Sie musste ihre Grenze jedoch in der bestehen bleibenden Gesamtverantwortung des Vorsitzenden finden. Im Prinzip war dies eine positive Entwicklung, die mehr Dynamik in die Vorstandsarbeit brachte. Wahrscheinlich trug sie aber auch dazu bei, dass zwei der Spartenleiter 1984 der Versuchung nicht widerstehen konnten, den Vorsitz in der Geschäftsführung namhafter anderer Firmen ihrer weiteren Tätigkeit für Beiersdorf vorzuziehen. Im März dieses Jahres ging Dr. Martin Mohs aufgrund dieser Möglichkeit zur A. Nattermann & Cie nach Köln und zwei Jahre später wiederum als Vorsitzender zur Glaxo GmbH nach Bad Oldesloe. Ende 1984 folgte ihm Jürgen Peddinghaus, indem er das Angebot annahm, Vorstandsvorsitzender der Reemtsma Cigarettenfabriken GmbH in Hamburg zu werden.

Dieser Wechsel stellte etwas Besonderes dar, da die Mehrheit der Firma Reemtsma 1980 von der Tchibo Holding gekauft wurde, die mit zwei Vorstandsmitgliedern in unserem Aufsichtsrat maßgeblich vertreten war. Da Günter Herz bei Beiersdorf nur eine Beteiligung von etwas mehr als 25 % vertrat, hatte sein Interesse an Reemtsma den Vorrang, weil er dort für die Mehrheit der Anteile sprechen konnte. Für Jürgen Peddinghaus musste bei der Größe der tesa-Sparte in der Kürze der zur Verfügung stehenden Zeit eine Lösung aus eigenen Reihen gefunden werden. Am engsten mit seinem Vorgänger zusammengearbeitet hatte Dr.-Ing. Kurt-Friedrich Ladendorf. So fiel die Wahl des Aufsichtsrates auf ihn. Die Aufgabe des Arbeitsdirektors übernahm Dr. Ulrich Nafe.

Das Ausscheiden von Dr. Mohs war nachzuvollziehen, da das auf Deutschland ausgerichtete Pharmageschäft neben den drei anderen international operierenden Sparten immer mehr in den Hintergrund trat. Es wurde zwar 1985 mit Dr. Dirk Detert ein neues Vorstandsmitglied für diesen traditionsreichen Bereich gefunden, aber auch er konnte nicht verhindern, dass die bessere Zukunft für dieses Gebiet in einem Zusammengehen mit einer der großen amerikanischen Pharmafirmen lag, die auf den deutschen Markt drängten. In diesem Sinne wurde das Pharmageschäft Beiersdorfs 1992 in Stufen von der Eli Lilly International Corporation übernommen.

Ende der achtziger Jahre war die wirtschaftspolitische Diskussion allgemein von der Vorstellung bestimmt, dass die Zukunftsmärkte in der Triade lägen. Dieser Begriff umfasste die USA, die Europäische Union und Japan. In diesen drei Märkten mussten alle Firmen von internationaler Bedeutung vertreten sein. Dagegen konnten alle anderen Teile der Welt wie Lateinamerika, der kommunistische Ostblock einschließlich China und die nahöstlichen Ölstaaten getrost vernachlässigt werden. Von dieser Denkweise wurde auch der Vorstand von Beiersdorf mehrheitlich ergriffen. Da die Firma in der EU und Japan bereits verhältnismäßig gut aufgestellt war, richteten sich die Blicke auf die USA.

Diesbezüglich war nicht zu bestreiten, dass Handlungsbedarf bestand. Nach der Übernahme der Duke Laboratories mit ihrem Nivea- und Pflastergeschäft hatte es immer wieder Angebote der namhaften amerikanischen Konkurrenten zur Zusammenarbeit in welcher Form auch immer gegeben. Auf diese Weise hätten sich die Umsätze sicher schneller steigern lassen. Trotzdem haben wir diesen Verlockungen widerstanden, um in diesem wichtigsten Markt nicht die Markenführung von Nivea zu verlieren. Jetzt trat die Absicht in den Vordergrund, durch einen Zukauf unsere Marktstellung zu verbessern. Am geeignetsten wäre die Firma Noxema mit ihren blauen Verpackungen gewesen. Aber diese Marke stand nicht zum Verkauf, wohl aber die Andrew Jergens Division der American Brands Inc., deren bekanntestes Produkt eine erfolgreiche Handlotion war.

Bei diesem Projekt lernten wir zum ersten Mal eine amerikanische Versteigerung kennen. Die Morgan Stanley Investment Bank, die mit dem Verkauf beauftragt war, hielt nähere Angaben über »die Braut« zunächst zurück, verlangte aber von den Bewerbern, sich erst selbst minutiös darzustellen, um eine Auswahl treffen zu können, wer als Bieter überhaupt zugelassen würde. In diesem engeren Kreis befanden wir uns bis zur Endrunde zusammen mit unserem japanischen Partner Kao Soap Company, der seinerseits einen Einstieg in den US-Markt suchte. Diese Konkurrenz sahen wir sportlich. Sie tat der Freundschaft keinen Abbruch. Die Firma Jergens tätigte einen Umsatz von 154 Mio. Dollar jährlich. Sie war profitabel. In enger Abstimmung mit der für uns tätigen Deutsche Bank Capital Corporation DBCC erhöhten wir unser Angebot im April 1988 nach eingehender Prüfung in dem üblich gewordenen Due-Diligence-Verfahren auf 244 Mio. Dollar. Aber auch dieser Betrag reichte nicht aus.

Kao Soap machte das Rennen. Die Enttäuschung war groß. Zu viele Mitarbeiter hatten sich für ihren Teil bei der Erarbeitung der Offerte eingesetzt.

Nach wenigen Jahren war die Freude vielleicht noch größer, keinen Erfolg gehabt zu haben. Denn Kao Soap wurde mit dieser Erwerbung nicht glücklich, und es ist kaum anzunehmen, dass es uns besser ergangen wäre. Aber das wussten wir 1988 noch nicht. In unserer damaligen Stimmungslage erreichte uns im Juli dieses Jahres die Nachricht, die Firma TTI Technical Tapes Incorporated in New Rochelle bei New York würde auch versteigert. Für tesa war es besonders wichtig, gegenüber der den US-Markt beherrschenden Konkurrenz der 3M Minnesota Mining and Manufacturing Company die schmale Basis der eigenen Produktions- und Vertriebsgesellschaft BDF tesa Corporation in Sparta, Michigan, zu verbreitern. So beschlossen wir, uns auch in diesem Fall an der Versteigerung zu beteiligen. Wieder kamen wir mit einer japanischen Firma in die Endrunde. Dieses Mal war es ein Konkurrent, die Dai Nippon Printing Co. Ltd. Tokio. Sie zog allerdings ihr Angebot nach der Due-Diligence-Prüfung zurück.

Ich war dafür, das Gleiche zu tun. Denn der Bekanntheitsgrad der Marke tuck von Technical Tapes war gering, ebenso der Gewinn bei 80 Mio. Dollar Umsatz. Außerdem bekamen wir neben unserer Produktionsstätte Sparta gleich zwei weitere Fertigungsstandorte. Natürlich lag die Preisvorstellung nicht über dem Umsatz wie bei Jergens, aber auch nicht viel darunter. Ich war gerade in Italien, als die endgültige Offerte eingereicht werden musste. Den Aufsichtsratsvorsitz hatte Georg W. Claussen 1987 nach Vollendung seines

75. Lebensjahres an meinen Schulfreund aus dem Johanneum, Dr. Marcus Bierich, abgegeben. Er war 1979 als Finanzvorstand der Allianz AG in das Gremium gewählt worden und 1984 als Vorstandsvorsitzender der Robert Bosch GmbH in Stuttgart beim Ausscheiden von Professor Stödter als gebürtiger Hamburger in diesem Amt geblieben. Er teilte meine Bedenken, war aber nicht bereit, mich gegen die Meinung im Aufsichtsrat und Vorstand zu unterstützen, nach der in den USA endlich ein Firmenzukauf erfolgen müsse. So erhielten wir den Zuschlag. TTI konnte in Zukunft für tesa tuck Incorporated stehen, wobei »tuck« bald wieder von »tapes« im Firmennamen abgelöst wurde.

Mein jahrelanger Vorschlag, die erfolgreiche Zusammenarbeit unter dem Lizenzvertrag mit der Firma Cremer S.A. in Blumenau in Südbrasilien zu einer 60/40-Partnerschaft als BDF Cremer Ltda. mit der Wahrscheinlichkeit einer späteren Übernahme auszubauen, hatte keine Aussicht auf Verwirklichung mehr. Zwar lagen die Lizenzumsätze des medical- und tesa-Programms bereits über 40 Mio. Mark. Besonders die Aussichten für die technischen Klebebänder waren bei der starken Industrialisierung des Landes günstig. Aber die Faszination der Triade war zu groß. Sie führte zu wesentlich höheren Investitionen der tesa-Sparte in den USA und traf dort auch auf wesentlich härteren Wettbewerb.

Zu meinen Aufgaben im Vorstand gehörte die Mitwirkung in verschiedenen Verbänden, die sich für die allgemeinen Belange der Wirtschaft einsetzten. Das erste derartige Amt übernahm ich schon Anfang der sechziger Jahre in der AFERA, der Association des Fabricants Européens de Rubans Adhésifs. Sie war 1958 gegründet worden und setzte einheitliche Standards der Rollenlänge und -breite durch. Vorher bestand ein schrankenloses Sich-Unterbieten durch unterschiedliche Abmessungen. Die AFERA erarbeitete auch einheitliche Prüfmethoden für die Klebkraftmessung und stimmte ihre Ergebnisse mit den Herstellern in den USA und Japan ab. Diese sinnvollen Festlegungen waren nur durch die Mitwirkung der Verantwortlichen dieses Industriezweiges in den einzelnen Ländern möglich. Für mich ergaben sich in diesem Rahmen persönliche Beziehungen zu Jacques Peloille in Frankreich und Vertretern von Smith & Nephew in England. Die Jahrestagungen in Cannes 1964 und Venedig 1966 behalte ich in bester Erinnerung.

In den achtziger Jahren gehörte ich dem Vorstand des Verbandes der Chemischen Industrie VCI in Frankfurt an. Durch die gut organisierte Zusammenarbeit der maßgeblichen Repräsentanten dieser wichtigen deutschen Industrie konnte auch bei verstärktem Umweltbewusstsein ein positives Bild der Chemie in der Öffentlichkeit gewahrt bleiben. Ich konnte daran mitwirken, die regionale Geschäftsführung für die norddeutschen Bundesländer an einem Standort in Hannover zusammenzuführen. In Hamburg gehörte ich auch dem Vorstand des Industrieverbandes und des Arbeitgeberverbandes der Chemie an. Diese Mitgliedschaften sollten später noch eine größere Bedeutung für mich bekommen.

Im Rahmen meines jährlichen Berichts vor der Hauptversammlung der Aktionäre habe ich regelmäßig die Gelegenheit wahrgenommen, neben der Darstellung des Unternehmens zu aktuellen sozialpolitischen oder steuerlichen Themen Stellung zu beziehen. Um nur ein Beispiel zu nennen, wies ich schon 1984 darauf hin, »dass die schnelle

Ausweitung der Urlaubsansprüche in der Bundesrepublik zu einer mindestens so großen Belastung unserer Wettbewerbsfähigkeit geworden ist wie die Verkürzung der Wochenarbeitszeit«. Aus drei Wochen in den sechziger Jahren wurden 1974 vier Wochen, 1981 fünf Wochen und schon drei Jahre später sechs Wochen. Unter Berücksichtigung der Wochenenden und Feiertage sowie des Fehlens wegen Krankheit »braucht jeder Beschäftigte im Durchschnitt nur noch an der Hälfte aller Tage des Jahres zu arbeiten«. Schon damals war der volkswirtschaftliche Nachteil viel größer als der persönliche Vorteil der Betroffenen. Derartige Einzelmeinungen konnten leider wenig bewirken. Die international Tätigen hatten bessere Vergleichsmöglichkeiten. In der politischen Meinungsbildung waren dagegen alle Wortführer in Politik und Wirtschaft noch zu sehr auf die mögliche Verbesserung der vermeintlichen Lebensqualität in unserem Lande ausgerichtet.

Eine meiner wichtigsten Aufgaben sah ich in der personellen Betreuung der Führungskräfte der Firma, nach der Terminologie der Mitbestimmung der etwa 250 Leitenden Angestellten. Da ich im Laufe der Jahre bei den eingetretenen Wechseln im Vorstand alle Ressorts vorübergehend leitete, hatte ich von allen Mitgliedern dieses Personenkreises eine Vorstellung, wie sie ihre Aufgaben wahrnahmen. Die jährliche Festlegung ihrer Bezüge erfolgte nach Vorschlägen der zuständigen Bereichsleiter durch die Verabschiedung einer von mir erstellten einheitlichen Liste im Gesamtvorstand. Dabei habe ich stets darauf geachtet, dass die Vergütungen in angemessenem Verhältnis zu denen des Vorstands und denen der anderen Mitarbeiter standen. Das Verfahren war zwangsläufig subjektiv und wurde zum Ende meiner Amtszeit durch die in vergleichbaren Firmen übliche Bewertung aller Funktionen durch ein Punktesystem abgelöst, das eine größere Transparenz brachte. Diese zwar aufwendige Änderung war bei der erreichten Größe der Firma eine Notwendigkeit.

Die Vielfalt meiner Aufgaben hätte ich ohne die Unterstützung qualifizierter und vertrauenswürdiger Sekretärinnen nicht bewältigen können. An erster Stelle ist Lieselotte Lüdt zu nennen. Sie war bereits 16 Jahre der Mittelpunkt, man kann sagen, die Seele der damaligen Auslandsabteilungen, als sie noch einmal die gleiche Zeit in ständiger Einsatzbereitschaft, großer Diskretion und steter Ausgeglichenheit für mich tätig wurde. Es ist bedauerlich, dass inzwischen viele Führungskräfte in Spitzenpositionen aufgrund der Möglichkeiten ihres Computers auf die Kontaktpflege durch ihr eigenes Sekretariat und damit auf die wirkungsvollste Art persönlicher Imagepflege gegenüber der Vielzahl ihrer Mitarbeiter verzichten.

Als Deutschland noch geteilt war und der Kommunismus eine Bedrohung darstellte, schien es mir wichtig, an den christlichen Ursprung von Weihnachten, dem Beginn unserer abendländischen Zeitrechnung, zu erinnern. Als Höhepunkt des Jahres versenden wir zu keinem anderen Feiertag so viele Wünsche und versuchen, als Familie zusammenzukommen. In diesem Sinne hatte ich 1985 eine Zusammenstellung von 65 Weihnachtsgedichten für meine Familie und Freunde drucken lassen. Den kleinen Band schickte ich auch an die von mir betreuten »Leitenden«. Da ich davon ausging, dass ihre Bindung an eine der Kirchen nicht größer sein würde als der statistische Durchschnitt, war ich über die ungewöhnlich positive Reaktion auf diese unerwartete Aussendung überrascht. Für viele war es ein Anlass, sich eigener Kindheitserlebnisse zu erinnern oder über das Tagesgeschehen hinausgehende Betrachtungen anzustellen. Nur wenige waren von der Vielfalt der in den Gedichten zum Ausdruck kommenden Denkanstöße nicht berührt.

Für die Geschäftsführer unserer ausländischen Tochtergesellschaften habe ich »8 Grundsätze« festgehalten, die mir für ihre Tätigkeit in den unterschiedlichsten Ländern wichtig schienen. Die ersten drei Punkte sind allgemein gehaltene Aussagen:

1. Ertragsbewusstsein ist wichtiger als Umsatzsteigerung.
2. Hohe Fremdfinanzierung birgt unkalkulierbare Risiken.
3. Nur hervorragende Produkte sichern eine gute Rentabilität.

Das Wachstum braucht nicht kurzfristig, muss aber langfristig zu einer Stärkung der Ertragskraft führen. Im schlimmsten Fall ist verlorenes Eigenkapital betrüblich, verzinsliche Fremdmittel können dagegen tödlich werden. Nur durch wirksame Qualitätssicherung und ständige Produktverbesserung lässt sich die Stellung am Markt ausbauen.

Die nächste Feststellung ist bereits spezifischer:

4. Neue Artikel müssen in die Vertriebsorganisation passen.

Die Stärke der Markenartikelhersteller hängt von ihrer Nähe zum Kunden ab. Die aufwendigste Werbung für den besten Artikel nützt nichts, wenn die geeignete Verkaufsorganisation fehlt. Die Kernsätze 5 bis 7 waren für mich entscheidend:

5. Kurze Entscheidungswege sind wichtiger als Stabsfunktionen.
6. Erst der Wille zum Erfolg treibt die Dinge voran.
7. Der psychologische Gesichtspunkt ist von größter Wichtigkeit.

Stabsstellen oder Referenten, die anstehende Entscheidungen erst einmal filtern, behindern eine klare Führung von oben nach unten. Es genügt nicht, das Richtige zu denken oder zu diskutieren, sondern das Nötige zu seiner Verwirklichung muss getan werden. Für den Erfolg einer Maßnahme ist oft entscheidend, wann, wie und durch wen sie erfolgt.

8. Alle ausländischen Märkte sind stark unterschiedlich.

Diese Aussage gilt nach dem Wegfall vieler Behinderungen durch die Globalisierung nicht mehr für Spanien und Portugal, wohl aber weiter für China und Russland oder die USA und Brasilien.

Gegen Ende meiner Amtszeit zeichneten sich immer deutlicher die Änderungen im internationalen Wettbewerb durch das Zusammenwachsen der westeuropäischen wie der lateinamerikanischen Märkte ab. Durch den Wegfall von Einfuhrbeschränkungen und Zollschranken war es in vielen kleineren Ländern nicht länger erforderlich, eigene Produktionsstätten zu unterhalten. Gleichzeitig konnte die Ertragsentwicklung mit dem weltweit wachsenden Umsatz nicht Schritt halten. Auf Drängen von Hans-Otto Wöbcke schaltete Beiersdorf nach 15 Jahren erneut eine der namhaften Beratungsfirmen ein. Die Wahl fiel dieses Mal auf die Boston Consulting Group. Sie war bei der Erarbeitung einer in Zukunft stark verkleinerten Zahl von Fertigungsstandorten der einzelnen Sparten sehr hilfreich. Zwangsläufig waren die sich daraus ergebenden Maßnahmen in vielen Ländern mit Einschnitten in die gewachsenen Strukturen verbunden, für die erst das erforderliche Verständnis geworben werden musste.

In der cosmed-Sparte kam uns die technologische Entwicklung zu Hilfe. Bei dem bekanntesten Produkt, der Nivea Creme, war es noch in den sechziger Jahren möglich, durch die Aussage »mit Alterungsschutzmitteln« die Glaubwürdigkeit der Beständigkeit der Creme bei extremen Temperaturen zu untermauern. Inzwischen war es gelungen, dem gestiegenen Reinheitsbewusstsein der Verbraucher zu entsprechen und die gleiche Qualitätsgarantie »ohne Konservierungsstoffe« abzugeben. Das setzte jedoch vollautomatische Herstellungsverfahren voraus, die nur an wenigen Plätzen rationell zu verwirklichen waren.

Andere Empfehlungen der Beratungsfirma erwiesen sich als weniger sinnvoll. Sie war von der Zugkraft starker Marken nur in Grenzen überzeugt. Daher riet sie, zur Stärkung der Marke Nivea eine Firma der gehobenen und eine der mittleren Kosmetik zu kaufen, um deren hochwertige

Produkte zur Bereicherung des Nivea-Sortiments in seiner Preiskategorie zu »kaskadieren«. Zum Glück wurde der entsprechend getätigte Kauf der Firmen La Prairie Inc. in New York und der Juvena International AG in Volketswil bei Zürich ein nachhaltiger Erfolg, allerdings als jeweils führendes Unternehmen in seinem eigenen Marktsegment und nicht als indirekte Stütze der Marke Nivea. Sie zeitigte in den nächsten Jahren aus eigener Kraft und durch erstklassiges Marketing eine sensationelle Entwicklung.

Bei tesa hatte sich neben dem traditionellen tesafilm im Handelsgeschäft ein großer Markt für die von der 3M entwickelten Haftnotizzettel post-it ergeben. In diesem Fall war die Boston Consulting Group der Ansicht, dass es keinen Zweck habe, gegen einen so starken, diesen Artikel beherrschenden Wettbewerber anzutreten. So gab Beiersdorf die eigene Fertigung dieses weiter wachsenden Produkts auf, um nur noch durch Zukäufe an diesem interessanten Geschäft teilzunehmen. Es war auch nicht schlüssig, in Westeuropa bei der starken Stellung des tesa-Programms die meisten Fabriken außerhalb der Bundesrepublik zu schließen und gleichzeitig in den USA bei unserem geringen Marktanteil eine der drei Fertigungsstätten noch auszubauen. Es sollte Jahre dauern, bis die tesa-Sparte sich von diesen Weichenstellungen erholte.

Meine Möglichkeiten, in die Entwicklung einzugreifen, waren durch die Eigenverantwortung der Geschäftsbereiche und die 1988 erfolgte Ernennung von Hans-Otto Wöbcke zu meinem Nachfolger begrenzt. Schon 1987 wurde Heinrich Lührs als Arbeitsdirektor in den Vorstand berufen. Er war seit 1967 am Aufbau des Auslandsgeschäftes beteiligt und übernahm bis 1991 auch die erfolgreiche Leitung der cosmed-Sparte. Er ist 1997 viel zu früh gestorben.

Im Jahr meines Ausscheidens aus dem Vorstand hatte sich der Weltumsatz von Beiersdorf in den letzten sieben Jahren um über 70 % auf 3,8 Milliarden Mark mit einem Auslandsanteil von 61,6 % erhöht. In der Firmengruppe waren rund 18 000 Mitarbeiter tätig, davon 8700 in Deutschland. Der Jahresüberschuss, der 1961 beim Beginn meiner Tätigkeit bei 7,5 Mio. Mark gelegen hatte, betrug jetzt 100 Mio. Meinen Nachfolgern Hans-Otto Wöbcke und ab 1994 Dr. Rolf Kunisch gelang es durch ihre Tüchtigkeit, diese positive Entwicklung noch wesentlich zu steigern.

Sie konnten endlich das Nivea-Geschäft auch in den Kernländern des Commonwealth England, Irland, Kanada, Südafrika, Australien, Neuseeland, Indien und Pakistan sowie in Israel in zwei Schritten zurückerwerben. Dabei erwiesen sich die Verantwortlichen von Smith & Nephew erneut als geschickte Kaufleute. Sie qualifizierten sich eindrucksvoll für die im Jahr 2001 verwirklichte weltweite Partnerschaft für das professionelle medical-Geschäft in der BSN medical GmbH & Co. KG mit Sitz in Hamburg. 1992 konnten wir zunächst das Nivea-Warenzeichen in den genannten Ländern kaufen, während der Vertrieb bei den Firmen unserer britischen Partner verblieb. 2000 gelang es schließlich, das Geschäft überall selbst in die Hand zu nehmen. Lediglich in Indien war es erst einige Jahre später möglich.

In der Hauptversammlung im Juni 1989 wurde ich anstelle von Georg W. Claussen in den Aufsichtsrat gewählt, der seinerseits zum Ehrenvorsitzenden der Gesellschaft ernannt wurde. In diesem Monat war noch nicht absehbar, zu welch einschneidendem Jahr 1989 für Beiersdorf noch werden sollte. Durch den Fall der Mauer im November wurde 6 x 7 = 42 Jahre nach 1948, dem Jahr der Währungsreform und des Neubeginns Westdeutschlands, die Wiedervereinigung unseres Landes und durch den Zusammenbruch des Comecon auch die Erschließung der Märkte Osteuropas möglich. Erst jetzt waren die schlimmsten Folgen des Zweiten Weltkriegs überwunden.

Fünf der 13 Ringfirmen Dr. Jacobsons lagen bis dahin im kommunistischen Machtbereich. Es ist schnell erkennbar, welche Perspektiven sich durch die neue politische Lage für Beiersdorf ergaben. 13 neue Vertriebsgesellschaften nahmen von Estland bis Mazedonien ihre Tätigkeit auf. Sie werden im Norden von der für die skandinavischen Länder zuständigen Geschäftsführung und im Süden von der österreichischen Beiersdorf GmbH gesteuert. In ähnlicher Weise gingen in Lateinamerika im Rahmen der Erleichterungen des Andenpaktes und ähnlicher Freihandelszonen aus vorherigen Lizenzfertigungen eigene Vertriebsgesellschaften in zehn Ländern von der Dominikanischen Republik bis Bolivien hervor. Bei mehreren von ihnen hat Hans-Joachim Conradi die vorbereitenden Verhandlungen mit sicherem Gefühl für die sich bietenden Möglichkeiten geführt.

Als Abschluss des Aufbaus der eigenen Auslandsorganisation gelang es Dr. Kunisch 1997, die wichtigste osteuropäische Vorkriegsfabrik in Posen zurückzukaufen. Der anschließend dort erfolgte Neubau großzügiger Produktionsanlagen veranschaulicht das Vertrauen Beiersdorfs in die Zukunft Osteuropas. Damit wurde die letzte Lücke im weltweiten Besitz der Marke Nivea geschlossen.

Erfahrungen als Mitglied von Aufsichtsräten

Ende 1985 erschien im Dezember-Heft des Wirtschaftsmagazins Capital das Ergebnis einer Befragung durch das Tübinger Wickert Institut von 2100 deutschen Firmeninhabern und Managern, wie sie ihre Kollegen und deren Unternehmen einschätzen. Ich war erstaunt, mich unter 30 Genannten gleich nach den Vorstandsvorsitzenden der größten Automobil- und Chemiefirmen, der Deutschen Bank und von Siemens auf Platz 12 zu finden. Dabei war klar, dass diese Beurteilung dem von vielen erarbeiteten Erfolg von Beiersdorf galt. Professor Horst Albach, Institutsdirektor der Humboldt-Universität zu Berlin, setzte mich 1991 in der Juli-Ausgabe des Wirtschaftsmagazins Forbes in einer Auflistung der »Mächtigsten der Wirtschaft«, die nach seiner Ansicht »bestimmen, was in der deutschen Wirtschaft geschieht«, sogar unter 250 bewerteten Personen auf Platz 13. Diese aus meiner Sicht unzutreffende Platzierung gleich nach Männern wie Hermann J. Abs, Wolfgang Schieren und Hilmar Kopper wurde mit meinen Aufsichtsratsmandaten bei Beiersdorf, Feno, Horten, Phoenix, der Hamburg-Mannheimer und der Deutschen Bank begründet. Hiervon soll in diesem Kapitel die Rede sein.

Für die Beiersdorf AG gehörte ich in verschiedenen europäischen Ländern zehn Aufsichtsräten an, vorzugsweise wenn Rechte ausländischer Partner oder Minderheitsaktionäre zu berücksichtigen waren wie in Schweden, Frankreich, Spanien, Portugal und der Schweiz. Auch in den Staaten, in denen die in Deutschland, Holland und Österreich bestehende Trennung der Aufgaben von Vorstand und Aufsichtsrat nicht üblich war, strebten wir diese Führungsstruktur an. Sie schien uns für die Leitung eines internationalen Firmenverbunds geeigneter als das englisch-amerikanische Board-System, bei dem die Anteilseigner und die Geschäftsführung ein gemeinsames Gremium bilden. In einer Reihe von Ländern gab es eine Beteiligung von Vertretern der Arbeitnehmer im Aufsichtsrat mit und ohne Stimmrecht bei den Sitzungen. Aber eine paritätische Mitbestimmung wie in Deutschland gab es sonst nirgendwo.

Das erste von elf Aufsichtsratsmandaten, die ich unabhängig von meinen Aufgaben bei Beiersdorf ausübte, übernahm ich 1977 bei der Deutschen Dampfschiffahrts-Gesellschaft »Hansa« in Bremen. Diese Berufung erfolgte in Fortsetzung der fast 30-jährigen Mitgliedschaft meines Vaters als wichtiger Verlader vor dem Krieg nach Indien in eines der großen Fahrtgebiete der Reederei. Damals war es ungewöhnlich, dass ein Hamburger Kaufmann in den Aufsichtsrat einer Bremer Aktiengesellschaft gewählt wurde. Jetzt waren Personen gesucht, die auch bei anderen Firmen mit der Mitbestimmung zu tun hatten. Die Hansa-Linie war 1881 gegründet worden. Sie gehörte mit 70 Schiffen unter ihrer Flagge mit dem Eisernen Kreuz zu den führenden Linienreedereien Deutschlands. Als Besonderheit verfügte sie über die

Carl Melchior, Partner des Bankhauses
M. M. Warburg und Vorsitzender des Aufsichtsrats
der P. Beiersdorf & Co. AG von 1922 bis 1933

Willy Jacobson, Vorsitzender des Vorstands von Beiersdorf von 1922 bis 1933 sowie Leiter des Auslandsgeschäftes bis 1938

Tagung der Auslandsgeschäftsführer von Beiersdorf 1937 in Baveno am Lago Maggiore in Italien.

Vordere Reihe von links: *L. Heubes, Wien; R. Brinckmann, Hamburg; Ch. Behrens, Hamburg; W. Jacobson, Amsterdam; Hans E. B. Kruse, Hamburg; R. Doetsch, Basel; A. Simon, Hamburg.* Mittlere Reihe: *B. Scheer, Riga; H. Grünstein, Paris; O. Schwarz, Kronstadt; M. Maluczek, Posen; E. Stuhlmacher, Amsterdam; C. S. Herzog, Stamford/USA; H. Kolodziej, Hilversum, als Betreuer der Auslandsproduktion; W. Zimmermann, Mailand.* Hintere Reihe: *F. A. Meyer, London; R. Dümmatzen, Budapest; G. Roesner, Zagreb; J. Péloille, Paris; G. Benzi, Mailand, als Sekretär der Tagung*

Hans E. B. Kruse, Inhaber von Wiechers & Helm und Vorsitzender des Aufsichtsrats von Beiersdorf von 1934 bis 1968

Carl Claussen, verheiratet mit einer Nichte von Oscar Troplowitz und Sprecher bzw. Vorsitzender des Vorstands der P. Beiersdorf & Co. AG von 1933 bis 1954

Blick auf die durch die Bombenangriffe der Alliierten 1943 weitgehend zerstörte Fabrik von Beiersdorf in Hamburg

Überreichung der Bürgermeister-Stolten-Medaille an Hans E. B. Kruse durch Bürgermeister Herbert Weichmann

Arbeitgebervertreter des Aufsichtsrats und Vorstand der Beiersdorf AG im Jahre 1967

Vordere Reihe von links: *Franz Bohl, Hans E. B. Kruse, Alfred Simon, Eric Warburg.* Hintere Reihe: *Wolfgang Siemes, Hellmut Kruse, Georg W. Claussen, Werner Behrens, Paul Mohs, Helmut Berlin*

Rolf Stödter und Hellmut Kruse bei seiner Wahl in das Präsidium des Übersee-Clubs 1968

Aufsichtsrat und Vorstand der Beiersdorf AG 1979

Vordere Reihe von links: *Klaus Ost, Arbeitnehmervertreter; Wolfgang Schieren; Rolf Stödter; Max Ganschow, Betriebsratsvorsitzender; Günter Herz; Olaf Westberg.* Hintere Reihe: *Ulrich Nafe; Martin Mohs; Hellmut Kruse; Georg W. Claussen; Peter Knappertsbusch; Hans Otto Wöbcke; Jürgen Peddinghaus*

Zum Aufbau des Auslandsgeschäftes von Beiersdorf ständig auf Reisen, meistens allein

... manches Mal mit Georg W. Claussen

Empfang zur Gründung der Nivea Kao Company in Tokio, von links: Yoshio Maruta, Hellmut Kruse, Erich Heise und japanische Führungskräfte

... und abends Hellmut Kruse und Erich Heise umsorgt von Geishas

*Im Kreis der Familie mit Kindern,
Schwiegerkindern und drei Enkeln*

*Auf Urlaub in Florida, Abendstimmung am Meer,
Clarita Kruse mit den drei ältesten Enkeln*

Neun der inzwischen elf Enkel im Jahr 1996

Das letzte von Hellmut Kruse in Gang gesetzte Bauvorhaben von Beiersdorf – das neue Verwaltungsgebäude in der Unnastraße in Hamburg

Die Nachfolger im Vorstandsvorsitz von Beiersdorf: Hans Otto Wöbcke (rechts) und Rolf Kunisch (Mitte)

Der Nachfolger bei Wiechers & Helm: Hans Fabian Kruse mit seinem Vater

Gespräche im Übersee-Club: mit Eckart van Hooven …

… und Bürgermeister Henning Voscherau

Übergabe aller Ämter in der Handelskammer, bei den Unternehmensverbänden und im Übersee-Club an Peter von Foerster, 1999

leistungsfähigste Schwergutflotte der Welt. 1976 erschien eine umfangreiche Firmengeschichte unter dem Titel »Vom Liniendienst bis zur Spezialschiffahrt«. Sie endete mit der optimistischen Aussage: »Die DDG ›Hansa‹ steht technisch und organisatorisch immer auf der Höhe der Zeit.«

Leider wurde das in den nächsten Jahren anders. Durch die wirtschaftlichen Schwierigkeiten am Persischen Golf nach dem Sturz des Schahs waren die Investitionen in neuartige Roll-on-/Roll-off-Schiffe zu hoch. Auch die mit der Vereinigte Tanklager und Transportmittel Gesellschaft VTG zusammen betriebene Versorgungsfahrt zu den weltweit eingerichteten Bohrinseln konnte keinen Ausgleich schaffen. Die gerade eingeführte Mitbestimmung mit einem stellvertretenden Aufsichtsratsvorsitzenden von der Gewerkschaft Öffentliche Dienste Transport und Verkehr ÖTV erschwerte den zum Überleben erforderlichen Personalabbau. So musste die traditionsreiche Gesellschaft zum Zeitpunkt ihres 100-jährigen Jubiläums abgewickelt werden.

Auch dem Aufsichtsrat der Maizena Gesellschaft mbH in Hamburg hatte mein Vater über 25 Jahre angehört. Die Verbindung hatte sich durch die vor dem Krieg erworbene Beteiligung der Firma an Beiersdorf ergeben. Sie war für mich zur Fortführung der persönlichen Freundschaft zwischen den Verantwortlichen beider Firmen über die Generationen hinweg reizvoll. Darüber hinaus gab es bei der Maizena die gleiche Unterschiedlichkeit des Geschäfts mit Industrieprodukten und Markenartikeln wie bei Beiersdorf. Außerdem erlebte ich das Verhältnis von Mutter- und Tochterunternehmen von der anderen Seite. Mit fast 4000 Mitarbeitern war die Maizena Gesellschaft mbH die größte Firma der Corn Products Company CPC außerhalb der USA. Durch den Krieg hatte sie alle ihre Werke vor allem in Ostdeutschland verloren. Das Maizena Haus in Hamburg am Berliner Tor war nur noch eine Ruine. Der Verkauf der Beiersdorf-Aktien ließ sich nicht vermeiden, um überhaupt einen Neuanfang einleiten zu können.

Entscheidend für den Fortbestand der Firma wurde 1959 die Möglichkeit, die C.H. Knorr AG in Heilbronn nach dem Kauf aller Anteile in der Form einer Fusion zu übernehmen. Seitdem gewann das breite Lebensmittelsortiment unter diesem zur Marke gewordenen Namen eine immer größere Bedeutung. 1987 wurde die Leitung der Maizena nach Heilbronn verlegt, was einer Umkehr der Besitzverhältnisse gleichkam. Damit ging der Bezug der Gesellschaft zu Hamburg verloren, und ich schied nach fünf Jahren aus dem Aufsichtsrat aus. Die Selbständigkeit des 1905 in der Hansestadt gegründeten Unternehmens endete im Jahr 2000, als Unilever das Geschäft mit den Marken Knorr, Mondamin und Mazola erwarb. Die Fertigung und der Verkauf von Maizena an die Industrie war schon vorher nach Italien an die Firma Ferruzzi Agricola Finanziaria S.p.A. Ravenna verkauft worden.

Unter dem Motto »Von der Idee zur fertigen Verpackung« gründete die Container Corporation of America, Chicago, 1955 die Europa Carton AG in Hamburg. Sie entwickelte sich schnell mit zwei Geschäftsbereichen Wellpappe und Papier sowie Faltschachteln und Karton. 1968 wurde sie von der Consolidated Bathurst Inc., Montreal, dessen Hauptgeschäft Zeitungspapier war, als bei weitem größte Tochtergesellschaft außerhalb Kanadas übernommen. Bei etwa 3000

Mitarbeitern musste die Zahl der Aufsichtsratsmitglieder 1978 auf zwölf erhöht werden. Gleichzeitig übernahm Dr. Christoph von der Decken als Vorstandsmitglied der Dresdner Bank den Vorsitz. Auf seinen Vorschlag wurde ich in den zu vergrößernden Aufsichtsrat gewählt. In den nächsten zehn Jahren entwickelte sich ein sehr freundschaftliches Verhältnis zu den kanadischen Eigentümern. Wiederholt wurden meine Frau und ich zur jährlichen Hauptversammlung nach Montreal eingeladen. Für mich war interessant, wie regional das Geschäft in der Verpackungsindustrie mit 13 Werken innerhalb der Bundesrepublik strukturiert war. Außerdem bestand eine enge Zusammenarbeit von Beiersdorf und dem Institut für Packungsgestaltung von Europa Carton. Nach meinem Ausscheiden aus dem Aufsichtsrat nach zehn Jahren wechselte die Firma erneut die Eigentümer, blieb aber weiter im Besitz ausländischer Aktionäre.

Seit 1912 hatte die in Mannheim gegründete Hamburg-Mannheimer Versicherungs-AG ihren Sitz in der Hansestadt. 1975 wurde die Sachversicherung in eine Tochtergesellschaft ausgegliedert, deren Aufsichtsrat ich von 1983 bis 1995 angehörte. Hauptanteilseigner waren die Münchner Rückversicherung und die Allianz. Dadurch ergab sich bei den regelmäßigen Sitzungen ein guter Einblick in einen wesentlichen Teil des eigenen Geschäfts des größten Aktionärs von Beiersdorf. Da die Hamburg-Mannheimer Sachversicherung unter 2000 Beschäftigte hatte, waren nur vier der zwölf Aufsichtsratsmitglieder Arbeitnehmer. Das kam der Diskussion der anliegenden Themen zugute. Zwei Jahre nach meinem Ausscheiden schloss sich die Hamburg-Mannheimer mit der Victoria und zwei anderen Gesellschaften der

ERGO Versicherungsgruppe AG in Düsseldorf an. Damit ging Hamburg auch der Sitz der Leitung dieser namhaften Gesellschaft verloren.

Besonders freute ich mich 1987 über meine Berufung in den Aufsichtsrat der Phönix AG, handelte es sich bei ihr doch seit 1856 um den größten Industriebetrieb in Harburg, dem südlich der Elbe gelegenen Teil Hamburgs. Nach vielen Wandlungen hatte die Phönix AG sich in den siebziger Jahren aus dem Reifengeschäft zurückgezogen. Sie stand jetzt mit einem vielseitigen Programm technischer Artikel vorzugsweise für die Automobilindustrie vor einem Neuanfang. Das galt vor allem für das Auslandsgeschäft. In mancher Weise erinnerte mich die Situation an die Ausgangslage, die ich 25 Jahren zuvor bei Beiersdorf vorgefunden hatte. Nach Frankreich wurden auch in Italien und Spanien eigene Produktionsstätten in Betrieb genommen.

Bei den vorher genannten vier Gesellschaften waren unterschiedliche Interessenslagen der alleinigen oder maßgeblichen Aktionäre nicht vorhanden. Folglich stand die gewollte Ausrichtung der Firmen fest. Bei der Phönix AG fehlte eine langfristig an der Entwicklung des Unternehmens interessierte Struktur der Anteilseigner. Die größeren Aktienpakete wurden von Banken gehalten oder von Anlegern erworben, denen nicht die dauerhafte Selbständigkeit der Phönix am Herzen lag, sondern die Möglichkeit eines attraktiven Veräußerungsgewinns. Niemand war im Aufsichtsrat stark genug, um eine Vorwärtsstrategie unter Führung der Phönix AG durchzusetzen. Vielmehr konnte der langjährige Rivale, die Continental AG in Hannover, 2004 durch ein günstiges Übernahmeangebot alle Anteile an der Gesellschaft erwerben. Das bedeutete das Ende dieses traditionsreichen, in Hamburg beheimateten Unternehmens, das bei meinem Ausscheiden 1993 noch über 8000 Personen zum größten Teil in Harburg beschäftigt hatte.

Eine ähnliche Entwicklung nahm auch die Warenhauskette Horten. Nach einem schnellen Aufstieg in den fünfziger Jahren als augenfälliges Beispiel des deutschen Wirtschaftswunders wurde die Firma in eine Aktiengesellschaft umgewandelt. Sie ermöglichte es dem kinderlosen Helmut Horten, seine Anteile Ende der sechziger Jahre zu verkaufen und sich in die Schweiz zurückzuziehen. Als ich 1988 in den Aufsichtsrat gewählt wurde, wechselte die Mehrheit gerade von der British American Tobacco BAT in Hamburg zur Westdeutschen Landesbank in Düsseldorf. Ich erlebte die Entwicklung des zukunftsträchtigen Galeria-Konzepts, für dessen Durchsetzung die Horten AG nur keine ausreichenden Mittel besaß. Der sich anbahnende Strukturwandel in dem auch für Beiersdorf wichtigen Absatzkanal Warenhäuser war für mich eine lehrreiche Erfahrung. 1994, zwei Jahre nach dem Ablauf meines Mandats, übernahm der Kaufhof die Mehrheit an der Horten AG und setzte das von ihr entwickelte Konzept als Galeria Kaufhof im Rahmen der Metro AG durch. Im Zuge dieser Konzentration gibt es auch die Firma Horten nicht mehr.

Zum Glück gilt das nicht für die Beiersdorf AG, deren Aufsichtsrat ich im Anschluss an meine Vorstandstätigkeit für fünf Jahre angehörte. Nicht die Einheitlichkeit der Eigentümer oder das Fehlen einer dauerhaften Bindung seitens der Aktionäre bestimmten hier die Entwicklung der Gesellschaft. Sie verdankte ihre Unabhängigkeit der Gegensätzlichkeit ihrer beiden größten Anteilseigner, die seit Ende der achtziger Jahre als Allianz Aktiengesellschaft Holding bzw. Tchibo Holding AG firmierten. Dabei vertrat die Allianz durch ein 1973 mit einer Gruppe von »Familienaktionären« vereinbartes gegenseitiges Vorkaufsrecht praktisch die Mehrheit der Anteile im Sinne einer Finanzanlage. Der Vorstand konnte bei begründeten Vorschlägen mit ihrer Zustimmung rechnen. Günter Herz wollte sich dagegen als Vorstandsvorsitzender von Tchibo dieser eingespielten Form der Zusammenarbeit nicht anschließen. Bei nahezu jedem Investitionsantrag oder Personalvorschlag war er zunächst anderer Ansicht. Gleichzeitig ließ er keinen Zweifel daran, dass Tchibo seine Beteiligung an Beiersdorf nicht aufgeben würde. Dafür konnte der Vorstand ihm sehr dankbar sein. Denn dieser Umstand machte ein Übernahmeangebot von einem größeren Wettbewerber wie Procter & Gamble, L'Oréal oder Unilever aussichtslos.

Eine besondere Situation entstand 1984, nachdem Dr. Friedrich Schiefer als neuer Finanzvorstand der Allianz in den Aufsichtsrat von Beiersdorf eintrat und Dr. Marcus Bierich die Rolle des Vertreters der sonstigen Aktionäre für den aus Altersgründen ausscheidenden Professor Rolf Stödter übernahm. Dr. Schiefer war von der Unternehmensberatung McKinsey & Company als »Seiteneinsteiger« zur Allianz gekommen. Er hatte seinerseits Lust, die maßgebliche Beteiligung der Allianz an Beiersdorf nicht als reine Finanzanlage zu behandeln, sondern auf die Vorstandstätigkeit zum Beispiel durch eine direkte Berichterstattung der einzelnen Vorstandsmitglieder Einfluss zu nehmen. Diesem Wunsch zu entsprechen hätte es erforderlich gemacht, Günter Herz die gleichen Rechte einzuräumen und die gesetzliche Trennung der Aufgaben von Aufsichtsrat und Vorstand zu verwischen. So musste ich in Kauf nehmen, aus der Sicht beider Großaktionäre die alleinige Zuständigkeit des Vorstands für das laufende Geschäft zu rigoros in Anspruch zu nehmen. Nachträglich erlebte ich im Aufsichtsrat, dass mein Nachfolger Hans-Otto Wöbcke es mit Günter Herz auch nicht immer einfach hatte.

Das Verhältnis zur Allianz kehrte spätestens 1992 zur früheren Normalität zurück, als Dr. Schiefer aus dem Vorstand der Allianz ausschied und Dr. Diethart Breipohl sein Mandat bei Beiersdorf übernahm. Die Firma konnte in den folgenden Jahren ihre Entwicklung erfolgreich aus eigener Kraft fortsetzen und durch Konzentration auf die wichtigsten Marken den Ertrag noch mehr als den Umsatz steigern.

Meine 1984 erfolgte Berufung in den Aufsichtsrat der Deutschen Bank AG in Frankfurt konnte ich als persönliche Auszeichnung betrachten, da dieses größte deutsche Kreditinstitut nicht zu den Hausbanken von Beiersdorf gehörte. In der Nachfolge von Dr. Karl Klasen war ein Vertreter Norddeutschlands gesucht worden. Dem Hamburger Beirat der Bank hatte ich für Wiechers & Helm seit 1971 angehört. In den Aufsichtsratssitzungen hielten die Vorstandsmitglieder aufschlussreiche Vorträge über ihr Aufgabengebiet. Außerdem wurden die erforderlichen Beschlüsse gefasst. Anschließend berichteten die Vertreter der Anteilseigner über den Wirtschaftszweig, dem sie angehörten. Es waren regelmäßig informative Nachmittage. Ein Gedankenaustausch über anstehende Entscheidungen war selten vorgesehen.

Das lag an der gesetzlich vorgegebenen Größe von 20 Mitgliedern einschließlich der 10 Arbeitnehmer, die eine zielführende Diskussion erschwerten. Ähnlich wie bei anderen deutschen Großunternehmen mit breit gestreutem Kapital entsprach es auch dem Rollenverständnis des Vorstands der Deutschen Bank, einseitig die Anteilseigner des Aufsichtsrates einschließlich des in aller Regel aus ihren Reihen kommenden Vorsitzenden vorzuschlagen. Dagegen wurde eine Mitwirkung der Aufsichtsratsmitglieder vor der formalen Berufung in ihren eigenen Kreis oder vor der Wahl eines Sprechers des Vorstands nicht für erforderlich gehalten. Ein Vorsitzender des Vorstands hätte vom Aufsichtsrat bestellt werden müssen. Ihn gab es nicht. Es fanden auch keine Vorbesprechungen der Anteilseigner statt, wie sie auf Seiten der Arbeitnehmer allgemein üblich waren. Eine Gesprächsrunde zwischen dem Vorstand und den Aktionärsvertretern im Aufsichtsrat zu der beispielsweise anstehenden Frage, ob das Unternehmen sich als Bankhaus oder als Allfinanzinstitut einschließlich Versicherungen und Dienstleistungen wie Unternehmensberatung entwickeln solle, hätte zur konstruktiven Meinungsbildung beitragen können.

Zu den großen Leistungen der Deutschen Bank gehörte ihr wiederholt bewiesener Einsatz für zwischenzeitlich in Schwierigkeiten geratene Firmen. Dabei entwickelten sich derartige Hilfsaktionen auf mittlere Sicht meist zum Vorteil der Bank. Aus ordnungspolitischer Verantwortung übernahm sie 1985 auch die Industriebeteiligungen, von denen sich Dr. Friedrich Karl Flick trennen wollte. Zu diesem Zeitpunkt schien es nicht möglich, kurzfristig einen Käufer für die Buderus AG in Wetzlar und die Dynamit Nobel AG in

Troisdorf zu finden oder diese Firmen einzeln an die Börse zu bringen. Daher entschloss sich die Bank, beide Unternehmen mit dem begehrten, ebenfalls zur Flick KG gehörenden Papierhersteller Feldmühle AG unter dem Dach der neuen Holding Feldmühle Nobel AG – kurz Feno – zusammenzufassen und deren Anteile zu einem Kurs von 285 Mark als größte Emission seit Kriegsende an 160 000 Kleinaktionäre breit zu streuen. Für die Besetzung des Aufsichtsrates der Feno hatte die Deutsche Bank weitgehend freie Hand. Unter dem Vorsitz von Dr. Bodo Liebe, dem Chef der Klöckner-Humboldt-Deutz AG, gehörte ich mit Vorstandsmitgliedern anderer namhafter Unternehmen wie AGIV, Deutsche Bank, Linde, Schmalbach-Lubeca, Siemens, SMS, Volkswagen und einem Vertreter der Schutzvereinigung für Wertpapierbesitz zu den von der Hauptversammlung am 24. Februar 1986 Gewählten. Den Vorstand bildeten die drei Vorsitzenden der zusammengeführten Gesellschaften zusammen mit Dr. Heribert Blaschke, dem langjährigen Leiter der Steuerabteilung der Konzernzentrale von Dr. Flick als Sprecher.

Aus dieser Zusammensetzung ihrer Leitung ergibt sich, dass die Feno als reine Finanzholding für die drei eigenständigen Konzernteile auftrat. Sie strebte keine Neuausrichtung im Sinne einer sich wechselseitig unterstützenden Mehrspartengesellschaft mit einheitlichem Erscheinungsbild an, wie ich es von Beiersdorf kannte. Dieser Umstand weckte die Phantasie der Marktbeobachter, insbesondere der beiden Neffen von Dr. Friedrich Karl Flick, die nachträglich die ihnen 1975 zuteil gewordene Barabfindung in der Größenordnung von zusammen 250 Mio. Mark nachbessern wollten. In einer Doppelstrategie veranstalteten sie in der Hauptversammlung 1987 einen Fragen-Marathon, dem eine Anfechtungsklage gegen die gefassten Beschlüsse folgte. Andererseits kündigten sie für die Hälfte des Kapitals ein Kaufangebot über 350 Mark je Aktie an, das jedoch nicht erfolgte. Aufgrund dieser Aktivitäten wechselten an einigen Tagen rund 7 % des Kapitals ihren Besitzer.

Um die sich abzeichnende Möglichkeit einer ungewollten Übernahme zu verhindern, beschloss die Hauptversammlung am 12. Juli 1988 nach dem Vorbild zahlreicher Aktiengesellschaften mit breit gestreutem Kapital wie der BASF, Bayer, Continental, Deutschen Bank, Hoesch, Linde, Mannesmann und VEBA eine Beschränkung des Stimmrechts auf 5 % des Grundkapitals, auch wenn einem Aktionär ein höherer Anteil gehörte. Diese Satzungsänderung hielt die Neffen Flick jedoch nicht davon ab, den daraufhin erfolgenden Kursrückgang auf bis 220 Mark für eine Aktie zum Erwerb eines Anteils von 40 % des Grundkapitals zu nutzen und dieses im Mai 1989 zum Kurswert von etwas mehr als 400 Mark je Aktie an die VEBA zu verkaufen.

Ihr Vorstandsvorsitzender Rudolf von Benningsen-Foerder sah in dem Aufbau einer Mehrheitsbeteiligung an der Feno eine willkommene Stärkung und Verbreiterung seines Konzerns. Da er erst ein Jahr zuvor zum Vorsitzenden ihres Beraterkreises der Gesamtbank gewählt worden war, war es auch für die Deutsche Bank nicht gut möglich, gegen diesen Kauf etwas einzuwenden, obgleich dadurch die bei allen drei direkt oder indirekt beteiligten Gesellschaften gerade eingeführte Stimmrechtsbeschränkung unterlaufen und in der Folge ad absurdum geführt wurde. Im Juli 1989 übernahm Rudolf von Benningsen-Foerder den Vorsitz im

Aufsichtsrat der Feno von Dr. Liebe. Außerdem trat Klaus Piltz, der Finanzvorstand der VEBA, an die Stelle eines anderen Mitglieds.

Im weiteren Verlauf des Jahres überstürzten sich die Ereignisse. Am 28. Oktober verstarb Rudolf von Benningsen-Foerder ganz unvorhersehbar nach kurzer Krankheit. Seine Nachfolge trat Klaus Piltz auch bei der Feno an. Am 9. November wurde die Grenze zwischen West- und Ostdeutschland geöffnet. Investitionen der verschiedenen Geschäftsbereiche der VEBA in den neuen Bundesländern bekamen eine Priorität gegenüber einem weiteren Interesse an der Feno. Deren Aktien waren indessen von den Flick-Neffen weiter aufgekauft worden. Als Stratege dieser Vorgehensweise gilt der Frankfurter Anwalt Dr. Nicolaus-Jürgen Weickart. Nach wenigen Monaten hatten die beiden Brüder weitere 30 % zusammen, um sie der VEBA jetzt zum Stückpreis von 500 Mark mit dem Hinweis anzubieten, sie verfügten über die Mehrheit in der Hauptversammlung. Denn sie könnten diese 30 % unter verschiedenen Namen voll zur Geltung bringen, während die VEBA selbst mit mehr als 50 % des Kapitals nur für 5 % ein Stimmrecht habe.

Zu dem geforderten Preis von 500 Mark wollte die VEBA lieber ihre Mehrheitsbeteiligung abgeben, als das eigene Engagement noch zu vergrößern. Daraufhin versuchten die Neffen Flick ihr Glück in Schweden bei den dortigen großen Papierherstellern. Die Feldmühle war weiter das Zugpferd der Feno. Als die STORA Kopparbergs Bergslags Aktiebolag in Falun zunächst nicht interessiert war, kaufte ihre Konkurrenz, die Svenska Cellulosa AB (SCA) in Göteborg 5 % des Kapitals der Feno mit der Maßgabe, diese Aktien zu einem vereinbarten höheren Preis innerhalb eines Jahres zurückgeben zu können. Als bekannt wurde, dass ihr Wettbewerber bereits 5 % der Feno gekauft habe, änderte die STORA ihre Einstellung. Sie gilt als das älteste Unternehmen Europas. 1988 feierte sie ihr 700-jähriges Bestehen. Jetzt erwarb sie unter ihrem Vorsitzenden Dr. Bo Berggren im April 1990 insgesamt 85 % des Kapitals der Feno einschließlich der Aktien der VEBA zu einem Kurs von etwa 575 Mark.

Im Mai 1990 legten beide Vorstandsmitglieder des bisherigen Mehrheitsaktionärs ihre Aufsichtsratsmandate in der Feno nieder. Amtsträger der STORA konnten ihre Stelle noch nicht einnehmen, um die erst einzuholende Genehmigung der deutschen Kartellbehörde nicht zu präjudizieren. So wurde ich am 17. Mai als Nachfolger von Klaus Piltz, der übrigens im April 1993 in Tirol durch eine Lawine tödlich verunglückte, zum Vorsitzenden des Aufsichtsrates gewählt. Erst wenige Tage später konnte ich den Verantwortlichen der hinter der STORA stehenden Wallenberg-Gruppe, Peter Wallenberg und Claes Dahlbäck, in Stockholm meinen Antrittsbesuch machen. In der Hauptversammlung im Juli 1990 wurde das erst vor zwei Jahren eingeführte Höchststimmrecht wieder aufgehoben, damit die STORA so, wie die Dinge gelaufen waren, für ihre Mehrheit auch über die entsprechende Stimmenzahl verfügte. Durch ein Übernahmeangebot an die noch freien Aktionäre zum Kurs von 504 Mark erhöhte die Stora ihre Beteiligung auf über 97 %.

Im Oktober 1990 konnten Dr. Bo Berggren und ein weiteres Vorstandsmitglied der STORA für die zunächst von ihnen benannten Rechtsanwälte in den Aufsichtsrat der Feno eintreten, nachdem das Kartellamt der Transaktion zugestimmt hatte. Bei den anderen Mitgliedern bestand jedoch keine Bereitschaft, Dr. Berggren kurzfristig zum Vorsitzenden zu wählen. Denn es war schnell erkennbar geworden, dass die STORA anders als vor einem Jahr die VEBA beabsichtigte, auch ohne Beherrschungsvertrag die Feldmühle zügig in die eigene Gesellschaft einzugliedern und Buderus sowie Dynamit Nobel bald- und bestmöglichst wieder zu veräußern. Diese Vorgehensweise war in Schweden zwei Jahre vorher in einem anderen Fall möglich gewesen. Nachdem die STORA die Mehrheit der STAB, der Svenska Tändsticks Aktiebolag in Jönköping, erworben hatte, holte sie kurzfristig den Kaufpreis durch die Veräußerung von Teilen des Unternehmens weitgehend zurück. In Deutschland waren die Verhältnisse anders. Der Aufsichtsrat hatte die Interessen aller Aktionäre wahrzunehmen. Es galt beispielsweise, Dr. Berggren klar zu machen, dass der Vorstand der Feldmühle nicht schon jetzt nach seinem Wunsch um zwei Schweden vergrößert werden dürfe, die die Integration in die STORA einleiten sollten.

Bei dieser unterschiedlichen Interessenslage zwischen dem Mehrheitsaktionär und der überwiegenden Zahl der Aufsichtsratsmitglieder entwickelte sich eine ungewöhnlich enge Zusammenarbeit zwischen mir und Wolfgang Schulze, meinem Stellvertreter von den Arbeitnehmern, der auch zweiter Vorsitzender der IG Chemie, Papier, Keramik in Hannover war. Er war verständlicherweise besorgt, dass zahlreiche Arbeitsplätze bei einer Verwirklichung der Pläne der STORA verloren gehen würden. Die Zeit für eine weitergehende Integration der drei Einzelgesellschaften der Feno, die ihre Aufteilung hätte erschweren können, war abgelaufen, als ich den Vorsitz im Aufsichtsrat übernahm. Es kam jetzt alles darauf an, den besten Weg zu finden, auf dem die STORA die Feldmühle übernehmen konnte und die anderen Unternehmensteile gemeinsam eine neue industrielle Anbindung bekamen.

Als Ergebnis intensiver Kontakte mit in Betracht kommenden Firmen setzte sich die Westdeutsche Landesbank für ein Zusammengehen mit der gleichfalls in Nordrhein-Westfalen beheimateten Rheinmetall AG in Düsseldorf ein. Dagegen befürwortete die Deutsche Bank eine Verbindung mit der Metallgesellschaft in Frankfurt. Neben der sachlichen Zweckmäßigkeit waren die fiskalischen und formalen Fragen zu untersuchen. Die steuerlich günstigste Realteilung setzte einen Beschluss der Hauptversammlung voraus, dessen Wirksamkeit durch eine Anfechtung unzufriedener Kleinaktionäre verzögert werden konnte. Daher entschied sich die Feno schließlich für die Übertragung ihrer nicht zum Papiergeschäft der Feldmühle gehörenden Aktivitäten an eine Tochtergesellschaft der Deutschen Bank, die den Namen »MG Industriebeteiligungen AG« annahm und mit Wirkung vom 1. Januar 1992 mehrheitlich in den Besitz der Metallgesellschaft überging. Je 10 % blieben bei der Deutschen Bank bzw. übernahm die Dresdner Bank. Als diese Lösung in trockenen Tüchern war, gab ich den Vorsitz des Aufsichtsrates der Feno am 31. Oktober 1991 an Dr. Berggren ab. Ich gehörte ihm aber weiter an, bis Ende des Jahres der Vertrag mit der Metallgesellschaft unterschrieben wurde.

Überzeugt hatte mich an dieser Lösung, dass Dr. Heinz Schimmelbusch, der seit 1989 an der Spitze dieses bedeutenden Frankfurter Unternehmens stand und 1991 zum Manager des Jahres gewählt wurde, in mehreren Gesprächen ein schlüssiges Konzept für die zukünftige Organisationsstruktur unter seiner Führung entwickelt hatte. Neben der traditionell wichtigsten Rohstoffförderung von Zinn, Kupfer und Blei sollten der Handel und vielfältige Dienstleistungen des Finanz-, Ingenieur- und Transportwesens in einem zweiten Bereich zusammengefasst und durch einen dritten Industriebereich ergänzt werden. Es war vorgesehen, die von der Rest-Feno übernommenen Unternehmen mit der schon vorhandenen Kolbenschmidt AG unter dem neuen griffigen Namen »Metallgesellschaft Industrie AG« zu einer Einheit zu entwickeln. Dr. Schimmelbusch wollte selbst auch den Vorsitz des Vorstands dieser Gesellschaft übernehmen, dem auch Dr. Axel Homburg und Dr. Hans-Ulrich Plaul als Vorsitzende von Dynamit Nobel und Buderus angehören sollten. Unter diesen Voraussetzungen übernahm ich am 17. Januar 1992 den Vorsitz des wieder 20-köpfigen Aufsichtsrates der Metallgesellschaft Industrie AG mit Wolfgang Schultze von der IG Chemie, Papier, Keramik als meinem Stellvertreter.

Tatsächlich erfolgten die zur Verwirklichung dieses Konzepts notwendigen Maßnahmen im Laufe des Jahres 1992. Es zeigte sich jedoch bald, dass der systematische Aufbau eines Industriegeschäfts nicht die Sache von Dr. Schimmelbusch war. Sein Interesse war vielmehr auf die nach außen in Erscheinung tretende Größe der Metallgesellschaft ausgerichtet. Ihr Wachstum sollte vor allem das der gleichfalls in Frankfurt beheimateten Degussa in den Schatten stellen. Anstatt möglichst klare Eigentumsverhältnisse zu behalten, stellte er immer wieder Überlegungen an, möglichst nur 51 % des Kapitals der einzelnen Gesellschaften zu behalten und mit dem Erlös der übrigen 49 % weitere Mehrheitsbeteiligungen zu erwerben. Diese sollten dann zu 100 % konsolidiert werden, um noch größer zu erscheinen. Die sich aus einer solchen Vorgehensweise zwangsläufig ergebenden Schwierigkeiten für eine straffe Führung und wirksame Konsolidierung der einzelnen Teile des Unternehmens wollte Dr. Schimmelbusch nicht sehen. Eine konstruktive Zusammenarbeit, wie ich sie mir vorgestellt hatte, erwies sich mit ihm als nicht möglich.

Daher war ich hocherfreut, dass der vormalige Vorsitzende des Vorstands der Metallgesellschaft, Karl Gustaf Ratjen, bereit war, am 20. März 1993 den Vorsitz des Aufsichtsrates der Metallgesellschaft Industrie AG zu übernehmen. Wir hatten uns schon im Kontrollgremium der Maizena gut verstanden. Er hatte Dr. Schimmelbusch zur Firma geholt. Aus diesem Grund war ich guter Hoffnung, dass er einen größeren Einfluss auf ihn ausüben könne. Leider war dem nicht so. Das Jahr 1993 entwickelte sich zu einer existenzbedrohenden Unternehmenskrise für die Metallgesellschaft durch überdimensionierte Ölgeschäfte in den USA. Sie führten dazu, dass Dr. Schimmelbusch aus allen seinen Ämtern ausscheiden musste. An seiner Stelle setzte Dr. Kajo Neukirchen als neuer Vorstandsvorsitzender der Metallgesellschaft ein notwendiges Sanierungskonzept durch, von dem zwangsläufig auch die Metallgesellschaft Industrie AG betroffen war.

Ab 7. Februar 1994 übernahm Dr. Neukirchen den Vorsitz ihres Aufsichtsrats von Karl Gustaf Ratjen. Im Zuge seiner Sanierungsmaßnahmen entschied er sich im Mai, die Buderus AG zu verkaufen. Nach dem Ausscheiden von Dr. Schimmelbusch bestand der Vorstand der Metallgesellschaft Industrie AG jedoch nur noch aus den von der Feno übernommenen Mitgliedern. Sie sahen sich als Vorstand einer Aktiengesellschaft außerstande, dieser Veräußerung zuzustimmen. So wurde die Gesellschaftsform der AG in eine GmbH mit dem gleichen Aufsichtsrat, jedoch einer neuen von der Muttergesellschaft ernannten Geschäftsführung umgewandelt. Das Ende des industriellen Teilkonzerns war damit besiegelt. Die letzte Aufsichtsratssitzung fand am 15. Dezember 1994 statt. Die Feldmühle war zu diesem Zeitpunkt bereits in der STORA aufgegangen. Auch Buderus und Dynamit Nobel würden in Zukunft eigene Wege gehen. Die 1986 gehegte Hoffnung, eine neue große Publikumsgesellschaft an die Börse zu bringen, hat keine zehn Jahre überlebt.

Das weitere Unternehmen, in dem ich 1991 den Vorsitz des Aufsichtsrates übernahm, war die Schiffselektronik Rostock GmbH, kurz SER. Sie stellte in jeder Beziehung ein Kontrastprogramm zu meiner gleichzeitigen Tätigkeit bei der Feno bzw. Metallgesellschaft Industrie AG in Düsseldorf dar. In dieses Amt kam ich durch die Initiative von Dr. Eckart van Hooven, der wenige Monate vor seinem altersbedingten Ausscheiden aus dem Vorstand der Deutschen Bank am 2. November 1990 einige gleichaltrige Freunde zusammenrief, um sie zur Mitarbeit bei der Überleitung des ostdeutschen Werftenverbundes Deutsche Maschinen- und Schiffbau AG DMS in wettbewerbsfähige Einzelgesellschaften aufzurufen. Das frühere volkseigene Kombinat war seit Juni

1990 die Holding für sieben Werften und 16 Zulieferbetriebe in der Form von GmbHs. Die mit der Treuhandanstalt in Berlin abgesprochene Absicht war, die vorgesehene Privatisierung dieser wichtigsten Industrie Mecklenburg-Vorpommerns durch die Einsetzung von Aufsichtsratsvorsitzenden bei den bestehenden Tochtergesellschaften und durch deren anschließende Tätigkeit in ihrem Amt zu beschleunigen.

Diesem Appell wollte ich mich nicht verschließen. Bei den einzelnen Werften schienen mir allerdings zu unterschiedliche Interessen gegenüber dem Vorstand der DMS vorprogrammiert, da es dessen Aufgabe blieb, diesen Kern des Unternehmens zusammenzuhalten. Daher entschied ich mich für die genannte SER, den einzigen Zulieferer, der mit 3000 Beschäftigen wie die fünf großen Werften unter die erweiterte Mitbestimmung fiel. Zwei Wochen später wurde ich von der DMS offiziell benannt. Da von diesem Aufsichtsrat anders als sonst üblich eine aktive Beteiligung an den anstehenden Maßnahmen zur Umstrukturierung gefordert war, musste ich zunächst den nötigen Sachverstand für die Mitwirkung in diesem Gremium gewinnen. Ich hatte diesbezüglich großes Glück. Dipl.-Ing. Otto Weber als Direktor der Hamburger Niederlassung der Siemens AG und Dr. Claus Müller, der bei der früheren Allgemeinen Elektrizitätsgesellschaft AEG für die Schiffselektronik zuständig war, erfüllten diese Anforderung geradezu ideal.

Beide waren bereit, in den Aufsichtsrat einzutreten. Sie fühlten sich nicht als ehemalige Konkurrenten, sondern freuten sich, dem neu gewonnenen Osten unseres Landes helfen zu können. Wir bildeten gewissermaßen den harten Kern und konnten die zu lösenden Probleme auf vielen Fahrten nach Rostock besprechen. Am 28. November 1990 machten wir uns zum ersten Mal auf den Weg. Die Konstituierung des Aufsichtsrates fand am 11. Februar 1991 statt. Als Vertreter der Gewerkschaften wurde der frühere Bundesarbeitsminister Dr. Herbert Ehrenberg gewählt. Er erwies sich wiederholt bei der Durchsetzung einschneidender Maßnahmen als sehr hilfreich.

Die von uns übernommene Aufgabe war schwierig. In einem Markt, dessen Strukturen zusammengebrochen waren, hatten wir eine vierköpfige Geschäftsführung, deren Mitglieder wir hinsichtlich ihrer politischen Vergangenheit und ihrer Fähigkeiten nur schwer einschätzen konnten. Sie waren gewöhnt, der alleinige Lieferant aller elektrischen und elektronischen Einrichtungen für die von den sieben Werften der DMS gebauten Schiffe zu sein. Wir mussten sie davon überzeugen, dass die zukünftigen Eigentümer dieser Werften darauf drängen würden, überall auf den Weltmärkten einzukaufen. Die SER müsse entsprechend eine Vielzahl neuer Kunden nicht nur für den Schiffbau, sondern auch für Neubauten auf dem Land gewinnen. Mit der Unterstützung der DMS als Eigentümer konnten wir nicht immer rechnen. Wir waren für sie auch ein Tauschobjekt bei ihren vorrangigen Bemühungen, den meistbietenden Käufer für ihre Werften zu finden.

Bei diesem Poker spielte der Bremer Vulkan eine wichtige Rolle. Er wollte die SER in seine STN Systemtechnik Nord integrieren und damit eine Monopolstellung auf diesem Gebiet in Norddeutschland erreichen. Nach einigen Verhandlungsrunden gelang es, die SER zum Erhalt ihrer Selbständigkeit aus der DMS herauszulösen und der Treuhandanstalt direkt zu unterstellen. Gleichzeitig fiel der Umsatz in den zwei Jahren 1991 und 1992 von 120 auf 40 Mio. Mark. Auch die Zahl der Beschäftigten musste entsprechend auf ein Drittel von 3000 auf 1000 Mitarbeiter zurückgeführt werden. Möglichkeiten der Marktforschung, Alternativen des Marketings, Ausrichtung der Vertreter auf unterschiedliche Kundengruppen waren unbekannte Denkansätze. Auch die Treuhandanstalt arbeitete mehrgleisig. Neben dem von ihr eingesetzten weitgehend ehrenamtlichen Aufsichtsrat schickte sie junge Unternehmensberater zu westdeutschen Stundensätzen nach Rostock. Im Geist der Zeit fragten sie den Vorstand nach seinem Kerngeschäft. Als sie hörten: »Die ostdeutschen Werften«, empfahlen sie dringend, sich ganz auf diese als Kunden zu konzentrieren. Nachdem wir gerade das Gegenteil empfohlen hatten, war die Unsicherheit verständlicherweise doppelt groß. Eine Verstärkung aus dem Westen für die Führung vor Ort zu gegenüber den ostdeutschen Kollegen vertretbaren finanziellen Bedingungen war nur schwer und wenn überhaupt nur kurzfristig zu realisieren.

Mitte 1992 konnte der Aufsichtsrat auf vier Anteilseigner und zwei Mitarbeiter verkleinert werden. Die Geschäftsführung ließ sich durch die bei uns üblich gewordenen Vorruhestandsregelungen auf nur noch Dipl.-Ing. Dr. Klaus Michelsen reduzieren. Er kannte das Unternehmen am besten, weil er seit 1972 in der Entwicklung und Produktion tätig war. Als Ausdruck des veränderten Rollenverständnisses wurde der Name der Firma im Februar 1993 von Schiffselektronik in Systemelektronik Rostock GmbH geändert. Kurz darauf konnte im Juli mit der von der Deutschen Bank gegründeten Deutschen Industrie Holding DIH ein privater Käufer für die SER gefunden werden. Sie gliederte sich damit in einen Verbund von im Baustoffbereich und Elektroanlagenbau tätigen Firmen ein. Der eigene Aufsichtsrat hatte Ende des Jahres seine Aufgabe erfüllt.

Die Rolle des Aufsichtsrates ist in den letzten Jahren in die Kritik geraten. Es wird ihm vorgeworfen, er übe seine Aufsicht über den Vorstand ungenügend aus und sei zu sehr in ein Geflecht gegenseitiger Beziehungen und sich daraus ergebender Abhängigkeiten eingebunden. Weniger wirksam in der Öffentlichkeit ist der Vorwurf, er greife zu sehr in die Arbeit des Vorstands ein und wechsle zu oft dessen Mitglieder mit hohen Abfindungen aus, sogar kurz nachdem er sie gerade für weitere fünf Jahre in ihrem Amt bestätigt habe. Diese Beanstandungen betreffen meistens Großunternehmen, die für die Mehrzahl der Aktiengesellschaften nicht repräsentativ sind. Dagegen versucht die Wirtschaft mit einem umfangreichen Katalog von Vorschriften und Empfehlungen zur Corporate Governance eine größere Transparenz zu schaffen, um weitergehenden gesetzlichen Regelungen vorzubeugen.

Nach meinen Erfahrungen in zehn mitbestimmten Aufsichtsräten sind die Verhältnisse in jeder größeren Gesellschaft sehr unterschiedlich. Die Vorgaben der Corporate Governance bedeuten für alle Firmen zunächst einen großen formalistischen Aufwand an Zeit und Kosten durch zusätzliche Ausschüsse und Informationspflichten. Der praktische Nutzen dieser Regelungen ist für die Mehrzahl der Betroffenen schwer zu erkennen. Wenn die Bezüge jedes

Vorstandsmitglieds offen zu legen sind, anstatt es bei der Bekanntgabe der Gesamtvergütung der Geschäftsleitung zu belassen, dann bekommt das vermeintliche Informationsbedürfnis der Anteilseigner und der breiten Öffentlichkeit Vorrang vor dem Persönlichkeitsschutz der Betroffenen. Die Leistungsfähigkeit des Unternehmens wird dadurch nicht größer werden.

Im Sinne der dialektischen Weltsicht Hegels trat in Deutschland durch die paritätische Mitbestimmung eine Überbetonung der Arbeitnehmerrechte ein. Die Antwort darauf war eine überzogene Geltendmachung der in den USA traditionell wahrgenommenen Möglichkeiten der Kapitalgeber unter der Parole des Shareholder Value. Jeder Anteilseigner sollte jederzeit den Wert seiner Beteiligung kennen, um sich zum richtigen Zeitpunkt von ihr trennen und ein anderes Engagement eingehen zu können. Zwangsläufig ist damit ein kurzfristiges Denken verbunden, das durch die volle Steuerfreiheit für Veräußerungsgewinne von Großunternehmen noch begünstigt wurde. Beim halben Steuersatz wären viele soziale Spannungen vermindert worden. Die langfristig angelegte Einheit von Kapitalgebern und Geschäftsführung reduziert sich zunehmend auf den weniger im Blickfeld des öffentlichen Interesses stehenden Mittelstand, während die Manager der Großunternehmen ihre Karriereplanung oft mehr nach dem Zeitraum ihrer Bestellung ausrichten und keine gewachsene Bindung an die Firma und deren Mitarbeiter haben, zu deren Leitung sie berufen sind. Wer gut beurteilt werden will, muss seine besten langfristigen Pläne auch kurzfristig attraktiv vorstellen und damit meist verwässern.

Im Hinblick auf die dringend nötige, aber nur einvernehmlich zu erreichende Europäische Aktiengesellschaft sollte die Zahl der Aufsichtsratsmitglieder dem jeweiligen Bedarf entsprechen und nicht starr 12, 16 oder 20 Personen betragen. Die Mitwirkung von Arbeitnehmervertretern hat sich bewährt. Eine paritätische Besetzung in Unternehmen mit mehr als 2000 Mitarbeitern hat jedoch nicht zu einer größeren Effektivität geführt. Es sollte das Drittelprinzip in doppelter Hinsicht gelten: bei neun Mitgliedern sechs Anteilseigner, zwei Mitarbeiter, ein Gewerkschafter, bei zwölf Mitgliedern acht Anteilseigner, drei Mitarbeiter, ein Gewerkschafter, bei fünfzehn Mitgliedern zehn Anteilseigner, drei Mitarbeiter, zwei Gewerkschafter. Alle Unternehmen sollten über die erforderliche Größe ihres Aufsichtsrates selbst entscheiden können. Dabei sind auf Seiten der Anteilseigner auch die Minderheitsaktionäre angemessen zu berücksichtigen.

In diesem Zusammenhang ist darauf hinzuweisen, dass in Deutschland bereits durch das wiederholt erweiterte Betriebsverfassungsgesetz eine betriebliche Mitbestimmung der Arbeitnehmer auf breiter Ebene festgeschrieben wurde und nicht in der Kritik steht. Umso weniger ist einzusehen, warum darüber hinaus in Gesellschaften mit mehr als 2000 Mitarbeitern eine paritätische Unternehmensmitbestimmung im Aufsichtsrat bestehen soll. Sie ist kostenträchtig, wenig entscheidungsfördernd und steht der Schaffung eines einheitlichen Gesellschaftsrechts der Europäischen Union unnötig im Wege. Ich bin der Überzeugung, dass eine modifizierte Rückkehr zu der bis 1976 auch in deutschen Großunternehmen gültigen Drittelparität allen Interessen einschließlich der der Arbeitnehmer besser dienen wird durch die Möglichkeit der engeren Zusammenarbeit der Entscheidungsträger in einem kleineren Kreis. Bei Meinungsverschiedenheiten liegt die entscheidende Doppelstimme schon jetzt bei dem von den Anteilseignern gestellten Vorsitzenden des Aufsichtsrates.

Rückkehr zur Selbständigkeit

Mit dem Erreichen der Altersgrenze beginnt durch das Ende der hauptberuflichen Tätigkeit meistens ein neuer Lebensabschnitt mit einer anderen Zeiteinteilung. Bei mir war das nicht so. Nach dem Tod meines Vaters, dem meine Mutter 1970 folgte, lag die Leitung von Wiechers & Helm bei zwei Geschäftsführern. Da die Firma jedoch mir allein gehörte, war es erforderlich, dass ich in allen Jahren durch das Aufstellen der Bilanz ein genaues Bild von dem dortigen Geschehen hatte, das in keinem Zusammenhang mit Beiersdorf stand. Hätte ich durch einen Wechsel der Mehrheitsaktionäre nicht mehr den vollen Rückhalt für meine Vorstandstätigkeit gehabt, hätte auf diese Weise jederzeit ein anderer Schreibtisch zu meiner Verfügung gestanden. Aufgrund meines Ausscheidens bei Beiersdorf konnte ich direkt vom Präsidium des Chemieverbandes in den Vorstand der Wirtschaftsvereinigung Groß- und Außenhandel WGA wechseln.

Es traf sich günstig, dass unser Sohn Hans Fabian nach seiner Promotion über die strategische Planung von Informationssystemen, einer Zeit als Assistent seines Professors Richard Kühn in Fribourg und mehreren Praktika in verschiedenen Wirtschaftszweigen Lust hatte, 1986 bei Wiechers & Helm anzufangen. In der Geschäftsführung stand ein altersbedingter Wechsel bevor. Nach meinem Vetter Hans Tiefenbacher trat auch Günter Fojer 1990 in den Ruhestand. Auf diese Weise konnten mein Sohn und ich die alleinige Verantwortung wieder so übernehmen, wie mein Vater und ich sie vorher geteilt hatten.

In den 28 Jahren meiner Abwesenheit vom Tagesgeschäft wandelten sich für Wiechers & Helm die Geschäftsmöglichkeiten im Einzelnen. Grundsätzlich blieb jedoch der Export von Textilmeterwaren nach Ostasien und Westafrika das wesentliche Tätigkeitsgebiet der Firma. Standen in den fünfziger Jahren Baumwoll-Rohgewebe der Firmen Kümpers in Rheine oder Buntgewebe von Benker in Marktrewitz im Vordergrund, so folgten wollene Anzugstoffe verschiedener Webereien aus dem Rheinland, bedruckte Stoffe von Gebr. Laurenz aus Ochtrup, der Württembergischen Kattunmanufaktur aus Heidenheim und Koechlin Baumgartner aus Lörrach. In Westafrika dominierten Samte und Plüsche von Girmes und anderen Webereien aus dem Krefelder Raum. In Südostasien waren gewirkte Stoffe aus Sprendlingen durch eine Reihe von Jahren der gefragteste Artikel. Der Aufbau einheimischer Textilfabriken in Übersee und die überproportional steigenden Arbeitskosten in Deutschland zwangen jedoch eine nach der anderen dieser namhaften deutschen Webereien zur Aufgabe.

In den achtziger Jahren waren nur noch weiße Damaste mit Jacquardmustern in möglichst glänzender und knirschender Ausrüstung die letzte größere Marktnische. Sie wurden in Westafrika meist blau gefärbt und als Boubou genanntes Gewand getragen. Aber auch diesen langjährigen Exportschlager von Gebr. Dierig aus Augsburg, von Erba aus Erlangen-Bamberg, von Zell-Schönau im Schwarzwald oder Arnold Kock aus Borghorst verdrängte die ausländische Konkurrenz. Die hochwertigen westdeutschen Qualitäten kosteten etwa 10 Mark per Meter. Aus der damaligen DDR und CSSR wurden vergleichbare Qualitäten zu 6 bis 7 Mark angeboten. An diesem Geschäft konnten wir uns noch beteiligen.

Aber als aus der Volksrepublik China Damaste zu 3 bis 4 Mark die französischsprachigen Märkte Westafrikas überschwemmten, war das Ende auch dieses Geschäftszweiges für uns eingeläutet. Die fernöstlichen Qualitäten waren nicht direkt vergleichbar. Aber der Preis spielt in den Entwicklungsländern die entscheidende Rolle. Versuche, chinesische Rohgewebe in Deutschland ausrüsten zu lassen, brachten das zusätzliche Risiko, wer bei Reklamationen verantwortlich war. Transitlieferungen von Ostasien nach Westafrika blieben möglich, aber nur mit oft langfristiger Finanzierung und zwangsläufigen Zahlungsausfällen. Zum 100-jährigen Jubiläum von Wiechers & Helm konnten wir uns 1992 noch als Spezialisten im Textilaußenhandel vorstellen. Aber es war Hans Fabian und mir klar, dass wir die Firma umstrukturieren mussten.

Die erste Möglichkeit dazu ergab sich aus unserer Verbindung zu Oswald Priess. Unterstützt von seiner Frau, hatte er die 1955 unter seinem Namen gegründete GmbH neben einem allgemeinen Warenexport nach Südamerika zu einem Spezialisten für den Import von und Transithandel mit Quarzgestein gemacht. Mit befreundeten Mitaktionären hatte er in Madagaskar eine Gesellschaft gegründet. Sie gewann im Norden des Inselstaates Bergkristalle im Tagebau. Diese wurden vor Ort sortiert, durch das unwegsame Gelände zur Küste geschafft und von dort mit zwei eigenen kleinen Feederschiffen nach Tamatave, dem größten Hafen des Landes, verbracht.

Als Herr Priess 75 Jahre überschritten und keinen Nachfolger in seiner Firma hatte, gelang es, ihn zu überzeugen, dass Hans Fabian am besten sein Know-how erlernen und weiterentwickeln würde. 1995 übernahm Wiechers & Helm die GmbH mit zwei Mitarbeiterinnen und führte sie unter dem Namen OPC O. Priess & Co. als Kommanditgesellschaft fort. Die Firma tätigte zu diesem Zeitpunkt einen Umsatz von knapp 7 Mio. Mark. Er konnte in den nächsten zehn Jahren auf über 7 Mio. Euro verdoppelt werden. Der Bedarf für den selbst abgebauten Bergkristall ging dabei stetig zurück und musste durch Quarzsande aus den USA, Indien und Sri Lanka ersetzt werden. Oswald Priess blieb noch drei Jahre am Geschäft beteiligt und verfolgte die notwendige Neuausrichtung mit seinem freundschaftlichen Rat.

Die nächste Erwerbung ergab sich 1998, als wir davon hörten, dass die Deutsche Handelsgesellschaft DEHAGES GmbH verkauft werden sollte. Diese Firma diente zunächst der deutschen Unilever als Einkaufsgesellschaft. Dann wollten die meisten Geschäftsbereiche des Konzerns ihre Beschaffung jedoch selbst vornehmen. So wurde die DEHAGES 1990 an das Schweizer Handelshaus Edward Keller verkauft, das sich davon einen Brückenkopf in der EU versprach. Als sich diese Erwartungen nicht erfüllten, wurde der Geschäftsführer, Oswald Staubli, mit dem Verkauf beauftragt. Er machte einen sehr seriösen Eindruck. Der welterfahrene Leiter der Hamburger Niederlassung von Daimler-Benz, der im gleichen Rotary Club mit ihm war, sagte mir, er verkaufe ungern an Privatpersonen auf Kredit, aber bei Herrn Staubli würde er eine Ausnahme machen. Mich reizte besonders die Aussicht, wieder mit der Firma Keller in Verbindung zu kommen, mit der ich für Beiersdorf in Hongkong und auf den Philippinen zusammengearbeitet hatte.

Die DEHAGES lieferte weiter an Tochtergesellschaften von Unilever in aller Welt. Herr Staubli versicherte uns, wir könnten die laufenden Aufträge auch ohne Bestätigung der Zentrale ausführen. Um keine Risiken aus der Vergangenheit zu übernehmen, hatten wir lieber eine neue DEHAGES Kommanditgesellschaft gegründet. Zunächst lief alles glatt. Die von uns ausgeführten Lieferungen wurden pünktlich beglichen, bis die Rechtsabteilung von Unilever weitere Zahlungen gegen Forderungen an Oswald Staubli aufrechnete. Auch die Group Headquarters von Edward Keller Ltd. in Zürich distanzierten sich von dem von ihr entsandten Geschäftsführer. Wir mussten erkennen, einen echten Hochstapler nicht richtig eingeschätzt zu haben. Die Übernahme der DEHAGES endete für uns als Nullsummenspiel. Sie verschaffte uns immerhin einen bedeutend wirkenden Firmennamen, unter dem wir besondere Geschäfte abwickeln können.

Ein ganz anderes Gewicht bekam für uns die Übernahme der Hellmuth Carroux GmbH & Co. Diese Firma war 1919 unter dem Namen van Pels & Wolff gegründet worden. Sie hatte das Glück, 1928 mit Hellmuth Carroux einen Partner zu bekommen, der im Dritten Reich dem noch lebenden Gründer ermöglichte, unter Mitnahme seines Vermögens in die USA auszuwandern. 1942 änderte die Firma ihren Namen in Hellmuth Carroux. Sie hat sich als Importeur von Rohmaterialien wie Heilkräutern, Gewürzen, Harzen und Gummiarabikum für die deutsche Pharma-, Nahrungsmittel- und Chemieindustrie einen nennenswerten Bekanntheitsgrad geschaffen. Seit dem letzten Krieg gewann der Export von pharmazeutischen Rohstoffen und Industriechemikalien nach Südamerika und seit den neunziger Jahren auch nach Zentralafrika die größere Bedeutung.

Nach dem Tod von Hellmuth Carroux 1964 wurde die Firma als Kommanditgesellschaft in der Form einer GmbH & Co. fortgeführt und ihr Kapital von verschiedenen Erben übernommen. Sie überließen die Führung des Unternehmens jeweils zwei Geschäftsführern. Bei dem sich verschärfenden Wettbewerb im Zuge der Globalisierung schmolz das Eigenkapital jedoch im Laufe der Jahre dahin. Wir hatten den Eigentümern schon 1996 einen Kauf der Firma angeboten. Es kam aber erst für das Jahr 1999 zum Abschluss, als kaum noch Kapital vorhanden war. Für die ausscheidenden Kommanditisten und Anteilseigner der geschäftsführenden GmbH bedeutete es bereits einen Vorteil, dass wir mit der Übernahme der Firma in alle ihre Forderungen und Verbindlichkeiten eintraten sowie ihre restlichen Mitarbeiter übernahmen. Der Jahresumsatz lag bei 8,5 Mio. Mark. Unter der sachkundigen Leitung von Jürgen Hägermann für die Länder Lateinamerikas und von Frauke Henning vorzugsweise für die Märkte Schwarzafrikas hat sich das

Geschäft inzwischen auf den gleichen Betrag in Euro ausbauen lassen.

Ein anderer seit 1839 auf die Ausfuhr chemischer Rohstoffe nach Lateinamerika spezialisierter Hamburger Exporteur war die Firma Hermann Strack. Ein gleichnamiger Nachfahr des Gründers war ein Mitschüler von mir aus dem Johanneum, der auch das Glück hatte, den Krieg zu überleben. Der jetzige Inhaber des Unternehmens, Ulrich Strack, hatte auch keinen Nachfolger und die 65 bereits überschritten. Der erwirtschaftete Deckungsbeitrag der letzten Jahre reichte gerade zum Ausgleich der Personal- und Sachkosten. Ohne große Überredungskunst nahm er unseren Vorschlag an, sein Geschäft ab 2002 von uns gegen eine degressive Umsatzbeteiligung in den nächsten drei Jahren von 3, 2 und 1 % fortführen zu lassen. Er brauchte seinen Entschluss nicht zu bereuen. Um nicht zu viele Einzelbilanzen aufstellen zu müssen, zogen wir es vor, diesen Umsatz in Chemieprodukten als Division Hermann Strack von OPC O. Priess & Co. zu tätigen.

Kennzeichnend für die Zufriedenheit und die Anhänglichkeit der Mitarbeiter von Wiechers & Helm ist deren lange Betriebszugehörigkeit. Die beiden Prokuristen, die das Indien-Geschäft nach dem Ersten Weltkrieg mit meinem Vater aufbauten, erreichten 30 Dienstjahre. Die langjährige Sekretärin meines Vaters, Anna Schülke, fing 1929 im Alter von 17 Jahren an und erledigte die Gehaltsabrechnungen noch 1999 nach 70 Jahren. Die beiden Geschäftsführer während meiner Tätigkeit bei Beiersdorf waren auch vier Jahrzehnte für die Firma tätig. Es war ein willkommener Vorteil, dass wir mit der Firma Hermann Strack eine erfahrene Buchhalterin übernehmen konnten, gerade als ihre Vorgängerin nach 27 Jahren in den Ruhestand trat.

Ähnlich wie Ulrich Strack erging es Horst Schultz. Er hatte seine Firma Overex Horst Schultz GmbH 1968 selbst gegründet und einen weltweiten Export von Ersatzteilen für die Textilindustrie mit Schwerpunkt in Ausrüstungsmaschinen aufgebaut. Auch er war mit über 60 Jahren wie Herr Strack ohne Nachfolge. Unser gleiches Angebot war ihm bekannt. Nach zweijähriger von uns verstandener Überlegungszeit war es so weit. Ab 2004 konnten wir auch das Geschäft der Overex als Division der Wiechers & Helm GmbH & Co. übernehmen. Ein besonderer Vorteil war, dass wir nicht erst einen erfahrenen Trader für die Steuerung des Geschäfts suchen mussten. Vielmehr konnten wir Jürgen Nestler als bewährten Fachmann auf diesem Gebiet gleich zum Prokuristen ernennen. Mit zwei Mitarbeiterinnen gewannen wir vom ersten Tage an ein eingespieltes Team, das auf diese Weise erhalten blieb.

Wenn ich auf die Geschichte unserer 1892 gegründeten Firma zurückblicke, hat sie zweimal nach jeweils 50 Jahren ihr ganzes vorheriges Geschäft verloren. Das erste Mal durch dem Zweiten Weltkrieg konnte man noch von höherer Gewalt sprechen. Aber nach 1992 war es am Ende des einzigartigen wirtschaftlichen Aufschwungs und kurz nach der erfolgten Wiedervereinigung unseres Landes, dass der immer wieder mit neuen Lieferquellen betriebene Export und Transithandel mit Stoffen aller Art zum völligen Erliegen kam.

Umso mehr freut es mich, dass es nach weiteren zehn Jahren gelungen ist, die Firma auf unterschiedlichen Produktgebieten als modernen Dienstleister im Außenhandel wieder zukunftsfähig zu machen. War es früher üblich, Lieferanten und Kunden möglichst geheim zu halten, arbeiten wir heute in aller Offenheit über Einkaufs- und Verkaufspreise. Unsere begrenzte Handelsmarge muss sich durch unsere Leistungen in der Kommissionierung und Finanzierung, durch unsere Markt- und Produktkenntnis sowie auf Erfahrung beruhender Vertrauenswürdigkeit rechtfertigen. Wenn ein Geschäft besonders gut läuft, erhöht sich das Risiko, früher oder später ausgeschaltet zu werden. Daher müssen wir immer wieder nach neuen Verbindungen Ausschau halten. Aber alles in allem steht unsere Tätigkeit heute durch die größere Transparenz auf einer solideren Basis.

Das Hauptverdienst an der Neustrukturierung von Wiechers & Helm liegt ohne Frage bei Hans Fabian. Ohne die von ihm eingeführten modernen Kommunikationstechniken hätten wir die für das Überleben nötige Kosteneffizienz nicht erreicht. Ohne mein Zutun ist er in die Spuren seines Großvaters getreten und zum Vorsitzenden des Vereins Hamburger Exporteure gewählt worden. Wie sein Vater gehört er dem engeren Vorstand des für ihn zuständigen AGA Unternehmensverband Großhandel, Außenhandel, Dienstleistung e. V. an. Die Tätigkeit des selbständigen Außenhandelskaufmanns bleibt zwar kein Beruf, in dem sich bei allen Risiken schnell Geld verdienen lässt. Aber es gelten weiter die vor 200 Jahren geschriebenen Worte aus dem ersten Buch von Goethes Wilhelm Meister: »Ich wüsste nicht, wessen Geist ausgebreiteter wäre, ausgebreiteter sein müsste als der Geist eines echten Handelsmanns.«

Übernahme öffentlicher Ämter

Mein Vater hatte mir durch seine lange Tätigkeit als Vorsitzender des Vereins Hamburger Exporteure und als Vizepräses der Handelskammer Hamburg vorgelebt, wie wichtig der Einsatz für den eigenen Berufsstand in der Öffentlichkeit ist. Während meiner Aufbauarbeit für Wiechers & Helm in den fünfziger Jahren nahm er diese Aufgaben wahr. In den ersten 21 Jahren bei Beiersdorf ließ mir meine weltweite Reisetätigkeit keine Möglichkeit, seinem Beispiel zu folgen. Lediglich eine Berufung in die für das Unternehmen wichtigsten Ämter nahm ich an. Das war der Arbeitgeberverband Chemie, um ebenso wie Walter A. Gleich, der Vorstandsvorsitzende der Norddeutschen Affinerie, dies für die Entwicklung der Personalkosten wichtige Aufgabengebiet nicht nur den Personalleitern bzw. den Arbeitsdirektoren der Großunternehmen zu überlassen, wie es überwiegend im Bundesgebiet geschah, und zu den überproportionalen Lohn- und Gehaltssteigerungen in dieser wirtschaftlich erfolgreichen Zeit beitrug.

Von meiner Mitgliedschaft im Präsidium des Verbandes der Chemischen Industrie VCI in Frankfurt habe ich schon berichtet. Für den VCI Nord gehörte ich auch dem Vorstand des Industrieverbands Hamburg IVH an. Als Dachverband der örtlichen Zusammenschlüsse der verschiedenen Industriezweige der Hansestadt wurde sein Leitungsgremium von diesen besetzt. Die in der Verbandsarbeit engagierten Personen waren in der Regel nicht die Vorsitzenden der wichtigsten Unternehmen der jeweiligen Branchen. Um dem IVH in der Außenwirkung größeres Gewicht zu geben, leitete ich einen Prozess ein, diesen Kreis für eine Mitwirkung im Vorstand zu gewinnen. Er wurde von Dr. Peter von Foerster als Vorsitzendem des Verbandes mit Erfolg fortgeführt. An seinen abendlichen Diskussionsrunden über Probleme des Industriestandortes Hamburg nehmen seitdem regelmäßig Mitglieder des Senats teil.

Bis 1933 wählte die »Versammlung Eines Ehrbaren Kaufmanns« in Hamburg ihre Vertreter in die Handelskammer. Heute ist diese eine Körperschaft öffentlichen Rechts. Weitgehend stellen die Wirtschaftsverbände ihre Kandidatenlisten auf. Um trotzdem die Erinnerung daran aufrechtzuerhalten, dass nach der Tradition die Kaufmannschaft durch die Verantwortlichen der Unternehmen ihre Amtsträger wählten, wurde 1956 der »Ehrbare Kaufmann« als ein Verein von der Handelskammer neu gegründet. Von ihr wird auch sein Vorstand berufen. Seitdem nimmt diese wiederbelebte Einrichtung in der Jahresschlussveranstaltung der Handelskammer den Bericht ihres Präses über die Ereignisse der letzten zwölf Monate entgegen. Bei einem minimalen Beitrag sollte es eine Selbstverständlichkeit sein, dass alle selbständigen Firmeninhaber, Vorstandsmitglieder von Aktiengesellschaften und Geschäftsführer von GmbHs dieser in erster Linie zu diesem Zweck geschaffenen »Versammlung Eines Ehrbaren Kaufmanns« angehören, um diese Tradition als eine Hamburgensie einzigartiger Art am Leben zu erhalten.

Ihre Bezeichnung geht darauf zurück, dass dem »Ehrbaren Senat« ein »Ehrbarer Kaufmann« gegenübertreten wollte. Diese wertfreie Begründung ihres Namens ignorierend, wird immer wieder der Versuch gemacht, die Zugehörigkeit zum »Ehrbaren Kaufmann« als ein individuelles Bekenntnis zu moralischem Verhalten im Geschäftsleben hinzustellen. Die Standeszugehörigkeit wird dadurch mit ethischen Kriterien verbunden, wie sie beispielsweise durch den Verein »Pro Honore« vertreten werden. In den zehn Jahren meiner Zugehörigkeit zum Vorstand des Ehrbaren Kaufmanns habe ich mich wiederholt dagegen gewandt. Denn die neuzeitliche Sinngebung des Begriffs »Ehrbar« entspricht nicht der Zielsetzung der Gründer der Versammlung von 1956 unter dem Vorsitz von Hans Hasselmann, zu denen auch mein Vater gehörte. Natürlich bestimmen Anstand und Fairness das Bild des hanseatischen Kaufmanns in diesem weit gefassten Sinn. Aber die Maßstäbe, was im Einzelnen zulässig ist, unterliegen doch Wandlungen bei den sich rasant ändernden Bedingungen des Wettbewerbs. Wo beginnt unlautere Werbung oder asoziales Verhalten in unserer globalen Welt? Die »Versammlung Eines Ehrbaren Kaufmanns« sollte daher bei der Pflege der Tradition bleiben und nicht zu einer moralischen Interessenvertretung werden, die den einen oder anderen zögern lässt, ihr beizutreten.

Im August 1988 veranstaltete die Handelskammer Hamburg auf Initiative von Dr. Eckart van Hooven ein viel beachtetes Unternehmersymposium unter dem Motto »Viel

Mehr als Meer«. Seine auf die Stärkung der Geschäftsverbindungen nach Skandinavien ausgerichtete Zielsetzung wurde 15 Monate später durch die Wiedervereinigung mit der vorrangigen Öffnung nach dem Osten in den Hintergrund gedrängt. In Anwesenheit von Bundeskanzler Dr. Helmut Kohl gründeten die Präsidenten der drei Spitzenverbände der deutschen Wirtschaft, der Deutsche Industrie- und Handelstag, der Bundesverband der Deutschen Industrie BDI und die Bundesvereinigung der deutschen Arbeitgeberverbände BDA, das Unternehmerkuratorium Nord. Darin sollten je ein Vertreter der Industrie- und Handelskammern sowie der beiden genannten Verbände aus Bremen, Hamburg, Niedersachsen und Schleswig-Holstein unter dem Vorsitz Dr. van Hoovens die Zusammenarbeit der vier norddeutschen Landesregierungen fördern. Da die Präsidenten von BDI und BDA, Dr. Tyll Necker und Dr. Klaus Murmann, beide aus Schleswig-Holstein kamen, war ihr Interesse besonders lebhaft, den aus dem Krieg hervorgegangenen kleinen Bundesländern des Nordens gegenüber den größeren Einheiten im Süden und Westen mehr Gewicht zu geben.

Die Vorstellung Dr. van Hoovens war, die Besetzung dieses Kuratoriums für eine längere Amtszeit vorzunehmen, um eine ausreichende Kontinuität sicherzustellen. Die meisten Kammern und Verbände benannten jedoch ihre Landessprecher, die oft kurzfristig wechselten. In Hamburg gab es keine gemeinsame Vertretung von BDI und BDA. Außerdem wollte die Kammer nicht durch ihren Präses vertreten sein. So wurden für die Stadt an der Elbe ein Vizepräses der Kammer und ich als Vorstandsmitglied des den BDI vertretenden

IVH benannt und der Präsident der Landesvereinigung der BDA zusätzlich kooptiert. Nach der Wiedervereinigung kamen zwei Vertreter Mecklenburg-Vorpommerns hinzu.

Die anstehenden Themen waren vielfältig. Sie betrafen vor allem Fragen des Verkehrs, der privaten Finanzierung öffentlicher Aufgaben, der Technologieförderung und der Gewässersanierung. Angestrebt wurden regelmäßige Treffen mit den Ministerpräsidenten und Bürgermeistern der inzwischen fünf norddeutschen Länder. Es war sehr schnell klar, dass nur die von ihren Geschäftsführern unterstützten Amtsinhaber etwas ausrichten konnten. Wie in Hamburg erwies sich auch in Bremen der Präses der Handelskammer als eindeutiger Sprecher der Wirtschaft gegenüber dem Senat der Stadt. Bei der Regionalisierung der Industrie- und Handelskammern in Niedersachsen und Schleswig-Holstein war das in den Flächenländern anders. Dort übernahmen eher die Präsidenten der Unternehmensverbände diese zentrale Rolle. In Mecklenburg-Vorpommern entwickelten sich die Strukturen erst langsam mit dem Schwergewicht bei der Kammer in Schwerin am Sitz der Landesregierung.

Der durch das Unternehmerkuratorium herbeigeführte Fortschritt war zunächst die engere Zusammenarbeit zwischen den Kammern und Verbänden in Norddeutschland, deren Geschäftsführungen vorher in einer Art Konkurrenz zueinander gestanden hatten. Besonders kam es auf einen besseren Gleichschritt zwischen Hamburg und Schleswig-Holstein an, damit nicht weiter die einen für und die anderen gegen den Transrapid auftraten, die einen für eine zusätzliche Elbquerung östlich und die anderen westlich von Hamburg. Dafür musste eine sich entsprechende Verbandsstruktur gefunden werden. Eine Chance dazu bot sich Ende 1991 durch einen Zufall.

Die Landesvereinigung der Arbeitgeberverbände in Hamburg hatte überwiegend repräsentative Aufgaben. Sie war nicht gleichzeitig die Vertretung des BDI und der anderen Wirtschaftsverbände. Durch eine Indiskretion im Anschluss an eine Fernsehsendung über das horizontale Gewerbe musste ihr Präsident plötzlich zurücktreten. Ein Nachfolger stand nicht zur Verfügung. In dieser Situation wurde mir das Amt in Erinnerung an meine frühere Tätigkeit für den Arbeitgeberverband Chemie angetragen. Ich nahm es an, um aus dieser Position heraus zu versuchen, auch die wichtigsten Wirtschaftsverbände wie den IVH, den Unternehmensverband Hamburg Hafen und den Zeitungsverlegerverband für eine Mitgliedschaft zu gewinnen. Das gelang bis 1993 und machte es möglich, die bestehende Organisation in eine Landesvereinigung der Unternehmensverbände in Hamburg umzubenennen. Damit war die Voraussetzung geschaffen, behutsam an eine Zusammenführung mit der entsprechenden Vereinigung in Schleswig-Holstein heranzugehen.

Diese Initiative konnte ich unbefangen beginnen, ohne in den Verdacht zu geraten, die Rolle der Hamburger Handelskammer beeinträchtigen zu wollen. Denn ich war von Haus aus als ein Unterstützer der Kammer festgelegt. 1953 wurde ich nach Carl Friedrich Petersen der zweite Vorsitzende der Kammer-Junioren. Seit 1968 war ich Mitglied des Außenwirtschaftsausschusses. 1987 wurde ich ins Plenum und 1990 ins Präsidium gewählt. In einer kleinen Kommission hatte ich an der Berufung von Dr. Hans Jörg

Schmidt-Trenz zum Hauptgeschäftsführer mitgewirkt. Bei der Einführung einer neuen Organisationsstruktur mit Hilfe der Firma Roland Berger unter der Federführung von Dr. Burkhard Schwenker hatte ich mich an verschiedenen Arbeitsgruppen beteiligt und dabei praktisch alle Geschäftsführer besser kennen gelernt, als es normalerweise möglich gewesen wäre.

Die Zusammenkünfte mit den fünf Regierungschefs beschränkten sich bald auf eine Beteiligung an deren jährlichen Treffen unter turnusmäßig wechselnder Leitung. In Anlehnung daran und um auf diese Weise den Vorsitz Dr. van Hoovens zu beenden, beschloss auch das Unternehmerkuratorium, dieses Amt jeweils einem Vertreter des Landes zu übertragen, das die Federführung der nächsten gemeinsamen Sitzung übernahm. Diese Lösung bedeutete, dass auch die anfängliche Geschäftsführung durch die Handelskammer Hamburg zu den Unternehmensverbänden Niedersachsens nach Hannover wechselte und so fort. Das erwies sich allerdings als wenig effektiv.

Um eine größere Kontinuität in die zu leistende Arbeit zu bringen, blieb ich vier Jahre, von 1996 bis 2000, als Hamburger Präsident der Unternehmensverbände bzw. als Vizepräses der Handelskammer der Vorsitzende des Kuratoriums. Gleichzeitig lag die Geschäftsführung ohne jährlichen Wechsel bei der Handelskammer Hamburg. Diese personenbezogene Regelung musste nur alle zwölf Monate einvernehmlich bestätigt werden.

Jetzt gelang es, in den anfangs strittigen Punkten des Transrapids und der von Schleswig-Holstein geforderten Elbquerung westlich von Hamburg wenigstens seitens der norddeutschen Wirtschaft eine einheitliche Meinung zu vertreten. Es war nicht einfach, zum Beispiel bezüglich der Streckenführung der zwischen Niedersachsen und Mecklenburg-Vorpommern geplanten Autobahnen zu einer Übereinstimmung zu kommen. Der um seinen Rat gebetene frühere Wirtschaftsminister Schleswig-Holsteins Dr. Jürgen Westphal erstellte einen Katalog von Behörden und Instanzen, die in der Verwaltung und Rechtsprechung länderübergreifend zusammengelegt werden könnten. Die Forderung eines Nordstaates hatte das Kuratorium von vornherein zugunsten einer Politik der kleinen Schritte nicht aufgegriffen.

Bei den jährlichen Treffen mit den Regierungschefs hatte häufig eine Landesregierung gewechselt und das Kräfteverhältnis untereinander verschoben. Über allgemeine Themen wie Berücksichtigung des Nordens bei der Forschungsförderung des Bundes und der EU oder bei Fragen der Abfallentsorgung war schnell eine Einigung zu erzielen. Bei den kritischen Themen wie Vereinfachung der Verwaltungsstrukturen und Verkehrsfragen erschwerten immer wieder regionale Interessen und Rücksichtnahme auf die Grünen als Regierungspartner Entscheidungen zugunsten wirtschaftlich vernünftiger Lösungen. Rückblickend ist es erfreulich festzustellen, dass manche unserer Vorschläge zur Zusammenlegung von Ämtern mit 10-jähriger Verzögerung doch noch aufgegriffen und umgesetzt wurden. Leider gilt das nicht für den Transrapid nach Berlin, gegen den die Regierung Schleswig-Holsteins unter Heide Simonis sogar das Bundesverfassungsgericht anrief, nachdem die mehrjährigen Raumordnungs- und Planfeststellungsverfahren erfolgreich abgeschlossen waren.

Mit der Zusammenführung der beiden Landesvereinigungen der Unternehmensverbände in Schleswig-Holstein und Hamburg konnte ich meine Tätigkeit in den Spitzengremien der Hamburger Wirtschaft zur Jahrtausendwende 2000 beenden. Die Widerstände im Land zwischen Nord- und Ostsee waren zunächst groß. Sie bestanden etwas widersprüchlich aus der doppelten Sorge, den Zuwachs durch die Hamburger Verbände nicht verkraften zu können oder von dem Sog in die Großstadt vereinnahmt zu werden. Es war viel Überzeugungsarbeit vor Ort zu leisten.

Sehr hilfreich war, dass zunächst der Hamburger Hauptgeschäftsführer Jürgen Meineke auch die vakant gewordene gleiche Stellung bei den Verbänden des nördlichsten Bundeslandes in Rendsburg mit übernehmen konnte. Mit Recht fiel der Vorsitz der vereinigten Unternehmensverbände Nord, kurz UV Nord, an Professor Hans Heinrich Driftmann aus Elmshorn. Sein Stellvertreter wurde Dr. Peter von Foerster, der auch meine Nachfolge im Präsidium der Handelskammer Hamburg angetreten hatte und Sprecher des Unternehmerkuratoriums Nord wurde. Einen besseren Abgang hätte ich mir nicht wünschen können.

Familienleben und persönliche Interessen

Nach den letzten sechs Kapiteln kann der Eindruck entstehen, mein Leben hätte nach meinem 35. Lebensjahr nur noch aus geschäftlichen Aktivitäten bestanden. Das war zum Glück nicht so. Dafür haben in erster Linie meine Frau und unsere drei Kinder gesorgt. Fast vier Jahrzehnte blieb unser Haus in Reinbek in der Buchtallee das Zentrum unseres familiären und gesellschaftlichen Lebens. Es gelang, das anfängliche Grundstück von 2000 Quadratmeter nach allen Seiten auf etwa 9000 Quadratmeter zu erweitern und das Haus den steigenden Bedürfnissen der größer werdenden Familie anzupassen und schließlich noch mit einem täglich genutzten Schwimmbad zu versehen. Dabei konnte ich meiner Bauleidenschaft im Interesse größtmöglicher Raumausnutzung nachgehen. Erst 1990, als alle Kinder sich glücklich verheiratet hatten und die Pflege des parkartigen Gartens immer mühsamer wurde, zogen Clarita und ich in die oberste Etage eines Neubaus in der Heimhuder Straße in der Hamburger Innenstadt. Mit Tiefgarage und Fahrstuhl ist es ein idealer Wohnsitz in fortgeschrittenem Lebensalter. Wir haben diesen Entschluss vom ersten Tage an nicht bereut.

In den sechziger Jahren stand die Schulzeit der Kinder im Vordergrund. Nach einigen Jahren im Sachsenwald-Gymnasium in Reinbek wechselten unsere beiden Töchter Irene und Regine auf die Sophie-Barat-Schule in Hamburg, eine der Gründungen der Ordensfrau Maria Tiefenbacher, der ältesten Schwester meiner Mutter. Sie lag in der Nähe des Dammtor-Bahnhofs und war damals eine reine Mädchenschule. Für unseren Sohn Hans Fabian kam sie daher nicht in Betracht. Da die von mir besuchte Gelehrtenschule des Johanneums von Reinbek aus schlecht zu erreichen war, meldeten wir ihn in der St.-Ansgar-Schule am Berliner Tor an. Das hatte den großen Vorteil, dass ich die Kinder morgens mit dem Auto in die Stadt mitnehmen konnte, wenn ich nicht gerade auf Reisen war. Dann benutzten sie mittags die S-Bahn. So sahen sie ihren Vater und sprachen mit ihm sehr viel mehr, als es sonst möglich gewesen wäre. Es wurde einvernehmlich geregelt, wer unter Berücksichtigung des Alters vorne sitzen durfte.

Wir haben auch in den Jahren längerer Arbeitszeiten immer versucht, so viel wie möglich mit den Kindern gemeinsam zu unternehmen. Ein Höhepunkt des Jahres waren unsere Adventsreisen Anfang der siebziger Jahre für ein verlängertes Wochenende in der Vorweihnachtszeit. Sie führten uns nach Berlin, München, Straßburg und Wien. Mit Theater- oder Museumsbesuchen sowie Einkäufen und Essen in typischen Restaurants lernten die Kinder interessante Städte und den Reiz gemeinsamer Familienunternehmungen kennen. Eine besondere Reise wurde für jedes von ihnen nach bestandenem Abitur sorgfältig geplant.

Die erste dieser Fahrten ging nach Irenes Schulabschluss

im August 1971 nach Italien. In Verona gerade eingetroffen, erlebten wir in der Arena Verdis »Macbeth«, für Clarita und mich die erste von inzwischen 55 immer wieder eindrucksvollen Aufführungen in dem antiken, nach oben offenen Bauwerk mit seiner sensationellen Akustik. Nur der damals 11-jährige Hans Fabian war nach der langen Reise so müde, dass er noch nicht den vollen Genuss hatte. Über Assisi mit den Fresken Giottos in der Kathedrale des heiligen Franziskus fuhren wir in ein kleines Hotel bei Paestum südlich von Neapel. Morgens Baden am Strand des Mittelmeeres und nachmittags Bewundern der gut erhaltenen Tempel im Farbenglanz des Sonnenuntergangs verbanden Urlaubsfreuden mit bleibenden Eindrücken. Auf dem Rückweg blieben wir noch drei Tage in Florenz mit seinen Kunstschätzen.

Es war nicht einfach, diese Vorlage im Sommer 1975 für Regines Abitur noch zu steigern. Wir entschieden uns für eine Kreuzfahrt mit der »Ausonia« von Venedig aus mit Besichtigung von Dubrovnik, Korfu, Olympia, Ephesus und Varna in Bulgarien. In Istanbul gab es eine Aufführung von Mozarts »Entführung aus dem Serail« am originalen Ort im Topkapi-Palast. Die Solisten sangen deutsch, die Chöre türkisch. In Odessa stand Verdis »Troubadour« auf dem Programm des der Wiener Staatsoper nachgebauten Theaters. Die Erlebnisse auf dem italienischen Schiff und die Ausflüge zu interessanten Plätzen in fünf Ländern mit ganz unterschiedlichen Lebensbedingungen machten auch diese Reise unvergesslich.

Zu Ostern des gleichen Jahres war die ganze Familie bereits zu Claritas 50. Geburtstag in Rom. Es war wie vor 25 Jahren bei unserer Verlobung ein so genanntes Heiliges

Jahr mit besonderen Feierlichkeiten gerade an den Ostertagen. Bei unserem ersten Aufenthalt herrschte noch Pius XII. Jetzt lag das 5-jährige Pontifikat von Johannes XXIII. mit seinem folgenreichen Konzil schon wieder zwölf Jahre zurück, und wir erlebten Paul VI. Diese Tage in Rom mit dem Besuch der vier Hauptkirchen, des Forums, einer bezaubernden Aufführung von Mascagnis »Cavalleria rusticana« mit dem dramatischen Osterchor in der Oper und einem Abendessen im Dachrestaurant des Hotels Hassler mit Blick über die Stadt zum Vatikan im Licht des Sonnenuntergangs veranlassten mich zu der Zusage, dass wir alle fünf Jahre zur Feier von Claritas Geburtstag wieder in der Osterwoche nach Rom reisen wollten. Dieses Versprechen konnte ich bis zum nächsten Heiligen Jahr 2000 weitere fünfmal einlösen. Die Schwiegerkinder und über 10-jährigen Enkel waren jeweils dabei.

Unterschiedlich standen die anderen beachtlichen Kirchen, die Schätze des Vatikans, die Monumente des antiken Rom sowie die vielen Plätze und Brunnen im Mittelpunkt unserer Besichtigungen. Nur die bewährten Restaurants blieben die gleichen. Wir wohnten immer im Zentrum der Altstadt im Hotel Raphael hinter der Piazza Navona oder neben dem Pantheon im Hospiz Santa Clara. So konnten wir die meisten Sehenswürdigkeiten zu Fuß erreichen. Johannes Paul II. verlegte die eigentliche Ostermesse vor den Petersdom als Ausdruck der von ihm angestrebten Öffnung der Kirche. Dadurch waren die unübersehbaren Menschenmengen auf dem Petersplatz in die heilige Handlung besser einbezogen. Über die deutsche oder österreichische Botschaft beim Vatikan hatten wir mehrfach reservierte Plätze nahe am Altar.

Dort konnten wir das Geschehen in Ruhe überblicken. Nur die musikalische Gestaltung der Messe bleibt in Rom wie in ganz Italien hinter dem zurück, was München, Wien oder Salzburg bieten.

1977 war die Abiturreise für Hans Fabian fällig. Irene hatte schon vorher ihr Außenwirtschaftsstudium an der Hochschule von St. Gallen erfolgreich beendet und kurz entschlossen Dr. Elmar Stachels, einen Juristen der Bayer AG aus einer Kölner Familie, geheiratet. So waren wir zu diesem Termin sechs. Als weitere Steigerung zu den Feiern zum Schulabschluss der Schwestern hatte ich eine Rundreise durch die USA von New York über Chicago, San Francisco, Los Angeles und New Orleans bis Washington ausgearbeitet. Erst kurz vor dem Abflug ergab es sich, dass der Abiturient selbst nicht mitkommen konnte, weil er seinen Dienst als Reserveoffiziersbewerber bei der Bundesmarine früher antreten musste, als wir angenommen hatten. Was sollten wir unter diesen Umständen tun? Clarita wollte die Reise ohne die Hauptperson absagen. Ich fühlte mich gegenüber den Töchtern und dem neuen Schwiegersohn im Wort. So entschieden wir uns, das für drei Wochen reichlich überladene Programm zu teilen.

Zunächst erkundete die restliche Familie mit einem geräumigen Mietwagen den Osten der USA von Boston bis New Orleans. In den ersten Tagen hatten wir in New York ein Apartment in der 55th Street Ecke Avenue of the Americas zu unserer Verfügung. Das ermöglichte uns, diese große Stadt wie von zu Hause aus kennen zu lernen. Eindrucksvoll war eine Inszenierung von Arrigo Boitos »Mefistofele« in der City Opera unter Julius Rudel, der auch die Aufführung der »Bohème« zum 100-jährigen Beiersdorf-Jubiläum 1982 in Hamburg dirigierte. Höhepunkte unserer Fahrt entlang der Ostküste waren die Besichtigungen von Philadelphia, Washington mit seinen vielen Museen, Williamsburg und Charleston. Zum Abschluss waren wir noch eine Woche im Hause von Freunden auf Jamaica.

Die nachgeholte Reise nur mit Hans Fabian als Leutnant zur See der Reserve begann drei Jahre später in Chicago. Es war eine gute Idee, sich sodann einer Tour des Schweizer Reisebüros Kuoni von Colorado Springs bis Las Vegas anzuschließen. So war eine Fahrt mit Geländewagen ins Monument Valley, auf einem Motorboot über den Lake Powell mit den ihn umrandenden Felsformationen und in einem Hubschrauber durch die Schluchten des Grand Canyon für uns gut organisiert. In Las Vegas, das man nur einmal zu sehen braucht, nahmen wir uns einen eigenen Wagen und fuhren durch das heiße Death Valley nach San Francisco, wo wir Verdis »Simone Boccanegra« sahen. Die hügelige Stadt mit ihrem fernöstlichen Einschlag gefiel uns besonders. Von dort benutzten wir den berühmten Highway One am Pazifik nach Santa Monica mit dem in jeder Beziehung reichen Paul Getty Museum. Nach einem langen Tagesflug erreichten wir Washington und bekamen noch Karten für ein symphonisches Festkonzert mit dem Geiger Isaac Stern und anderen prominenten Solisten. Ohne Abendessen war es zwar eine Überforderung meiner Mitreisenden, aber eine weitere für die USA typische Erinnerung für Hans Fabian. Seine Ausbildung auf dem Schulschiff »Deutschland« hatte ihn bereits nach Tokio und in die Inselwelt des Pazifiks geführt. Nach vier abschließenden Tagen in New York hatte er auch von dem mächtigsten Land des Westens eine gute Vorstellung gewonnen und konnte sein Studium der Betriebswissenschaft und Informatik in Fribourg beginnen.

Regine hatte sich für die Rechtswissenschaft entschieden. Nach ihrer erfolgreichen Promotion wurde sie Richterin. In Genf verbrachte auch sie zwei Semester im Alpenland. Auf diese Weise teilten alle drei Kinder die Vorliebe ihrer Eltern für die Schweiz, in der wir seit 1961 mehr als 40 Jahre im März unseren Skiurlaub in Arosa verbrachten. 1975 gelang es uns, im Haus Elisabeth eine von sechs Eigentumswohnungen erst zu mieten und später zu kaufen. Aus Dankbarkeit für viele erholsame Wochen in Arosa stifteten Clarita und ich der dortigen katholischen Kirche sechs Glasfenster an der Ostwand gegenüber dem Altar. Sie wurden nach unseren Angaben von Professor Hans Baumhauer in leuchtenden Farben ausgeführt. Sie zeigen Christophorus, den wir als Beschützer im Straßenverkehr schätzen, den Schweizer Nationalheiligen Nikolaus von der Flüe, die heilige Elisabeth, die den Armen Brot austeilt, Maria als Beschützerin der Menschheit, Franziskus von Assisi, der den Tieren predigt, und Clara, die Ungläubige vertreibt. Dem Künstler sind lebendige Darstellungen der Motive gelungen.

Für die Ferien im Frühling und Herbst konnten wir 1993 im Südwesten Mallorcas oberhalb von Paguera in der Wohnanlage Monte Esmeralda zwei Ferienwohnungen in ähnlicher Größe wie in Arosa von je 80 Quadratmeter erwerben. Wir genießen dort den Blick von unserer Terrasse über die Küste von Santa Ponsa bis Camp de Mar und die Möglichkeiten zum Schwimmen in einem großen Pool innerhalb der Anlage oder im offenen Meer. Seitdem steht fest, wohin wir reisen, wenn wir in die Berge oder an die See wollen. Arosa bietet auch im Sommer viele Wanderwege, von dort ist es auch nur ein kurzer Weg zu den Festspielen in Salzburg, Bregenz und Verona.

1980 schlugen die Kinder noch einmal eine Adventsreise nach München vor. Im Nationaltheater gab es »La Bohème« mit Plácido Domingo. Aber wie sollte ich dafür sechs Karten bekommen? Mit wenig Hoffnung auf Erfolg schrieb ich an den Intendanten August Everding, der vorher in Hamburg tätig war. Zwei Tage später rief seine Sekretärin an. Sie würde das Unmögliche möglich machen, zwei Plätze von der Kasse, zwei in der Intendantenloge und zwei Stühle irgendwo hinten. Ich war sprachlos. Da musste Elmar absagen. Er war in Teheran unabkömmlich. Dort war meinem Schwiegersohn nach der Machtergreifung Ayatollah Khomeinis die Leitung der Tochtergesellschaft von Bayer mit 1200 Mitarbeitern anvertraut worden, nachdem sein Vorgänger mit dem Schah das Land hatte verlassen müssen.

Wer sollte unter diesen Umständen den glücklich eroberten sechsten Platz benutzen? Irene hatte schon mit 22 Jahren geheiratet. Regine war jetzt 24. Also durfte sie einen Freund mitbringen, und Christoph Dechamps nutzte den Sitz aus. Als Clarita und ich die Loge Everdings betraten, begrüßte er uns mit der Mitteilung, wir hätten die Karten eigentlich gar nicht bekommen sollen. Er habe mich mit meinem Namensvetter von der HAPAG verwechselt, der für ihn einmal Dekorationen günstig nach New York verladen habe. So erlebte meine Frau endlich einen Vorteil durch meinen in Norddeutschland verwechslungsfähigen Namen. Alles wandte sich erst recht zum Guten, als Christoph, animiert durch Plácido Domingo, noch am gleichen Abend um Regines Hand anhielt. So bekamen Clarita und ich überraschend unseren zweiten Schwiegersohn.

Neben den Reisen mit unseren Kindern haben Clarita und ich die vielen interessanten Städte, die ich laufend in aller Welt besuchte, auch gemeinsam erlebt. Dabei haben wir versucht, möglichst viel auch außerhalb der Geschäftszentren kennen zu lernen. In Mexiko waren wir über Taxco mit vielen Silberwerkstätten in Acapulco an der Westküste und über Oaxaca mit seinen alten Kirchen in Yucatán mit seinen Ruinenstädten Chichén-Itzá, Uxmal und Palenque. In Kolumbien besuchten wir Cartagena mit seinen Bauten aus der spanischen Kolonialzeit. In Peru kletterten wir mit der Eisenbahn von Cuzco, der alten Hauptstadt des Inkareiches, über 3800 Meter Höhe zu den auf 2900 Metern liegenden Ruinen von Machu Picchu. In Chile fuhren wir mit dem Auto von Valparaiso südlich entlang der Küste nach Ralun und von dort im Wechsel von Boot und Bus über die Anden nach Bariloche, dem von Schweizer Einwanderern gegründeten Wintersportort in Argentinien. Zum Abschluss der Südamerika-Reise nahmen wir die gewaltigen Wasserfälle von Iguaçu von der argentinischen und der brasilianischen Seite aus in Augenschein.

Höhepunkte unserer Reisen in Asien waren die alte japanische Kaiserstadt Kyoto mit ihren buddhistischen Tempeln, das chinesische Nationale Palastmuseum in Taipeh, der Eindruck der pulsierenden Geschäftigkeit in Hongkong und Singapore sowie das tropische Ambiente auf der Urlaubsinsel Bali in Indonesien. In unserer Erinnerung bleibt eine zwölftägige Reise durch Israel. Regine hatte nach ihrem

Abitur schon an Ausgrabungen in Beer-Sheva in der Negev-Wüste teilgenommen und uns beeindruckt davon erzählt. Jeweils von Haifa, Jerusalem und Eilat aus konnten wir das ganze Land gut kennen lernen und das Sicherheitsbedürfnis der Bevölkerung bei der geringen räumlichen Ausdehnung ihres Staates verstehen. Unvergesslich bleibt die Fahrt zum Katharinen-Kloster bei Sonnenaufgang durch die gebirgige Sinai-Halbinsel.

1988 bekamen wir auch eine Schwiegertochter. Hans Fabian hatte sein Herz in Kärnten an Edda Piskernik verloren. Sie war die Tochter eines Apothekenbesitzers aus Völkermarkt, der gleichzeitig Restaurator historischer Gebäude und Sammler moderner Bilder und Skulpturen ist. Als überzeugte Lutheranerin aus dem katholischen Österreich geriet sie im vorwiegend protestantischen Hamburg in eine in der römischen Diaspora lebende Familie. Auch sie machte die Erfahrung, dass sich Individualisten am wohlsten als Angehörige einer Minderheit fühlen und es besonders in Fragen der Religion auf die gleichen Grundauffassungen ankommt. Inzwischen haben wir elf Enkelkinder, die sich fabelhaft entwickeln. Wenn sie nicht schon zur Familie gehörten, würden wir sie alle sofort adoptieren.

Die Familie ist zu groß geworden, als dass alle zusammen Weihnachten feiern könnten. Daher waren wir meistens mit Irene und ihrer Familie in ihrem Haus am Brombacher Berg im Bergischen Land, in Arosa oder auch in Mexico City und Hongkong, nachdem Elmar die Länderzuständigkeit von Bayer für Mexiko bzw. China, Taiwan und Hongkong übernommen hatte. Die schon erwähnte Sammlung von Weihnachtsgedichten von 1985 konnte ich im Laufe der

Jahre durch vier Ergänzungsbände auf 150 Gedichte ganz unterschiedlicher, überwiegend zeitgenössischer Autoren erweitern. Besonderen Wert legte ich bei allen ausgewählten Versen neben der inhaltlichen Aussage auf die sprachliche Form. Zu meiner Freude hat meine älteste Enkelin Fabiola Stachels bei der abschließenden Sammlung maßgeblich mitgewirkt.

Aufgrund der frühen Anregungen durch meine literarisch bewanderte Mutter waren meine geistigen Interessen zunächst auf das Theater ausgerichtet. Ich versuchte, keine erreichbare Klassikeraufführung von Schiller, Goethe, Lessing, Kleist, Hebbel, Grillparzer, Molière oder Shakespeare zu versäumen. Ich bedaure, dass gedankenreiche Dramen voller Lebensweisheit wie Schillers »Wallenstein« oder »Wilhelm Tell« kaum noch aufgeführt werden. Immer wieder gern sehe ich die aus dem Leben gegriffenen Stücke von Henrik Ibsen sowie die damit vergleichbaren Schauspiele von Gerhart Hauptmann, Arthur Schnitzler, Ödön von Horvath, Carl Zuckmayer, Carl Sternheim, George Bernard Shaw, Arthur Miller oder Tennessee Williams. Es fällt mir schwer, richtig zu finden, dass in den letzten Jahren viele Regisseure die undramatischen Stimmungsbilder von Anton Tschechow und Maxim Gorki vorziehen und auf die genannten Vorlagen nur zurückgreifen, wenn sie sich für eine eigenwillige Deutung eignen.

Meine Vorliebe für die klassische Musik habe ich als reiner Dilettant entwickelt. Außer Blockflöte und Ziehharmonika habe ich nie auf einem Instrument geübt. Von »gespielt«, so dass andere es gern hörten, konnte leider nicht die Rede sein. Im Schulorchester des Johanneums musste ich selbst am Schlagzeug abgelöst werden. Das tat meiner Begeisterung für die Orchestermusik jedoch keinen Abbruch. Um eine Diskussion in Gang zu bringen, stellte meine Mutter gern die Frage: »Welche Bücher würden Sie auf eine einsame Insel mitnehmen?« Die Antworten waren für die Befragten immer kennzeichnend. Bei der Qualität der heutigen Tonträger würde ich mich für Stunden des Alleinseins noch vor Büchern für musikalische Werke entscheiden. Wenn ich von jedem Komponisten nur ein Werk nennen dürfte, sähe meine Wahl von zehn Symphonien wie folgt aus: Beethoven Nr. 7, Berlioz »Symphonie fantastique«, Brahms Nr. 1, Bruckner Nr. 7, Dvorak »Aus der neuen Welt«, Mahler Nr. 2, Saint-Saëns Nr. 3 mit Orgel, Schubert »Die Unvollendete«, Sibelius Nr. 2, und Tschaikoswky Nr. 6 »Pathétique«. Dabei fällt mir die Wahl unter den neun Symphonien Beethovens und Bruckners am schwersten. Ähnliche Listen könnte ich für je zehn Klavier- und Violin- bzw. fünf Cellokonzerte aufstellen, die ich jederzeit mit Vergnügen anhöre.

Es ist schon deutlich geworden, dass meine besondere Begeisterung vorzugsweise der italienischen Oper des 19. und frühen 20. Jahrhunderts gehört. Im Laufe der Jahre habe ich 130 Aufführungen von 21 Opern Verdis und über 50 Inszenierungen der neun bekanntesten Werke Puccinis in den größten Opernhäusern der Welt, der Metropolitan in New York, dem Colón in Buenos Aires, dem Liceo in Barcelona, der Scala in Mailand sowie den Opernhäusern in Paris und Wien, erlebt. Außerdem lernte ich eine Reihe bei uns weniger bekannter Opern aus der gleichen Zeit schätzen, die sich in ihrer Melodik und Dramatik durchaus mit Verdi und Puccini messen können. Arrigo Boitos »Mefistofele« erwähnte ich schon. Dazu gehören auch »La Gioconda« von Amilcare Ponchielli, »Adriana Lecouvreur« von Francesco Cilea, »André Chenier« und »Fedora« von Umberto Giordano. In der Nachfolge von Bizets »Carmen« sind auch die französischen Opern von Gounod und Massenet sowie die russischen Werke um Mussorgskis »Boris Godunow« zu nennen. Diese Vorliebe bedeutet natürlich eine Einseitigkeit. Sie gehört jedoch zu jeder echten Begeisterung. Mit Schillers »Seid umschlungen, Millionen« habe ich als Liebeserklärung nie viel anfangen können.

Von meinen Schwestern vertrat Margot Kruse als Romanistin viele Jahrzehnte die französische und italienische Literatur an der Hamburger Universität. Ursula ist ohne akademische Würden eine kenntnisreiche Kunsthistorikerin und mit Professor Erwin Weiss verheiratet, der lange den Lehrstuhl für anorganische Chemie in der Hansestadt innehatte. Durch sie und ihre Freunde bekam ich eine Verbindung zu den geistes- wie den naturwissenschaftlichen Fächern der Universität Hamburg, an der ich selbst mein Studium begonnen hatte. Da Hamburg anders als Göttingen, Heidelberg oder Tübingen weniger als Universitäts- denn als Handelsstadt im öffentlichen Bewusstsein wahrgenommen wird, hat sich die Universitätsgesellschaft vorgenommen, die Begegnung zwischen namhaften Professoren und dem Bürgertum zu fördern. Bei den vielen kulturellen Einrichtungen der Stadt war es nie einfach, dieser Zielsetzung gerecht zu werden, zumal der Vorstand der Universitätsgesellschaft unbemerkt nur noch aus emeritierten Professoren und pensionierten Vertretern der Wirtschaft bestand. Als satzungsmäßiges Vorstandsmitglied in Vertretung des Präses der Handelskammer konnte ich dazu beitragen, namhafte Lehrstuhlinhaber der Rechts-, Natur- und Geisteswissenschaften sowie noch im aktiven Berufsleben stehende Repräsentanten der Wirtschaft für die Vorstandstätigkeit der Universitätsgesellschaft zu gewinnen. Darüber hinaus bleibt es wünschenswert, dass die Mitgliedschaft in dieser traditionsreichen Vereinigung für die Mehrzahl der Professoren selbstverständlich wird. An breiterem Interesse seitens der Kaufmannschaft würde es dann auch nicht fehlen.

In den ältesten deutschen Rotary Club Hamburg wurde ich 1958 mit 32 Jahren aufgenommen. Mein Vater hatte daran nicht mitgewirkt. Aber wie er verdanke ich dem Club durch seine Zusammensetzung aus Vertretern unterschiedlicher Berufsgruppen interessante Bekanntschaften. Die wesentlichen Anregungen gehen bei Rotary von den wöchentlichen Vorträgen aus, die vorzugsweise von den Mitgliedern über ihr Leben, ihre Tätigkeit oder eines ihrer Wissensgebiete gehalten werden. Dem Vortragswart kommt daher für das Clubleben eine große Bedeutung zu. Neben dem sozialen Engagement der Mitglieder spielen die internationalen Beziehungen eine wichtige Rolle. Sie werden vom Club Hamburg seit über 50 Jahren zu den ersten Clubs in Marseille und Wien gepflegt. Die vergleichbaren Aufgaben der Stadtentwicklung von Marseille als wichtigstem französischem Umschlagplatz im Süden Europas und von Hamburg als größtem deutschem Hafen im kontinentalen Norden führte 1958 zur offiziellen Partnerschaft beider Städte. Sie wird durch das Kontaktverhältnis zwischen den beiden Rotary Clubs unterstützt. Mit Wien ist es ähnlich. Die Rolle Hamburgs für die wirtschaftliche Erschließung Nordosteuropas über die Anlieger des Mare Balticum entspricht derjenigen Wiens für die Anbindung Südosteuropas von Tschechien bis Bulgarien. Auch hier schaffen gleiche Aufgaben eine gute Basis für einen regelmäßigen fruchtbaren Gedankenaustausch.

Vielfach besteht die Vorstellung, dass die Einhaltung strenger Präsenzregeln eine vorrangige Voraussetzung der Mitgliedschaft von Rotary sei. Dem ist in solcher Rigorosität nicht so. Engagierte Vertreter anspruchsvoller Berufe, an denen die Clubs in erster Linie interessiert sind, haben oft nicht die Zeit, wöchentlich an einem Treffen teilzunehmen. Eine pragmatische Handhabung dieser Regeln ist jedenfalls in der Satzung unseres Clubs ebenso verankert wie eine Höchstzahl von 100 Mitgliedern, damit ein persönliches Sich-untereinander-Kennen möglich bleibt. Der Präsident wechselt bei Rotary jährlich zum 1. Juli und gibt dem Clubleben immer wieder neue Impulse. In meinem Amtsjahr 1991/92 hatte ich das Glück, dass eines unserer mit der italienischen Kunst vertrauten Mitglieder mir eine Reise nach Florenz, Pisa, Lucca und Siena vorschlug. Von ihm gut organisiert, wurde sie ein großer Erfolg mit Rossinis »Stabat Mater« zur Eröffnung des Maggio Fiorentino als krönendem Abschluss. Seitdem hat diese erste Clubreise viele Nachfolger gefunden.

Eine besondere Herausforderung war 2002 die Feier des 75-jährigen Jubiläums unseres Clubs. Neben einem Festakt im Hamburger Rathaus mit Ansprachen des in diesem Jahr thailändischen Präsidenten von Rotary International sowie von Alt-Bundespräsident Roman Herzog, der auch Rotarier ist, fand als künstlerischer Beitrag ein Konzert in der Hauptkirche St. Michaelis statt. Der Festausschuss dachte an Werke der in Hamburg geborenen Komponisten Brahms und Mendelssohn Bartholdy. Ich fand es wichtiger, ein Zeichen der Verbundenheit zwischen Deutschland und den USA durch Werke von Komponisten beider Länder aus den letzten 100 Jahren zu setzen. Mein Vorschlag enthielt Stücke von Samuel Barber, Aaron Copland, Charles Ives, Zwischenspiele aus Hans Pfitzners »Palestrina« und den Schlusssatz aus Paul Hindemiths Sinfonie »Mathis der Maler«. Trotz mancher Bedenken gelangte dies Programm zur Aufführung und wurde begeistert aufgenommen. Auf einer CD ist das Konzert festgehalten.

Zu den bedeutenden Mitgliedern des Rotary Clubs Hamburg gehörten bei seiner Gründung Wilhelm Cuno, der Vorstandsvorsitzende der HAPAG, als erster Präsident sowie Dr. Carl Petersen, der letzte Bürgermeister vor der nationalsozialistischen Machtergreifung 1933, und Fritz Schumacher, der bedeutende Hamburger Stadtbaumeister am Anfang des 20. Jahrhunderts. Aus der Zeit nach seiner Neugründung 1949 sind Rudolf H. Petersen als erster Nachkriegsbürgermeister und Alfred Toepfer als erfolgreicher Kaufmann und Stifter zu nennen. Beide zeigten mir wiederholt ihr Wohlwollen. So berief mich Letzterer 1992 in das Kuratorium des Max-Brauer-Preises seiner Stiftung F.V.S. Zehn Jahre konnte ich dort an der Auswahl der Preisträger für Verdienste um das kulturelle und soziale Leben Hamburgs mitwirken.

Ein wesentlicher Teil meiner Aktivitäten außerhalb des beruflichen Umfelds gehörte dem Übersee-Club in Hamburg. Er war 1922 nach dem verlorenen Ersten Weltkrieg von Hamburger Kaufleuten gegründet worden, um die Rolle Hamburgs als Deutschlands Tor zur Welt zur Darstellung zu bringen. Sein erster Präsident war Wilhelm Cuno, bevor er auf dem Höhepunkt der Inflation Reichskanzler wurde. Einer der ersten Redner war der Ökonom John Maynard Keynes, der als Vertreter Englands bei den Friedensverhandlungen von Versailles von Dr. Carl Melchior, Beiersdorfs erstem Aufsichtsratsvorsitzenden, als Mitglied der deutschen Delegation beeindruckt war. Im Vertrauen auf eine stabile wirtschaftliche Entwicklung nach Einführung der Rentenmark finanzierte der Übersee-Club den Ausbau des Hauses der Patriotischen Gesellschaft als Clubhaus mit einer Anleihe, die in der Weltwirtschaftskrise Anfang der dreißiger Jahre nicht mehr verzinst werden konnte. So musste der Club sich Ende 1933 auflösen, um zum Zeitpunkt der Währungsreform im Juni 1948 neu gegründet zu werden. 1950 wurde die jährliche Feier des Hafengeburtstages am 7. Mai als Überseetag von Rudolf H. Petersen eingeführt. Er war bis 1955 der erste Nachkriegspräsident des Clubs. Von 1958 bis 1987 folgte ihm Professor Rolf Stödter mit einer Unterbrechung von vier Jahren, als er Präses der Handelskammer war. Auf seinen Vorschlag wurde ich 1968 ins Präsidium gewählt, dem ich 32 Jahre bis 1999 angehörte.

Der erste wichtige Beschluss, an dem ich mitwirkte, war die Anmietung des nach 1830 von dem Bankier Gottlieb Jenisch erbauten Hauses am Neuen Jungfernstieg. Sie war nur möglich, wenn der Übersee-Club den Innenausbau des unter Denkmalschutz stehenden Gebäudes auf eigene

Kosten vornahm. Das traurige Ende des ersten Bauvorhabens war damals noch in lebendiger Erinnerung. Um diese Möglichkeit zu verwirklichen, war der Einsatz der jüngeren Präsidiumsmitglieder erforderlich, zu denen auch Dr. Peter Knappertsbusch gehörte. Das nach einem späteren Besitzer Amsinck-Haus benannte Gebäude ist in den folgenden Jahrzehnten als Sitz des Übersee-Clubs in Hamburg zu einem festen Begriff geworden. Es ist gleichzeitig das letzte großbürgerliche Wohnhaus aus dem 19. Jahrhundert in der Innenstadt, das den Mitgliedern auch für private Feste zur Verfügung steht.

In den Monaten von September bis Mai veranstaltet der Übersee-Club nach Möglichkeit zwei Vortragsveranstaltungen über aktuelle Themen der Politik, der Wirtschaft oder der Wissenschaften. Dabei werden die Redner sorgfältig ausgewählt. Die Teilnehmer an diesen Veranstaltungen gewinnen einen persönlichen Eindruck von namhaften Staats- und Ministerpräsidenten, Bundesministern, Bischöfen, Generälen, Universitätsprofessoren und Unternehmern. Aus der frühen Zeit, die ich miterlebte, bleiben der Optimismus von Ludwig Erhard und die Kompetenz von Franz-Josef Strauß, der dreimal als Bundesminister für Atomfragen, für Verteidigung und für Finanzen sprach, in meiner Erinnerung. Ein Höhepunkt war im September 1962 der Auftritt von Charles de Gaulle im Auditorium maximum der Universität im Zeichen der von Konrad Adenauer und ihm herbeigeführten Versöhnung mit Frankreich.

Aufgrund meiner besonderen Verbundenheit mit Professor Stödter als Vorsitzenden bzw. Mitglied des Aufsichtsrates von Beiersdorf bis 1984 hatte ich ihn häufig bei der Einführung der Redner vertreten. Als er die Präsidentschaft mit 78 Jahren 1987 abgab, konnte ich sie als Vorstandsvorsitzender von Beiersdorf noch nicht übernehmen. Daher folgte Carl-Heinz Illies ihm für die nächsten vier Jahre, zumal seine Amtszeit als Präses der Handelskammer gerade endete.

Besondere Ereignisse meiner anschließenden Jahre an der Spitze des Übersee-Clubs waren: der Auftritt von Helmut Kohl beim Übersee-Tag 1991 nach der vollzogenen deutschen Einheit; der 1993 gehaltene Vortrag des polnischen Schriftstellers Andrzej Szczypiorski über »Literatur als Brücke zur Verständigung« als Zeugnis der Überwindung der belasteten Vergangenheit seitens seines schwer geprüften Landes; der 1995 erfolgte Besuch Yassir Arafats als gerade mit dem Friedensnobelpreis ausgezeichneter ehemaliger Terrorist, von dem alle Welt sich einen Ausgleich zwischen Israelis und Palästinensern erhoffte. Am Übersee-Tag 1997 stellte Bürgermeister Dr. Henning Voscherau in Anwesenheit von Bundespräsident Professor Roman Herzog erstmals das von ihm entwickelte Konzept der neuen Hamburger Hafencity einer breiten Öffentlichkeit vor, das jetzt Gestalt annimmt. 1998 konnte ich Joseph Kardinal Ratzinger, den späteren Papst Benedikt XVI., begrüßen, dessen Ausführungen über »Glaube zwischen Vernunft und Gefühl« einen Einblick in die Glaubenswelt des Vatikans boten. Die Möglichkeit, diese Persönlichkeiten und viele andere im Anschluss an ihre Vorträge im Gespräch näher kennen zu lernen, machte einen großen Reiz meiner Tätigkeit für den Übersee-Club aus.

Die schwierigste Situation in meiner Amtszeit entstand beim Übersee-Tag 1993, als Bundesfinanzminister Dr. Theo

Waigel, auf den 600 Gäste im Großen Festsaal des Rathauses warteten, wegen dichten Nebels nicht landen konnte. Mein rettender Gedanke war, einen der anwesenden Stipendiaten des Clubs zu bitten, über seine prämierte Dissertation zum »Export gefährlicher Güter in Entwicklungsländer« zu berichten und so die Wartezeit zu überbrücken. Der Aufgeforderte erledigte seine Aufgabe mit Bravour, und die Veranstaltung konnte zu einem guten Ende geführt werden.

Um nicht in die Versuchung geführt zu werden, mein Amt zu lange zu behalten, hatte ich die Mitgliederversammlung gebeten, die Satzung so zu ändern, dass niemand nach Vollendung seines 70. Lebensjahres wieder gewählt werden kann. Nach meinem Vorschlag hat Dr. Peter von Foerster mit Beginn des neuen Jahrtausends auch an dieser Stelle meine Nachfolge angetreten. Ich freue mich, dem Übersee-Club als Ehrenpräsident weiter verbunden zu bleiben.

Rückschau und Ausblick

Niemand sollte sich zu wichtig nehmen. Daher habe ich auch nie ein Tagebuch geführt. Aber vor Vollendung des 80. Lebensjahres schien es mir wichtig, meine Erinnerungen an diesen inhaltsreichen Abschnitt unserer Geschichte nach meinem Gedächtnis und den relevanten historischen Daten nicht nur für meine Kinder und Enkel festzuhalten. Einen bestimmenden Einfluss auf mein weiteres Leben behielt die Zeit des Dritten Reiches mit dem beispielhaften Ende der vermessenen Eroberung fast des ganzen europäischen Kulturkreises unter dem Anspruch einer vermeintlichen Herrenrasse. Dieser Wahn hat mich gegenüber den Illusionen jeglicher Ideologie sehr skeptisch gemacht.

Es ist versucht worden, wissenschaftlich zu beweisen, dass die mitleidlose Verfolgung der Juden unter der Herrschaft der Nationalsozialisten in Hamburg genauso durchgeführt wurde wie in den anderen Teilen Deutschlands. Nach meiner Ansicht ist diese Darstellung des Geschehenen nur die halbe Wahrheit. Es hat sicher auch hier besonders nach Beginn des Zweiten Weltkriegs unentschuldbare Verbrechen an Juden und unterschiedlichsten Gegnern des Systems gegeben. Aber auf der anderen Seite war es hier möglich, unter

Ausnutzung der internationalen Verbindungen der hiesigen Kaufmannschaft »Arisierungen« durchzuführen, bei denen die alten Eigentümer rechtzeitig und ohne Vermögensverlust eine neue Heimat finden konnten. Von unfreiwilliger Umsiedlung aus völkischen Gründen waren damals auch Nichtjuden in großer Zahl betroffen.

Die geschilderte Vergangenheit der Firmen Beiersdorf als namhaftes Industrieunternehmen und Hellmuth Carroux als kleines Handelshaus zeigte dafür eindrucksvolle Beispiele. Ich glaube nicht, dass ein bewusstes Unterlaufen des Zeitgeistes auch außerhalb Hamburgs so geräuschlos erfolgen konnte. Das Umfeld einschließlich der Amtsträger der Partei ließ es hier geschehen. Im Rückblick äußerten Intellektuelle auch die Meinung, anständige Deutsche hätten nach 1933 ihr Land verlassen sollen. Doch wer wollte sie aufnehmen? Es war wichtiger, dass sich eine hier bleibende Minderheit vom Ungeist dieser Jahre fern hielt, im Stillen manches mildern und sich für den Neubeginn unseres Staates nach 1948 legitimieren konnte.

Das Ausmaß unseres Untergangs ergab sich auch für den nicht aus seiner Heimat vertriebenen Westdeutschen in den Hungerjahren bis zur Währungsreform von 1948.

Ich hatte das unwahrscheinliche Glück, diese Zeit für ein nicht zweckgebundenes Universitätsstudium nutzen zu können und mir die praktische Ausbildung ohne die übliche kaufmännische Lehre als Verkaufsreisender in fernen Ländern anzueignen. Das Ungewöhnliche meines Berufslebens liegt in dem Nebeneinander einer mehr als 50-jährigen Verantwortung als Inhaber oder Mitinhaber einer mittelständischen Familienfirma und einer gleichzeitigen mehr als

30-jährigen Tätigkeit an leitender Stelle in maßgeblichen Industrieunternehmen.

Dieses halbe Jahrhundert war äußerlich eine gleich bleibende Periode im Zeichen einer immer ausgeprägteren demokratischen Meinungsfreiheit und eines bald zur Selbstverständlichkeit gewordenen allgemeinen Wohlstands. Über wachsende Armut kann bei uns nur geklagt werden, weil die Bemessungsgrenze so hoch angesetzt wird, dass andere Länder nur davon träumen können. Trotz dieser in der deutschen Geschichte einzigartigen Kontinuität hat sich das Tempo der sich ändernden Rahmenbedingungen ständig erhöht. Damit einher ging die Überbewertung kurzfristiger Ziele. Überall wird ein Maximalwert angestrebt, auch wenn er auf die Dauer nicht zu halten ist. Das gilt für die Karriere des Einzelnen wie für die Führung großer Unternehmen, oft unter dem Druck außen stehender Finanzanalysten.

Durch die Schaffung immer schnellerer Kommunikationswege ist die ganze Welt in atemberaubender Weise zusammengerückt. Statt Telegramme zu wechseln, mit denen der Zeitunterschied in der Regel nicht zu überspielen war, liegt jede E-Mail fast zeitgleich in größter Entfernung vor. Wer erfolgreich sein will, befindet sich rund um die Uhr unter Zugzwang. In den ersten 40 Jahren meiner Partnerschaft konnte Wiechers & Helm mehr oder weniger die gleichen Artikel handeln. In den letzten zehn Jahren änderte sich dagegen die Struktur des Geschäftes erheblich. So wird es auch in Zukunft bleiben. Mehr als fünf Jahrzehnte war die Allianz gut beraten, an ihrer maßgeblichen Beteiligung an Beiersdorf festzuhalten, obgleich sich für sie keine Synergieeffekte ergaben. Nur zur Stabilisierung anderer Verpflichtungen war sie zum Verkauf veranlasst. Die Tchibo-Holding weiß wohl, in welche Mehrheitsposition sie nach dem Ausscheiden von Günter Herz eintreten konnte und dass es schwer sein wird, eine bessere Anlage zu finden.

Mir wurde wiederholt die Frage gestellt, warum ich mich nie um ein politisches Amt bemühte. Die Antwort war stets einfach, dass mir dazu die Zeit fehlte ebenso wie zum Golfspielen, um auf eine annehmbare Vorgabe zu kommen. Auch war ich der Ansicht, dass es wirkungsvoller sei, über eine Stellung in der organisierten Wirtschaft zu versuchen, auf die Entscheidungen der Regierenden Einfluss zu nehmen. Ich habe gelernt, dass auch dieser Weg einen langen Atem erfordert.

Das politische Geschehen in unserem Stadtstaat, den anderen deutschen Ländern und dem Bund habe ich stets mit großem Interesse verfolgt. Seit der Regierungszeit Adenauers habe ich immer die gleiche Partei gewählt und im Rahmen meiner Möglichkeiten unterstützt. Das größte Wunder nach dem letzten Krieg war für mich die Verwirklichung des Marshall- statt des vorbereiteten Morgenthau-Plans. Für die im Gefolge Frankreichs wiederholt geäußerte Kritik an den USA fehlt mir jegliches Verständnis.

Um das von mir geschilderte Arbeitspensum zu bewältigen, brauchte ich natürlich eine gute Gesundheit, für die ich sehr dankbar bin. Dies schließt gelegentliche Warnschüsse nicht aus. So stimmt es nachdenklich, wenn man ohne vorherigen Unfall auf einer Intensivstation aufwacht und in das ratlose Gesicht eines unbekannten Arztes blickt. Es geschah ausgerechnet am Ende der Rede von Helmut Kohl zum Abschluss des Küstensymposiums »Viel Mehr als

Meer«. Ich saß in der ersten Reihe und las am nächsten Tag in der Bild-Zeitung: »Beiersdorf-Boss fiel bewusstlos aus dem Sessel«. Zum Glück war ich noch am gleichen Abend wieder zu Hause.

Krankheitsgeschichten interessieren Unbeteiligte wenig. Trotzdem berichte ich von zwei Erfahrungen, um allen Mut zu machen, die Ähnliches erleben. Als ich Mitte 50 war, zeigte ein Röntgenbild in der oberen Ecke der linken Lunge einen Tumor. Außerdem hatte ich leichtes Fieber. Eine Bronchoskopie brachte keine Klärung. Der Chirurg zögerte zu operieren. Zwei Wochen später ergab eine neue Aufnahme ein ganz anderes Bild. Der Tumor war verschwunden. Stattdessen ließ die veränderte Form der Lungenflügel auf eine Myokarditis schließen und zeigte das Blutbild 40 % Eosinophile, zehnmal so viel wie normal. Nach zehn Tagen auf einer Intensivstation und höherer Cortisoneinnahme verschwand auch dieser Befund sowie das Fieber. Seitdem gelte ich als einer der seltenen Fälle von Churg-Strauss-Syndrom und lebe ganz gut damit.

Vor fünf Jahren war ein fortgeschrittener Darmkrebs nicht zu übersehen. Ein tüchtiger Chirurg konnte ihn ohne nachhaltige Beeinträchtigung entfernen. Eine halbjährige Chemotherapie zwang mich glücklicherweise kaum, meinen Tageslauf zu ändern, und wurde von meiner Umgebung außerhalb der engsten Familie nicht bemerkt. In beiden Fällen lernte ich, mich auf das Wichtige zu konzentrieren und den Willen, gesund zu bleiben, nicht zu verlieren.

Die größte Dankbarkeit empfinde ich dafür, dass Clarita und ich vor vier Jahren bei guter Gesundheit unsere goldene Hochzeit feiern konnten. Wir sind froh, dass unsere drei Kinder weiter in erster Ehe verheiratet sind. Nach dem Vorbild ihrer Eltern können auch sie schon auf 29, 24 bzw. 17 gemeinsame Jahre zurückblicken. Diese familiäre Harmonie wurde durch keine Zeitströmung beeinträchtigt. Darauf kann meine Frau durch ihren Verzicht auf manche Selbstverwirklichung am meisten stolz sein.

Für meine Reden und Vorträge habe ich nie einen Ghostwriter oder eine Schreiberin gehabt. Was ich dagegen zur Bedeutung einer fähigen und engagierten Sekretärin bereits gesagt habe, gilt in hohem Maße für Brigitte Singelmann. Mit ihr arbeite ich seit zwei Jahrzehnten zusammen. Sie hat auch das Manuskript dieser Erinnerungen betreut und mit ihrem Feingefühl sowie ihrer Menschenkenntnis beeinflusst. Dafür bin ich ihr sehr dankbar.

Ich beende diesen Bericht über mein bisheriges Leben mit Versen aus dem ersten Teil von Rilkes »Das Stunden-Buch«. Sie haben mich schon beeindruckt, als ich 1944 in den verlorenen Krieg ziehen musste:

»Ich lebe mein Leben in wachsenden Ringen,
Die sich über die Dinge ziehn,
Ich werde den letzten vielleicht nicht vollbringen,
Aber versuchen will ich ihn.«

Personenregister

Länderregister

Christian v. Scholtz u. Hermensdorff ∞ **Francisca Caravaca y Munoz**
1776–1860 1798–1844

Heinrich v. Scholtz u. Hermensdorff ∞ Mathilde v. Beer-Grund
1826–1918 1825–?

Emilia Scholtz y Caravaca ∞
1835–1908

Marie de la Trinidad Scholtz
1864–?
∞
Manuel de Iturbe
?–?

Emilio Schramm
1862–1924
∞
Hildegard Brödermann
1879–1968

Maria Schramm
1864–1888
∞
Rudolph Petersen
1848–1915

Maria de la Piedad de Iturbe
1892–1990
∞
Max Prinz zu Hohenlohe Langenburg
1897–1968

Hans M. Tiefenbacher
1883–1946
∞
Therese Wirtz
1890–1973

Maria Tiefenbacher
1888–1987

Rita Tiefenbacher
1884–1973
∞
Karl Michahelles
1873–1959

Clemencia Tiefenb
1889–1922

Alfonso Prinz zu Hohenlohe
Langenburg, 1924–2003

Hans Tiefenbacher
1912–2002

Clar
He
Os

Heinric
1853-

Hinrich Kruse
1883–1944

Maria Kröger
1885–1966

Elmar Stachels ∞ **Irene Kruse**
* 1943 * 1954

Fabiola Stachels, * 1978
Jakob Stachels, * 1981
Clarita Stachels, * 1983